第1回国際シンポジウム報告書

正義は教えられるか

法律家の社会的責任とロースクール教育

関西学院大学ロースクール
法科大学院等専門職大学院形成支援プログラム
第1回国際シンポジウム成果報告編集委員会［編］

関西学院大学出版会

正義は教えられるか

法律家の社会的責任とロースクール教育

目次

はじめに ………………………………………………… 豊川義明・松井幸夫　5

第一部　シンポジウムと討議 …………………………………………… 9
◇あいさつ　　　　　　　　　　　　　　　　　　　加藤　徹　11
◇基調報告
1　グッドワークと若者の発達に関する近年の研究　　　　　　　15
　　——ロースクールへの教訓　　　　　William Damon
2　体験的正義論　　　　　　　　　　　　　　　　本林　徹　31
◇パネリスト報告
1　効果的な法学教育における法曹倫理
　　——効果的なロースクール教育課程とは　Kim Economides　47
2　倫理的および社会的責任実践のための法曹教育　Anne Colby　79
3　米国における実験的法学教育　　　Peggy Cooper Davis　103
4　ロースクールと法曹倫理　　　　　　　　　　石部雅亮　133
◇パネルディスカッション　　　　　　　　　　　　　　　　141
◇Q&Aセッション　　　　　　　　　　　　　　　　　　　156
◇論点についての自由討議　　　　　　　　　　　　　　　　181

第二部　論考：シンポジウム「正義は教えられるか」に寄せて ……… 229
1　正義をどう教えるか
　　——税務争訟法の授業を素材にして　　　　　関戸一考　231
2　法科大学院教育における正義の位置と機能　　豊川義明　253
3　正義は教えられるか？
　　——現代損害賠償法実務の試み　　　　　　　池田直樹　259
4　Why Teaching Justice is Just Good Teaching　Sylvia G. Brown　281

編集後記 ………………………………………………………… 丸田　隆　287

はじめに

1 テーマ『正義は教えられるか』をなぜ選んだのか

　2005年3月19日と20日の両日にわたり、関西学院大学大学院司法研究科（以下、関学ロースクールという）は、『正義は教えられるか——法律家の社会的責任とロースクール教育』というテーマを掲げる国際シンポジウムを開催した。これは、文部科学省の法科大学院等専門職大学院形成支援プログラムの教育高度化推進プログラムに選定された、関学ロースクールのプロジェクト『模擬法律事務所による独創的教育方法の展開』(The Development of Innovative Professional Education Through Virtual Law Firms)（2005年度から3年間）の初年度における企画のひとつとしての最初の国際シンポジウムであった。

　関学ロースクールは、関西学院のスクール・モットーである〈Mastery for Service（奉仕のための練達）〉を体現するために、高度の専門的知識を持ち、かつ、豊かな人間性と責任感、高度な倫理観を持った「人権感覚豊かな市民法曹」「国際的に活躍できる法曹」「企業法務に強い法曹」の育成を理念・目標としてスタートした。その中で、ロースクール設置初年度における最初の国際シンポジウムとして『正義は教えられるか』という基本的で、かつ、挑戦的なテーマを設定したことの意味は大きいと考えている。

　関学の形成支援プログラムは、「模擬法律事務所（Virtual Law Firm）」をロースクール内に設けて、理論教育と実務教育を統合した新しい独創的な法曹養成教育の方法を開発しようとするものである。学生は少人数ごといくつかの模擬法律事務所に配属され、そこで事件の端緒から面接、交渉、訴訟の提起・対応、事件の最終処理までをシミュレートし、その一貫した流れの中で理論と実務、知識とスキルを身に付けさせようとするものである。と同時に、そこでは、事件処理の中で生じる依頼者や相手方などとの対応において必要な職業倫理や職業的な責任をも経験を通して身に付

けさせようとするものでもある。（本学の形成支援プログラムについては、http://www.kwansei.ac.jp/law_school/keisei/ 参照。）

　このような教育プログラムの開発に取り組むに当たり、私たちは、そのような教育方法の前提となるロースクールにおける法曹養成教育の基礎理念を深めて認識しておくことが重要であると考えた。それが本シンポジウムのテーマでもある『正義は教えられるか──法律家の社会的責任とロースクール教育』という問題であった。

　『正義は教えられるか』。それは、理論と実務、知識とスキルを兼ね備えた高度専門職業人として成長していく学生が、法曹としてその職業的意義と社会的責任を身に付けていくためには何が必要かを議論しようとするものであった。「『正義』を教え込む」ことはできないし、また、すべきでもないだろう。しかし、ロースクールにおける学生が、そのプロフェッションとしての自覚を深めるためにも、また、有能で社会に有意義な法曹として活躍するためにも「『正義』を学ぶ」ことは重要であり、さらに、彼／彼女たちが自らその勉学努力を積極的に意味付ける上でも必要であろう。そして、そのことを通して21世紀に生きる法曹に託された社会の期待にも応えうることになるであろう。そのためにロースクール教育は何をなすべきか。その課題と方法を探ることが本シンポジウムの目的であった。

2　シンポジウムはどのように進められたか

　本国際シンポジウムの実施に向けて、私たちは、形成支援プログラムの申請準備作業の中で議論を始め、本学のプログラムの採択後は、そのプログラムに従った学内外における多様な諸企画を実施するとともに、研究会や準備検討会を頻繁に開催してシンポジウムに向けての準備を進めてきた。その中で、本シンポジウムのテーマに関わって国際的に活躍している方々の業績や活動を検討して、国内からは二人、英米から四人の最も相応しい報告者・パネリストの方々をお迎えすることができた。これら招聘者からは、事前に基調報告の草稿やパネリストの発言原稿の送付を受け、そ

れらに基づいた準備の議論も積み重ねてきた。

　このようにして迎えた国際シンポジウムでは、米スタンフォード大学教授（教育学）の William Damon 氏と日本弁護士連合会の前会長、本林徹氏によって基調報告がなされた。Damon 教授は、スタンフォード青少年センター所長やフーヴァー研究所特別研究員を兼ね、青少年の人格形成に関わる "GoodWork Project"（http://www.goodworkproject.org/）を主宰し、この分野での第一人者として数々の賞を受賞されている。教授には、*Recent Research on GoodWork and the Development of Young Adults: Lessons for Law Schools* との演題で、青少年の成長に関する最新の研究成果とロースクール教育との関わりについての報告をいただいた。また、日弁連会長として日本の司法改革やロースクールの創設を中心的に担ってこられた本林氏には、「体験的正義論」の演題で、ご自身のハーバードロースクールでの勉学経験をも踏まえたロースクール教育の諸課題を中心に報告をいただいた。

　このあと、基調報告者を交えたパネルディスカッションが持たれた。パネリストは、ロースクールの改革問題を専門とし、社会的責任の深化と高等教育との関連を研究されている米カーネギー教育振興財団のシニアスカラー（心理学）で専門職訓練プログラム共同責任者の Anne Colby 氏、専門職業人としての法曹養成の方法論と訓練のあり方を専門とする米ニューヨーク大学ロースクールの教授（ローヤリング／法曹倫理）でローヤリング・プログラムの責任者である Peggy Cooper Davis 氏、イギリスにおける法曹倫理教育改革のリーダーで、ローソサエティのトレーニング委員会委員でもあるエクセター大学教授（法曹倫理）の Kim Economides 氏、日本からはドイツ法・法制史・法社会学が専門でドイツの法曹養成制度についても造詣が深い大阪市立大学名誉教授で大阪国際大学教授の石部雅亮氏の4人であった。

　パネルディスカッションでの論点は、①法曹のモラル・アイデンティティと教育、②ロースクールにおける法教育と倫理教育、③多角的法教育の必要性、④法曹の社会的使命についての教育、⑤法教育における教育理論の様々なアプローチ等であった。なお、本シンポジウムの総合司会は松井幸

夫が、パネルディスカッションのコーディネートは、1日目をシルビア・ブラウンが、2日目を豊川義明が行った。

　国際シンポジウムにおける基調報告、各パネリストの発言及びシンポジウム参加者からの発言を含む討論の記録は、本報告集にまとめられている。

　シンポジウムでは、報告や議論は日本側からの問題提起ともよく噛み合って内容が深められ、議論では、カリキュラムの編成や授業方法、教材作成にまで議論が進み、今後のロースクール教育の展開に大いに役立つものとなったと思われる。また、関学ロースクールがスタートした初年度における最初の国際シンポジウムの『正義は教えられるか——法律家の社会的責任とロースクール教育』という基本的なテーマの設定と、充実した議論の展開は、当日のシンポジウムに参加した全国各地からの法曹倫理担当教員や日弁連法務研究財団などの参加者から高い評価を得た。

　この国際シンポジウムで議論され深められた問題は、ロースクールにおける法曹養成教育の充実と発展のため作業の重要な基礎となるものであると同時に、私たちと共通した課題や問題意識を持つであろう全国のロースクールにとっても、大いに役立ちうるものと確信して本報告集を作成した。本報告集が活用されることを心から期待している。

関西学院大学法科大学院
形成支援プログラム推進委員会 実施責任者
豊 川 義 明（司法研究科教授）
松 井 幸 夫（司法研究科教授）

第一部

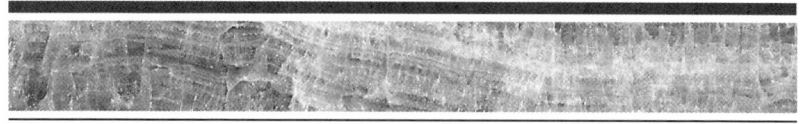

シンポジウム
と
討　議

あいさつ

　本日は、この国際シンポジウムにご参加いただきましたことを厚く御礼申しあげますとともに、主催者・関西学院ロースクールを代表して、ひとことご挨拶を申しあげます。

　21世紀の社会的諸課題に対応するための司法改革が国民的課題となり、その一環として、それを担う新たな法曹養成の機関としての法科大学院、すなわち日本型ロースクールが発足したのは、ちょうど1年前の4月でした。

　その中で関西学院大学ロースクールは、複雑化する現代社会の様々な問題に対して、法を運用する高度の分析能力と専門的知識やスキルを身につけるとともに、豊かな人間性と倫理観をもった法律家を養成することを目指してスタートしました。私たちの法曹教育の理念と目標は、関西学院のスクールモットーであるMastery for Service、すなわち「奉仕のための練達」を基礎にして、「企業法務に強い法曹」「国際的に活躍できる法曹」「人権感覚豊かな市民法曹」という3つのフィールドで社会に貢献できる法曹を養成することにあります。

　この間私たちは、この理念と目標を達成するために力を尽くし、また、その教育の一層の充実と改善のための努力を積み重ねてきています。

　文部科学省の法科大学院等形成支援プログラムが選定・採択されるにあたり、私たちは、関西学院ロースクールの理念・目標を踏まえて、教育の一層の充実をはかるため、新たなプロジェクトを展開することになりました。

　このプロジェクトは実質的には昨年11月にスタートしましたが、今回このプロジェクトに基づく最初のシンポジウムとして、国際シンポジウムを開催するに先立ち、私たちは、ロースクールにおける教育とはどうあるべきか、その教育方法と教育内容はどうあるべきか、を常に自らに問いかけてきました。もちろんロースクールは法曹養成機関でありますから、実

定法の内容を正確にかつ掘り下げた形で学生に理解させることが最も重要であることはいうまでもありません。そのためには、法理論や法律の解釈あるいは適用のスキルを教え、かつその能力の習得を目指して、ひたすらトレーニングをすることがロースクール教育の欠かすことの出来ない、主要な柱・内容になります。

しかし、それだけで、すなわち、法律知識に精通した法曹を養成することだけでロースクールの任務ないし教育目的は達せられるのでしょうか。私たちは、そうではないと考えます。われわれが与えた法律知識を前提として、社会に、人に対し、真に有益な活動ができなければなりません。すばらしい法律知識が、反社会的な結果や人々を傷つけるようなことになってはなりません。我々には、豊かな人間性と倫理観をもった法律家を養成しなければならない任務が課せられていると考えております。

それでは、豊かな人間性と倫理観をもった法律家を養成するという教育は、どのような方法で、そしてどのような内容によってなされるべきでありましょうか。今回のシンポジウムで、我々は、「正義は教えられるか」というテーマを取り上げました。このテーマのもとで「社会における法律家のあり方とロースクール教育」の相関関係について議論を深めたいと考えたからであります。もとより、理論と実務、あるいは知識とスキルの架橋を目指す教育がロースクール教育の基礎であることは当然でありますが、その次には、その基礎の上に立って、何のために法曹になるのか、また、法曹になってどのような活動をするのかという問題を常に意識してロースクール教育に取り組むことが、真に社会に貢献できる法曹を養成するための教育を充実していく上で欠くことの出来ない、必要なことがらであると考えたからであります。

しかし、現代社会における多様な価値観、あるいは多種多様な社会状況の中にあって、「正義とは何なのか」まずそれを確定することが至難の業でありましょう。企業の正義と、一般市民の正義とが常に一致するとは限りません。アメリカの正義と日本における正義が異なることもあり得ましょう。すなわち100人集まれば、100の正義が存在することもあり得る

のであります。
　このように正義が相対的なものであれば、それを教える、すなわち特定の正義を一律に、教育の名のもとに学生に押しつけることは大きな問題であろうと思われます。逆説的にいえば、そのような教育自体が正義に反するという、危険性を抱え込むことになります。
　ロースクールの教育において、法律のスキルを教えることは当然のことながら、それ以外に「正義」をも教育すべきなのか、あるいは「正義」を教育することが可能なのか。本日のシンポジウムには、すでにこのような問題について調査や研究を展開し、その実践によっても大きな成果を上げておられる第一人者の方々をアメリカとイギリスからお招きしています。また、国内からは「社会生活上の医師」としての新しい法曹の養成を目指す日本の司法改革について、その改革を中心的に担い、また、深い造詣をお持ちの方々をお招きしております。
　お忙しい中、私たちの要請にお答えくださいました講師とパネリストの方々に対しまして、厚くお礼申しあげます。

　本日は、基調報告とパネリストの方々によるパネルディスカッションを、2日目の明日は参加者の方々を含めた論点についての自由討議を予定しております。
　この2日間の議論を通じて、このシンポジウムのテーマに関して、ご参加頂きました皆様と共に、議論を深め、理解を深めさせて頂ければ、主催者としては、大きな喜びであります。
　簡単ですが、これをもちまして私のご挨拶とさせて頂きます。

関西学院大学大学院司法研究科長

加 藤　　徹

基調報告 1

グッドワークと若者の発達に関する近年の研究
——ロースクールへの教訓

ウィリアム・デーモン
William Damon

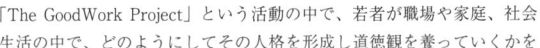

[略歴]
米スタンフォード大学教授（教育学）、米フーヴァー研究所特別研究員、米スタンフォード青少年センター所長。
「The GoodWork Project」という活動の中で、若者が職場や家庭、社会生活の中で、どのようにしてその人格を形成し道徳観を養っていくかを探求し、その研究の第一人者として数々の賞を受賞。(「The GoodWork Project: An Overview」は、http://goodworkproject.org/GoodWork%20Project%20Overview.pdf)。青少年の成長における最新の研究成果と、ロースクール教育との関わりについての基調報告を行った。

はじめに

　専門家教育における最も重要な課題は、若者が自ら選択した分野でグッドワークを行えるよう訓練することである。私は同僚と共に、法律、医療、ジャーナリズム、高等教育といった様々な専門分野における「グッドワーク」(Good Work)の研究を行ってきた。
　我々の言う「グッドワーク」とは、優れていること、および倫理的であることの両方を意味する。優れているためには、そのワークが該当分野の基準において成功しているものでなければならない。倫理的であるためには、そのワークが社会的な責任を伴うものであり、実直さや誠実さといった普遍的な倫理基準を順守しているものでなければならない。我々は、グッドワークが何らかの特定の道徳原理やイデオロギー的信念を反映しなければならないと述べている訳ではない。我々の考える「グッドワーカー」とは、政治的およびイデオロギー的な領域全体にその源を有するものである。グッドワーカーに共通しているものは、その領域に習熟しているというこ

と、そして積極的に幅広い公共の利益に役立つようそのワークを行おうとしていることにある。ただし、どのように実行するかは、個人の信条により様々である。グッドワークを特徴づけるのは、まさにこの習熟と奉仕の組み合わせである。この組み合わせについては、「使命を伴った習熟」として本稿で後ほど言及するものとする。

　法律の専門的職業では、グッドワークに必要な習熟として次のことがあげられる。専門家としての知識や論理性の学習、必要な資格の取得（司法試験の合格など）、訴訟、交渉、調停などに要する技術の習得、職場である法律事務所のもつ知的な雰囲気の理解、この分野で生じる変化の把握、革新的な実践を通した変化への対応である。また、法の世界でのグッドワークに必要な倫理基準としては次のことがあげられる。実直さ、正義志向、社会的秩序の尊重、責任感と人間的誠実さ、より大きな公共の利益のために尽くすこと、思いやりである。これら全てが、グッドワークに欠かせない要素である。

　グッドワークは難しい。一般には手抜きをしたり、妥協を求めたりしがちである。人間の行動には、高い目標の達成よりも質の劣った平凡な業績に流される「エントロピーの法則」がみられる。グッドワークを行うには特別な努力が必要である。グッドワークに向けて特別の努力をさせるには、多くの条件が必要である。私は同僚と共に、4つの条件を特定した。

　我々の研究で明らかになったように、グッドワークは、1) その分野自体がグッドワークについての明確な基準を指示、表明している場合、2) これらの基準が、専門家団体のインセンティヴ・システムにより支持されている場合、3) これらの基準が、専門家として主体的に学習、習得されている場合、および4) これらの基準が、大きな経済社会の力によって妨げられることなく、分野を超えて幅広い社会で支援されている場合に実現し易い。これら4つの条件がすべて揃ったとき、そうでない場合よりもはるかに「グッドワーク」の生じる可能性は高い。

　また、この4つの条件が専門家の行動を多様に制御する。グッドワークを可能にする4種類の制御を、以下の図1に要約する。

　文化的制御は、専門的職業における暗黙のルールや実務から導き出され

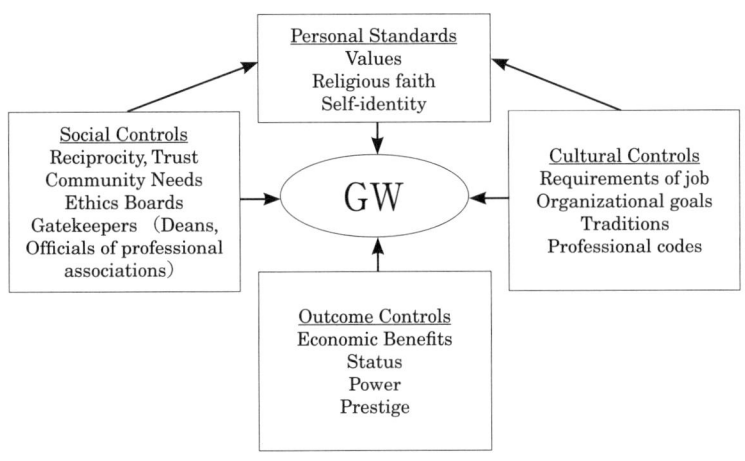

図1 グッドワークのモデル

る。通常、大抵の職業において、グッドワークの要件は明確である。例えば外科医は、過度の外傷や出血を生じさせることなく、手足を切断したり骨を整復したりしなければならない。大工は壊れないテーブルを作らなければならない。飛行機のパイロットは安全に飛行する方法を知らなければならない。ジャーナリストはニュース記事の情報が正確であることを検証する方法を知らなければならない。仕事に必要な条件が複雑な場合、実行者にその職責を再認識させるための慣例がしばしば存在する。多くの場合、これらはヒポクラテスの誓いのような専門職の倫理規定に形式上定められている。こうした規定や慣例は良い仕事や悪い仕事の意味を定義することで、文化的な制御を果たすことになる。

社会的制御は、ある「分野」から、つまり同じ専門職の人々から生まれるものである。医師の行動は、医療集団内のメンバーにより、具体的には、

医学部の学部長や教授、機関誌の編集者、全米法曹協会（American Bar Association）、連邦政府認可責任者（研究支援機関グラント・オフィサー）、研究所や研究財団の代表者といった地位にある医療界の監視者として機能する有力な年配者、らにより規律される。これらすべてがうまくいけば、専門分野から生じる必要条件が互いを補強することになろう。しかし時に、文化的制御と社会的制御がうまく連携しないことがある。例えば、若い医師が医師の本分について本で読んだ内容と、彼より年配の同僚が実際にしている行動が異なる場合がある。その分野が提示するインセンティヴ——高給、名声、雇用の確保——は、グッドワークのために最も誠実に努力した者に与えられるのではなく、その分野で権威ある人物にとり入ろうとする者に歩調を合わせるだけの者に与えられることも多い。文化的制御と社会的制御のバランスが崩れると、仕事への妥協につながったり、「グッドワーク」が曖昧なものになってしまったりする可能性がある。

　「グッドワーク」の3番目の要素は、個人的基準である。これは個人の学習と信条に関係している。この要素は、教育および個人の発達過程に強く影響される。専門家は、その分野の諸基準を習得し、それを内在化する必要がある。若い医師がグッドワーカーとなるには、自らを介護者として、つまり患者の苦痛を和らげるために最高水準の医療を施す者として、公衆衛生について関心のある者として、認識できるようにならなければならない。若者の主体性は、家庭、学校、地域、および大学で形成される。

　4番目の要素は、我々が結果の制御と呼ぶものである。これらは、ワークに対して外部要因の及ぼす影響である。例えば、経済不況の時代における「グッドワーク」は、好景気におけるものとは異なるだろう。市場の力は、どのような行為に対して報酬が与えられるかによって、良い役割も悪い役割も担いうる。時に、社会的に高い報酬を受けている専門家の存在が、「グッドワーク」をすることではなく、何よりもお金に関心のある人々を魅了することがある。こうしたことが専門家に堕落をもたらす。米国における会計の専門家——誠実さの象徴として1世紀前に生まれた職業——の近年のスキャンダルは、この分野の多くの専門家にとって市場の誘惑が強くなり過ぎたことを示唆している。

本稿では、グッドワークの3番目の制御要素である個人の基準について、およびそれらがどのように若者の中で発達をみせるかに焦点を当てる。この3番目の制御要素は最も基本的である。なぜなら、グッドワークを実践するか否かは最終的には個人にかかわることであり、個人が高い基準を学ばなければ、価値ある事柄が達成されるということなど考えられないからである。本稿における私の特別な関心は、法律の専門家を志す若者らに対し、専門教育がいかにしてグッドワークへの高い基準と献身の精神を育むかということにある。

1　青年期は、社会的コミットメント（関与）の形成期間である

　青年期は、成人として生きるこれからの歳月において、大いに注目される社会的役割へのコミットメントを確立する時期である。今日の社会で最も重要な社会的役割は、労働者、配偶者、親、および市民である。若者にとって、社会的役割を担うようになるまでの過程は、社会的関わりの中で、自己の能力、関心、希望、および価値観をどのように活かせるかを知るプロセスである。彼らは、個人的に最も意味のある役割、つまり独自の方法で貢献できる役割を想定する。ある者はビジネスマンとして、ある者は看護士や芸術家、さらにある者は配偶者や親としての自分に満足を見出すかもしれない。能力ある若者に多くの機会と選択肢が用意された現代社会では、こうした選択に時間がかかる場合もある。

　発達心理学では、この過程は主体性の形成として知られている。研究者の間では、通常思春期に始まるこの過程を完了することこそが青年期の最も重要な個人的課題である、との一般的合意がある。若者にとって主体性の形成は、取り組み甲斐があり、エネルギーを要する過程である。通常こうした過程は、学校（あるいは大学）を卒業し、フルタイムの従業員として職に就くまで —— 30代に達する頃まで —— 完結することはない。主体性の形成過程は、個人の職業や生活の質に多くの重要な意味を持つことになる。

　法律家のような専門職に就こうとしている若者にとって、専門の教育機

関で受けた教育が、彼らの主体性に対して、とりわけ専門的グッドワークの重要な部分をなす社会的コミットメントとの関連において、強い影響を与える。こうした専門教育は思慮深く責任ある方法で行なわれた場合、若者の主体性形成に非常に良い影響を与えうる。これが実現するならば、専門教育によって若者はその職業を道徳的視点から見ることができるようになり、労働を単に生計をたてる手段としてだけではなく、個人的意義や目的を見出しうる場として考えるようになる（ここで本稿の冒頭に述べたように、「道徳的視点」は、特定の道徳的原理やイデオロギーを意味するものではない。むしろ、実直さや人間的誠実さに対する積極的勢、仕事に意義や目的を提供しうる公共の利益への貢献を意味している）。しかし不幸にも適切な専門教育が行われなければ、学生の仕事に意義や目的を見出す能力に悪い影響を与えることがある。

　本稿では、学生が専門家としての強い主体性を養うための特別な取り組みを紹介する。まず、学生が専門家としての十分な主体性を獲得するために開発すべき心理的能力について——現代の専門社会に入った際に彼らが直面するプレッシャーを考慮して——大まかに述べる。次に、ロースクールやその他の教育機関における専門教育によって、いかにすれば学生が責任感や目的意識をもつようになるのか、その方法を紹介する。私が注目するように、法律などの分野で働き始めて彼らが直面する多くのプレッシャーでもって、彼らの注意をその分野の伝統的な使命から遠ざけてしまう可能性がある。そうした理由から、専門の教育機関が学生に対して、そのようなプレッシャーをはね退け、法律家を志した時に抱いていた深い目的を持ち続けるための心理的ツールを提供することは非常に重要なのである。そして最後に、そうした試みがなぜ専門職業自体の利益となるのか——公共の利益だけでなく——を説明する。

2　若者の発達上のニーズ

　産業社会のいたるところで、若者にとどまる期間は変化し、長期化し、不明確化し、そして複雑化している。ほんの数十年前であれば、ほとんど

すべての若者はどのような職に就き、どこに住み、そして青春期が終わる頃には誰と結婚するのかということに気づいていたといえるが、現在の若者の多くは20代になってもこうした質問の答えをまだ探しているのである。1つの例として、米国女性の結婚平均年齢は、1950年の20歳から今日の25歳に上昇し、男性の値はそれより約2歳高い。同様の傾向は世界中の先進国で見られる。中でも産業国家として先端を行く日本では、若者は一般的に20代の終わり頃まで結婚を控えている。同様の傾向は、社会的役割や主体性の形成におけるあらゆる面において、労働においても、市民としての存在においても、見ることができる。事実、今日の若者が「自分自身を発見」する——上述した心理学用語を用いれば、主体性を形成する——期間がますます長期化していることに対して、成人の発達に関する近年の研究では、「新生成人」と呼ばれる、新たな人生の「段階」を想定している。

　主体性形成の時期が長期化するという傾向は、専門教育に機会と試練の両方を与えている。機会というのは、こうした長期化が、過去の同世代の若者よりも今日における20代半ばの若者の方が社会的な影響に対してより開放的であることを意味していることにある。試練というのは、教育機関が優れた訓練を提供できない場合、彼らに悪い影響がおよんでしまう可能性があるということにある。なお優れた訓練とは、彼らに専門家としての習熟さと仕事に対する責任感を与えるものである。換言すれば、今日の多様に変化する世界では、我々のような教育機関において、若者が法律といった専門職で意味ある経歴を積めるように、その主体性の形成に指針を与えてやることがこれまで以上に重要となっている。

　若者がそうした経歴を積めるように主体性を形成するには何が必要か。様々な要素が個々の主体性形成に広く関わっている。こうした要素の多く（例えば家族、友人、地域社会などで出会うもの）は、私の対象とする範囲を超えている。ここでの私の焦点は、正しい専門訓練によって養われる法律専門家の職務に関連した主体性形成のプロセスにある。このプロセスを理解するために、我々は道徳的主体性という重要な概念について考えなければならない。専門職が卓越しかつ倫理的であることを示す最も強い指標

であることが、我々の研究で明らかになったのである。繰り返すが、ここでいう「道徳」は、特定の道徳的原理やイデオロギーを意味するものではない。むしろ、実直さや人間的誠実さにおける基本的姿勢、人の人生や仕事に意味と目的を与える公共の利益への献身を意味している。

　自己を規定する際に道徳的信条を用いることは道徳的主体性と呼ばれている。つまり、自己を規定する方法として道徳的信念を用いる人は、道徳的主体性を持っていることになる。つまり、どのような信条を有しているかによって道徳的主体性が規定されるのである。道徳的信念が若者の社会的行動を形造る最も確実な方法は、若者がその主体性の中心にこれら信念を置き始めているときに見られる。若者が「人間は実直であるべきだ」から「私は実直な人間になりたい」という考えに移行する際、日々の交流の中でも真実を語ろうとする姿勢が強くなるであろう。若者の道徳的主体性は、単に人々が正しい行為だと考えるものを決定づけるだけでなく、人々が「自分自身はこの道に進まなければならない」と決断に至る理由を決定づけるものである。ある研究者が記述した通り、「人生の価値や生き方を自己の主体性に不可欠なものと捉える場合、人はそれに従って行動しなければならないと感じる」。

　道徳主体性の基盤形成は幼児期に始まる。幼児期の初期の自己主体性は、行動に関連した技能や関心（僕は賢い。私は音楽が好き）から成る。年を経るにつれて自己を規定する道徳的な言葉の使用が増える。思春期が始まると、一般に子供たちは、自分自身を表現するために親切な、公平な、寛大な、実直なといった道徳性を帯びた形容詞を使用するようになる。前述した通り、道徳的主体性は通常、仕事、家族、市民としての自己が確立される成人期の中頃まで完全に形成されることはない。そして、多くの人々が——残念なことに多くの専門家を含む——生涯にわたって道徳的主体性を完成させることができない。

　道徳的信念や目標という観点から自己について考える度合いは、個人によって大きく異なる。「人々の主体性における道徳性の重要度は個人によって様々である」ということが、あるカナダ人の研究によって明らかになった。道徳が生活の中心にあるところからその経験でも道徳的な考察や課題

が巾をきかしてきた人もあれば、道徳の問題を身近なものとは感じず、道徳的価値や基準を維持することが自己認識や自尊心の基盤にはならないと感じる人もいた。コルビー（Colby）およびデーモンは、「自己を道徳的目標の観点から規定する人々は、日常の出来事にも道徳的な問題を見出すことが多く、またそれらの問題に当然に関わらざるを得ないと考えることが多い」ということを明らかにした。したがって、これは解決に責任をもつ小さな第一歩である。

　一貫して道徳的な行動をとる若者を育てたいと望むなら、道徳的主体性の強い意識を彼らの中に育まなければならないというのが、こうした研究から得た教訓である。つまり、日常生活のあらゆる場面における選択や判断のもつ道徳的意味を考えさせることで、道徳的信条に基づいた個人的目標や希望の形成を促すことになる。その結果彼らは、自身の道徳的目標をどの程度達成しているのかという観点から自身の人生について考える習慣を習得するようになる。この習慣により、彼らは道徳的な観点から自己——個性、性格、希望、および欲求——を無理なく規定できるようになる。そしてそれが道徳的主体性の起源となるのである。

　どれも重要な事柄であるが、上述の通り本稿では道徳的主体性の形成における全ての面に焦点を当ててはいない。特に法律などの専門職における道徳的主体性に関連した側面にのみ焦点を当てている。専門職における道徳的主体性の鍵は、専門領域における伝統的な使命に合った目的意識を育むことにある。

3　専門職における道徳的主体性

　すべての専門的職業は、公共の利益に貢献するという伝統的な使命を有している。医療分野における使命は、病気を癒し、公衆衛生を促進することにある。教育の使命は無知な者に教え伝えること、ジャーナリズムの使命は事実を社会に伝えること、科学の使命は万物の法則を発見することにある。そして法律の使命は、正義、および法システムや社会のルールに対する関心を高めることにある。公共の利益に対するこうした伝統的な使命

を果たさない限り、専門家がその経歴の中で達成したいと望むもの——名声、地位、安定したポスト——をもってしても、彼らが真の専門家であるといわれる権利を得られる訳ではない。

　学生の視点から言えば、これは彼らの目指す専門職における伝統的な使命に合った目的意識の獲得を意味する。医師を志す若者は、「医療実務に就いたならば裕福になりたい」だけでなく、「患者を治療したい」と自分に言い聞かせなければならない。専門職における道徳的主体性の開発は、その経歴を通して職における伝統的な使命を学び、その使命に留意し続ける習慣を獲得する——そしてそのことについて深く考える——過程である。専門家が直面する様々な経済的圧力の中でそれを実現することは決して容易ではないが、先に定義した意識における「グッドワーク」を達成することは重要なことである。

4　目的のための専門家教育——習熟と使命の均衡

　先ほど述べた通り、専門的職業における道徳的主体性はその分野の伝統的な使命を反映する目的意識に依存する。しかし、専門家として成功するにはその分野の他の多くの要件も習得する必要がある。すべての専門家は、その分野に精通するには膨大な量の技術、習慣、および知識を学ばなければならない。上述したように、その上さらに彼らは、特別な姿勢、つまり公共の利益を反映する使命を果たすべく専門技術を使用するための責任を負わなければならないのである。習熟、使命のいずれも、それ単独では不十分である。これら2つが組み合わさる場合のみグッドワークを生み出す。高い使命感に燃える無能な法律家は、結局訴訟に負けるだけで、最後には自分がこの職に合っているのかさえ疑問に思うようになる（専門家として主体性の喪失）。一方、能力はあるが堕落した法律家は、人を欺くようなやり方で訴訟に勝つかもしれない。しかしそうしたやり方は、仕事を通して何か価値あるものを達成したいという自身の信条を打ち砕いてしまう（専門家としてのもう1つの主体性の喪失）。端的に言って専門職におけるグッドワークには、その分野の伝統的な使命を巧みに果たすことが必要な

のである。

　専門家としての職務に情熱と興奮をもたらすものが使命の追求である。これは、職業で「自分探しをする」——つまり道徳的主体性を確立しようとする——若者にとって重要な動機となる。しかし情熱は、習熟によってもたらされる知識により制御されなければならない。情熱と習熟の釣合いをとるためには、それぞれが十分に発現され、その2つが同時に機能することが必要である。英国の精神科医アンソニー・ストー（Anthony Storr）は、この情熱と習熟の融合について、「専門家は、感情的に心が動かされるということを知らなければならない。しかし同時に、客観的に一歩下がるということも学ばなければならない。私はお茶と同情によって引き起こされた悲劇を数多くみてきた」と述べている（「お茶と同情」とは、英国の慣用句で、専門家として対応ではなく個人的な同情を指す）。

　使命感を維持しつつ、またそれを自らで制御できるのは、1）使命を心から信じている人々、そして2）誰でも時に陥ってしまう、傲慢さ、誇大癖、誤った信念、歪んだあるいは誤った判断といったものの危険性に対して常に慎重な見方のできる人々のみである。優れたレベルで専門的職業の使命を果たすには、個人的な偏りから解放されることや分析的な距離を保つことだけでなく、情熱をもって従事すること、個人的な責任感や人々に対する配慮を有することが必要である。そして、こうした内容がただ単に共存しているのではなく、ある種の調和のとれた均衡を保ちつつ維持されなければならない。

　このような均衡を実現できるのは、条件が最良のときに限られる。繁忙時には非常にむずかしい。少なくとも、我々の新しい世紀の始まりは大変な繁忙の時であった。以前の専門家がかつて経験することのなかったたぐいの経済的圧力により、将来の予測は困難で、社会の関係は粗雑であった。そのような環境下では、市場の短期間の信号に過大な注目が集まり、働くことの社会的な使命がぼやけてしまうことがある。

　「私の仕事における使命は、初めてこの職を志した時に私が達成したいと願っていたものと今でも同じだろうか」という疑問が生じてくる。答えがノーであるなら、仕事に対する最初の情熱を維持することは、実現する

見込みない目標となってしまうだろう。様々な優先事項を抱えた職場の状況を一度も経験したことのない若い働き手にとって、問題はさらに深刻である。若い働き手は、その職における一般的な目的として、本で読んだりテレビで見たりしたものをそのまま理想としているのかもしれない。マスメディアは、たとえそれが若者たちを公共心との関係で落胆させることになっても自身の職における公共心ある働きを貶めてしまうことになっても、職業の理想的な姿を伝え続けている。

　専門家たちは、常に複数の目標の均衡を図らなければならないが、経済的な圧力下ではその利害関係が特に大きくなる。経済的に生き残ることに危うさを感じた時、人々は、社会的な使命を無視してビジネス上の取引にだけ焦点を当てることがその専門職における成功につながると考えるに至るだろう。また、現代の専門的職業における枠組みの中では社会的使命の達成が不可能であると考えた時、人々はその職自体を辞めてしまうかもしれない。研究の中で我々は、こうした両者——使命を捨て去った、あるいは辞めてしまった人々——を数多く見てきた。どちらを選んでも、公共の利益、専門的職業、および働き手に損害を与えることになる。

　学生が必要な要件を習得し、なおかつ使命感を維持するためには、公平無私であり続ける方法を学ぶ必要がある。とはいえ他から孤立してはいけない。分析的な距離と人間同士のつながりの間に正しい均衡を見出そうとする時、あらゆる専門的職業において何らかの形で矛盾が生じる。専門の教育機関においても、その領域における知的な厳密さと基本的な使命との間で均衡を保つ方法を見つけ出さなければならない。これらにより、多くの学生は専門家を目指すきっかけを得ることが出来るのである。これもまた、容易には解決できない根本的な均衡の問題である。というのも、専門教育は、知性的な厳密さ（徹底的な規律の導入）と、その基盤となる専門職の社会的使命のどちらかに偏重してしまう可能性があるからである。

　これらの教育目標を建設的に統合させることは、大変な挑戦である。学生の能力を上手く開発し統合させるためには、その学習に長い年月を割く必要があり、専門職大学はそれに不可欠な学習を促進しなければならない。

5　今日の世界での道徳的主体性に対する専門教育の特別な試み

　専門教育を受ける学生に倫理的主体性を構築させる試みは、いつの時代も重要なものであった。しかし、法律などの専門職を志す若者たちが直面するそうした専門職を取り巻く環境が急速に変化していることから、今日においては特別な緊急性を要している。世界中のほとんどの地域において、専門的職業はますます市場の影響を受けるようになり、激しい競争にその身をさらしている。法律に関して言えば、公共の利益に根ざした法律活動を犠牲にして、より利益率の高いビジネス（米国の法律事務所では、「支払請求可能な時間」へのあくなき追求として知られている）の追求だけが注目されていることに置き換えることができるだろう。

　こうした変化は、法律家を志す若者に対して、自己の職業上の主体性を確立する方法に特別な課題をもたらすこととなった。職業に自己の主体性を見出すためには、まずその職の使命に専念しなければならないからである。法律のような分野で専門的職業上の主体性を見出すためには、その職務が正義や法制度に支えられた伝統的な使命を果たしていると確信することが重要となる。米国のロースクールの新入生を対象に行った調査によれば、その70％以上が公共心ある法律活動を通して公共の利益に奉仕するためにこの分野に入ったと答えている。この数値は、彼らが就職活動を開始した時点で急激に——25％程度まで——低下する。今日の世界では、こうしたことは経済的な感覚からみて現実的であるかもしれない。しかし心理学的な観点からみれば、若者がその専門的職業に果たして明確な社会的使命があるのかと疑問を持つとき、その職における「自分探し」はより困難なものとなる。

　今日の職場における圧力は、個人が経済以外の専門家としての価値を求めることを困難にする状況をつくりだしている。こうした状況を変えることがグッドワークに対する強力な支援となるかもしれない。しかし、職場の状況にはほとんど改善の兆しが見られないため——事実、悪化し続けている——、この荒涼たる状況の中、我々はグッドワークを実践するための個々の能力を高めなければならない。教育のみが、これを達成するための

現実的な方法である。希望は、たとえ大きな圧力下にあっても働き手が習熟と使命の目標を常に一体化することができるよう、専門的教育によって学生らにそうした準備をさせることができる可能性があるということである。

　私は、この時代の若き専門家らに対する中心的課題として以下を挙げる。若者は、どうすれば各々の志す職業の道徳的使命に対するコミットメントを維持しながら、経済志向になりつつある分野の現実的要件を習得することができるのか。さらに、専門の教育機関は、その職業を目指すきっかけとなった使命を果たしつつ専門家としての成功に向けて準備している若き専門家らに対して何を教えることができるのか。それこそが現在の専門家教育における中心的課題である。

6　結論——ロースクールへの教訓

　グッドワークおよび若者の発育についての我々の研究プログラムから、私は法学教育に関する次の結論を導き出した。

1) ロースクールは、専門職における優秀性と倫理的誠実さを規定するすべての基準を学生に提示しているかを確認するために、そのプログラムを吟味しなければならない。学生はこうした基準を特定の科目で学習する必要はないが、法律を学ぶ数年の課程の間にそれらすべてに触れることが重要である。つまり、その専門職において学生をグッドワークに導くうえで必要な優秀さと倫理の点で不足しているものがないかどうかを点検すべくコース全体を吟味すべきである。

2) ロースクールは、専門家が常に果たしてきた社会的使命に特に注意を払いつつ、学生に法律分野の伝統を伝える特別な努力をしなければならない。その際、ロースクールは常に問題の技術的側面に限定されるようなカリキュラムを超える必要があるかもしれない。その際には、特定の専門分野や社会への貢献において知られている弁護士の参観や講義といった特別な授業がそうした課題の展開に役立つであろう。

3) カリキュラムは、可能な限り、学生の若き法律家としての主体性を高

める方向を目指すべきである。例えば、この分野の最も高い指標からしてグッドワークを実践してきた弁護士の印象的な例を用いることで、それは可能であると思われる。特に学生には、職務の中で直面する様々な経済的、社会的圧力の下でグッドワークを実践してきた弁護士の例を示してやるべきである。これは、たとえ困難な時であっても自分自身の基準を崩すまいとする彼らの決意につながるであろう。学生は、専門家としての主体性を確立するのだという意識をもってロースクールを終えなければならない。それは優れた羅針盤として今後彼らを導いていくであろう。

4) ロースクールは、グッドワークの実践を通して道徳的主体性を育成する機会を学生に提供するものでなければならない。これは、学生を実務演習に積極的に参加させるカリキュラムで実現させられるであろう。また、法律相談所のような地域で必要とされている法律の公共サービスを自ら実践することでも実現が可能である。そうした経験は、若き法律家としての初々しい目的意識を学生自身が発見するチャンスを与えることになろう。学生にそのキャリアにかかわる意味を与えることになり、かつ、グッドワークを成し遂げるに必要な条件となるのである。

【参考文献】

Colby A. & Damon, W. (1992) *Some do care: contemporary lives of moral commitment.* New York: The Free Press.
Damon, W. (1999) The moral development of children. *Scientific American,* 281 (August), 72-88.
Erikson, E. (1968) *Identity: Youth and purpose:* New York: Basic Books.
Gardner, H., Csikszentmihalyi, M., and Damon, W. (2001) *Good Work: When excellence and ethics meet.* New York: Basic Books.
Nisan, M (1996) , Personal Identity and Education for the Desirable, *Journal of Moral Education,* v. 25, n. 1., pp. 75-83.
Walker, L., Pitts, R., Hennig, K., and Matsuba, M. (1995) , Reasoning about morality and real-life moral problems. In M. Killen and D. Hart (Eds.) , *Morality in everyday life.* New York: Cambridge University Press, 371-407.

基調報告 2

体験的正義論

本林　徹

[略歴]
前日本弁護士連合会会長（2002年〜2004年）、森・濱田松本法律事務所パートナー。東京大学法学部卒業後、米ハーバード大学ロースクール修士。日本民事訴訟法学会、国際法曹協会会員。日弁連国際交流委員会委員長（1996〜1999年）。朝日新聞「報道と人権委員会」委員。日本弁護士連合会の会長として、法科大学院や日本の司法改革を中心に担ってきた。

はじめに

　本日は、このような意義あるシンポジウムの場で、お話をする機会を与えていただき、ありがとうございます。

　今日は、わが国の弁護士が正義の実現に果たしてきた役割、これから担うべき責務、弁護士および法曹の養成にどのような視点が必要か、などにつき、私自身の体験や、今次の司法改革の成果などを交えながら、実践的なお話をしてみたいと思います。

　私は、2002年4月に日弁連会長に就任したとき、これからの法曹、特に弁護士に求められるもの、そして弁護士のアイデンティティは、質の高い知識・能力、厳しい職業倫理、鋭い人権感覚、そして常に法制度の改革の火を燃やし続けるフロンティア精神であろう、と述べました。この思いは今も変わりません。

　先ず、私が法学部の学生時代に印象に残ったことからお話したいと思います。

　それは、セツルメント法律相談部というサークルに所属して、下町の貧しい人たちのために無料法律相談活動をしたことでした。このセツルメン

トというのは、1923年に起きた関東大震災の直後、末弘巖太郎・穂積重遠という民法の先生が、罹災者たちを支援・救済するための事業として立ち上げたものでした。

私たちは、毎日のように、足立区にある下町の小さな診療所の一室に出向いて、ボランティアの法律相談をしました。今でいうクリニックです。

今から考えると、私たち学生が提供できた相談の答えは、不十分なものでしたが、お金もなく、知っている弁護士もいない人たちが、私たちの助言に心から感謝してくれました。このことが私に弁護士になる決意をさせました。

もう一つは、弁護士になってからの体験です。

私は、弁護士6年目に、ハーバード・ロースクールに1年間留学し、卒業後シカゴの弁護士事務所にトレーニーとして仕事をする機会を得ました。

私が強烈な印象を受けたのは、アメリカでは、多数の弁護士が実に広い分野で活躍しているということと、市民が訴訟を利用し、権利救済をうけ易くするための様々な法制度や法令が存在するということでした。

例えば、私がシカゴの事務所にいたときに見た訴訟です。

シカゴの市民2人（いずれも弁護士）が、ジェネラルモーターズ（GM）をはじめとするアメリカの3大自動車メーカーを相手に訴訟を起こしました。

その訴訟は、この3社が、自動車の排気ガスの排出量を削減させる技術開発を共謀して遅らせている、そのために、シカゴ市内に膨大な排気ガスが排出され、市民が身体的あるいは経済的な被害を被っている。これはシャーマン法という、日本でいうと独禁法ですが、その違反である、ということで、総額100億ドル、いまのレートでいえば約1兆円の損害賠償請求をしたのです。

これだけの巨額の訴訟を、わずか100ドルの訴訟手数料を裁判所に払えば提起できるのが、アメリカの制度なのです。

しかも、この訴訟は、クラスアクション（集団訴訟）、即ち、1人ひとりの損害額は非常に小さくても、同種の損害を被っているグループをひと

まとめにして、その代表として、訴訟が提起できるという制度を利用したものでした。

さらにアメリカでは、ディスカバリー（証拠開示）の手続があります。

訴訟に関連性のある、すべての証拠を裁判所に提出させることができる、いわば訴訟の上でのフェアプレーの精神に基づくものです。

また、特に不正の度合いの大きい被告に対しては、実損額とは別に、懲罰的な損害賠償、2度と不正な行為をさせないという、制裁の意味を込めた賠償を請求できる制度もあります。アンフェアなものに対しては非常に厳しい制度を持っているわけです。

実体法の面でも、公民権法（Civil Rights Act）という実体法があって、社会における様々な差別を救済する権利が認められています。

こういった実情をつぶさに見て帰ってきて、日本の法制度と比較したとき愕然としたわけです。日本では、明治10年代に訴訟抑制のために定められた訴訟手数料制度があって、これが今でも残っています。訴える額の約1000分の3の支払が必要です。例えば、10億円の訴訟を起こしたいと思った場合、提訴の段階で約300万円の手数料を負担しないと訴訟が起こせないということです。

これでは、社会的弱者から「裁判を受ける権利」を事実上奪ってしまうことになります。しかも、日本には、クラスアクションや懲罰賠償の制度はありません。

ディスカバリーについても、最近、民事訴訟法改正で文書提出命令が採用されていますが、証拠の偏在という不平等を解消するには、ほど遠いことはご承知のとおりです。

わが国の弁護士法は、第1条1項で「弁護士は、基本的人権を擁護し社会正義を実現することを使命とする」と謳い、2項で「この使命に基づき誠実にその職務を行い……法律制度の改善に努力しなければならない」と規定しています。

私は、この日米の制度比較をする中で、国民・市民が司法の場において、もっと容易に権利救済がはかれるよう、司法制度を抜本的に改革することこそが、わが国の「法の支配」そして「正義」の実現のために必要である、

ということを肝に銘じました。

それから約30年経ち、2002年4月に日弁連会長に就任したときに、たまたま、司法制度改革の時期に当たり、若い頃から肝に銘じていた「市民の利用しやすい司法制度づくり」を実現できるチャンスに遭遇したのです。

1 なぜ司法改革が必要だったか

次に、日本社会における法曹のあり方にも関連しますので、今次の司法改革がなぜ必要だったかについて、ふれてみたいと思います。

わが国の司法を歴史的に考えてみますと、それは、明治維新後に形成されました。戦後の民主化によって三権分立と司法権の独立が制度的に確立しました。

それから60年近く経ったわけですが、市民が依然として利用しにくい、職業裁判官を中心とした、官僚的なしかも小さな司法のままだったのが特徴だったと思います。

わが国は、戦後一貫して、行政が優位を占め、行政主導で先進国にキャッチアップし、経済成長を図るということで進んできました。そこでは、行政指導の名の下に、官僚が、幅広い裁量権を行使して、業界の調整あるいは紛争の事前防止を行うという、日本特有の状況が生まれました。

このような社会では、公権力をチェックするという司法の出番が少なく、「消極的な司法」と言われたのは、結果的には当然の成り行きだったかと思います。このことを最もよく表しているのが、行政訴訟事件の極端な少なさです。

市民が行政を相手取って訴えを起こす行政訴訟事件は、年間約2000件です。

一方、ドイツでは50万件を超えています。250分の1、3桁違うわけです。

また、裁判所は、憲法上、違憲立法審査権を与えられていますが、これを実際に行使したのは10件程度にとどまっており、司法消極主義と言われれています。

一方で、経済成長の陰で、社会的な弱者が放置されがちでした。

経済優先の企業活動から生まれた、水俣病をはじめとする水質汚染、あるいは大気汚染・騒音など様々な公害、スモン病・エイズなどの薬害などに悩む悲惨な被害者が生まれてきました。また、捜査機関による見込み捜査、自白強要などで、無実の被告人が死刑判決を受けるといったことが続きました。
　このような、公害をはじめとする多くの人権侵害の被害者救済に立ち上がり、また、死刑確定判決に再審の申立をして最終的に無罪を勝ち取るなど、様々な人権活動に輝かしい業績を残したのは、先輩の弁護士たちであり、これを強力にバックアップしてきたのが、弁護士会でした。
　しかし、これら個別・具体的な事件における、弁護士の献身的な活動があったものの、全体としてみると、わが国の司法は、市民に縁遠い、利用しにくい、三権の中ではきわめて小さな存在にとどまっていたと思います。
　1990年に入って、市場原理、規制緩和といった世界的な潮流が生まれました。
　グローバル社会が到来し、わが国の行政は「透明性がない」と、海外から変革を迫られてきました。
　経済界からも、事前規制に代わる事後救済型の社会に移行するからには、事後的に紛争解決の機能を担う司法を充実強化をすべきだ、という要請がなされることになりました。
　公正・透明なルールにより、物事を適正・迅速に解決する、そういうしっかりした司法、そのための人的・物的あるいは制度的なインフラ整備が、わが国の国際的な競争力の上からも大切である、という認識が強まってきたのです。
　そして、国民やマスコミからも、21世紀は、会社や組織に依存した経済至上の社会から、多様な価値観、そして1人ひとりの尊厳を大切にする社会に転換しなければならない、そのためにも、大きな逞しい司法が必要な時代になった、として、司法改革が強く叫ばれるようになりました。
　日弁連はどうしたかといいますと、1990年から「市民のための司法」をスローガンにして、ほぼ毎年、総会で「司法改革宣言」を決議し、市民を主役にすえた司法改革に向け、当番弁護士活動や法律相談活動など、様々

な実践活動を全国的に始めました。

　このような時代の流れや国内外の様々な要求を踏まえて、1999年7月に、内閣の下に、司法制度改革審議会が設置されました。国民の代表ともいうべき13人の委員によって、2年間にわたり、司法改革の審議が行われ、2001年6月、意見書が出され、この意見書に従って改革を進めることになったのです。

　今回の改革は、主権者であり、司法のユーザーでもある国民の視点に立った改革であることが特徴です。大きな柱が3つあります。

　1つは、司法制度を支えるのは「人」であるという観点から、質・量ともに豊かな法曹を養成する、そのために、法科大学院という専門養成機関を設置する、そして、社会における法曹の役割を格段に強化していく、ということです。

　2つ目は、国民が、もっと法的サービスを利用しやすくするための諸改革です。行政訴訟や労働訴訟の改革は、その成果の一例です。

　3つ目は、司法の国民的基盤を確立するということです。この代表的なものが裁判員制度であり、国民が、積極的に司法に参加し裁判を担っていく、というものであります

　こういった改革を柱にして、「法の支配（rule of law）」が行き届く、透明で公正な社会を築くとともに、国民の意識を、お上依存の「統治客体意識」から「統治主体意識」に転換させ、自律性を持った国民1人ひとりを大切にしていこうということです。その意味で、今次の司法改革は、まさに、21世紀のわが国の司法と社会の在り方を大きく変革しようとするものであったのです。

2　審議会意見書の求める弁護士改革

　では、司法改革の羅針盤となった審議会意見書は、どのように弁護士の役割を期待したのでしょうか。
　審議会意見書は、
　　弁護士は、誠実に職務を遂行し、国民の権利利益の実現に奉仕するこ

とを通じて社会的責任（公益性）を果たすとともに、その使命にふさわしい職業倫理を保持し、不断に職務活動の質の向上に努めるべきである

とした上で、弁護士の役割を

「国民の社会生活上の医師」として、基本的人権を擁護し、社会正義を実現するとの使命に基づき、法廷の内と外とを問わず、国民にとって「頼もしい権利の護り手」であるとともに「信頼し得る正義の担い手」として、高い質の法的サービスを提供することにある

と言っています。

近年、アメリカでは、弁護士の行き過ぎた商業化・ビジネス化の弊害が懸念されています。その意味で、審議会意見書が、弁護士の社会的責任、すなわち公益性という責務と、それにふさわしい職業倫理を強調していることは、きわめて重要なことだと思います。

公益性とは何か。

意見書は、先ず、弁護士が、「頼もしい権利の護り手」でなければならない、と言っています。依頼者が個人であろうと企業であろうと、依頼者のために、誠実に法的な助言をし、訴訟活動をする。刑事であれば、被疑者や被告人のために適切な弁護活動をする。そのこと自体、国民の正当な権利利益の実現に奉仕するという意味で、社会的責任を果たすことに通ずるのだ、と言っています。

さらに、意見書は、弁護士は「信頼し得る正義の担い手」として正義の実現に社会的責任を負う、として、公益活動を行う責務を提示しています。

例えば、プロボノ活動、国民の法的サービスへのアクセス保障、弁護士任官など公務への就任、後継者養成への関与などです。

これらに、弁護士・弁護士会がどのような対応をしているかを、若干お話したいと思います。

まずプロボノ活動ですが、プロボノというのは、無償もしくは低廉な報酬で行う公益活動です。意見書は、その例として、「社会的弱者の権利擁護」を挙げています。

この要求に応えるべく、日弁連と各弁護士会は、以前から、人権救済制

度を設けています。暴力や差別など様々な人権侵害を受けた市民から、毎年数百件にのぼる人権救済申立を受理し、調査の結果、侵害行為があると認定できた場合には、その侵害者が、国や警察など公的な機関であろうと、大企業であろうと、勧告や警告を出す、という活動を続け、高い評価を受けてきています。

この場面でも、弁護士自治が大切な役割を果たしています。

弁護士自治は、弁護士が、国民の人権を守る活動をするための制度的保障として、与えられています。弁護士に監督官庁はありません。ですから、相手が強大な公権力であっても、堂々と人権擁護活動をすることができるわけです。

さらに、多くの弁護士が、資力の乏しい人たちのための民事の法律扶助事件や刑事被疑者や被告人の弁護のために、低廉な報酬で弁護活動をしているのも、代表的なプロボノ活動であります。

すでに、いくつかの弁護士会では、プロボノ活動を義務化し、会員が履行しないときは一定の負担金を支払うという制度を採用しています。

審議会意見書は、弁護士のなすべき公益活動の二つ目として、「国民の法的サービスへのアクセス保障」をあげています。

日弁連は、この点については、特に、2つのことに力を入れてきました。

法律相談センターの全国配置と、弁護士過疎地における弁護士常駐型の「公設事務所」の設置です。いずれも弁護士の基金で運営しています。

法律相談センターは、全国各地に、284カ所設置しており、市民が、いつでも気軽に、弁護士に相談できる態勢にしています。

また、「公設事務所」は、全国に38カ所設置済みです。弁護士が、2,3年のローテーションで常駐しています。これにより、過疎地に住む人たちは、いつでも、相談や事件の依頼などの法的サービスを受けることができるようになりました。

公設事務所は、地元のコミュニティからも、大変な歓迎を受けています。

最近では、修習生や若い弁護士の間で、過疎地の公設事務所に赴任したいという希望者が増えてきました。

この関連で、今回の司法改革により、来年から、新たに、独立行政法人

である「日本司法支援センター」が創設されることになったことは画期的です。

　全国各地にその支部を置き、ネットワーク化されます。このセンターは、十分な国家予算のもとに、市民のための総合的な情報提供や相談窓口、法律扶助、刑事国選弁護、犯罪被害者のサポートなどを一元的に統括することになり、市民の法的サービスが飛躍的に改善されることが期待されます。

　意見書が要求しているもう1つの弁護士の公益活動は、弁護士任官など公務への就任です。

　弁護士は、市民や企業のために法的サービスや紛争解決の豊富な経験を持っており、弁護士が裁判官や検事になっていくことは、きわめて意義のあることです。弁護士からの裁判官任官者を増やして、裁判官の給源を多様化することは、わが国の司法を市民により開かれたものにするでしょう。

　今年から、民事調停、家事調停の分野についてパートタイム裁判官制度も始まりました。弁護士が、通常の弁護士の職務をしながら、週に1日程度、裁判官として調停を主宰するのです。

　また、最近では、若手弁護士が法律専門家として、2－3年間、法務省・経済産業省などの官公庁に出向して、立法や国の政策づくりの第一線で活躍する例も非常に増えてきています。

　弁護士の公益活動の最後に挙げられている「法曹の後継者養成」の点ですが、すでに、600人にのぼる弁護士が法科大学院の実務家教員に就任しています。

　全国で約2万人いる弁護士の約3％にあたります。志ある多くの弁護士が、次の世代を背負う法曹を育成するという使命感をもって、がんばっているということがお分かりいただけると思います。

3　開かれた弁護士会・厳しい職業倫理

　次に、今時の司法改革により、弁護士や弁護士会も重要な改革を実現しました。

　先ず、弁護士が弁護士資格をもったまま、公職に就いたり、会社の取締

役などに就任することが自由になりました。弁護士が新しい分野へ進出することが制度的に保証され、促進されることになったわけです。

報酬も自由化されました。日弁連の総会も一般公開することになりました。

さらに、弁護士の職業倫理を充実させ、懲戒手続をより透明なものにするという点でも、大きな改革を行いました。

日弁連は、先ず、従来の弁護士倫理に代え、弁護士職務基本規程という新しい会規を制定しました。弁護士がその職務遂行において遵守すべき行為規範・行動指針を明示し、国民に対して説明責任をはたすことにしたのです。

弁護士が増加し、活動領域が拡大し、国際化が進むなかで、弁護士の職業倫理をしっかり整備し、これを守っていくことは、法曹として高い価値観を共有するためにも、また、弁護士に対する国民の信頼を確かなものにするためにも、きわめて重要であるからです。

さらに、懲戒手続に国民の代表である有識者が手続に加わるように改革しました。より開かれたものにするためです。

懲戒処分について若干ふれますと、弁護士が非行をした場合には、誰でも、懲戒の申立ができることになっています。毎年、全国で1000件ぐらいの申立があります。弁護士自治が保障されているので、弁護士会自身が、会員に対する懲戒申立を受理し、調査を行い、非行があると認定できれば、懲戒処分をすることになっています。

懲戒処分がなされた事例を見ますと、3つの類型があります。

一つは、弁護士の事件処理の仕方に対する依頼者の不満です。

弁護士が、依頼者から頼まれた事件の処理に当たって当然なすべき報告、連絡、協議などの職務を懈怠したり、報酬について争いになったり、要は、依頼者に誠実に説明責任を果たしていないケースです。これは、弁護士の誠実性という、法曹倫理としては最も基本的なことに関わるものです。

二つ目は、いわゆる多重債務者の債務処理に関して暗躍する、非合法な金融業者などに弁護士が利用されてしまう、いわゆる「非弁提携」といわれるケースです。経済的に困窮した弁護士が、違法と知りつつ手を染める

事例であり、誠に残念なことです。

　三つ目は、利益相反のケースです。すでに相談に預かっている事件の相手方からの依頼を受けてしまう、双方代理に当たるもので、当然ですが、弁護士法で禁じられているものです。特に、多数の当事者の利害が衝突する複雑な事件が多くなってきており、利益相反には、細心の注意を払わなければなりません。

　強調したいのは、弁護士会における懲戒手続きや懲戒処分が、きわめて厳正に行われていることです。弁護士がいったん懲戒処分を受けると、その氏名はもちろん、処分の概要が官報で公告され、日弁連の会誌に掲載され、裁判所・検察庁にも通知がされます。業務停止又はそれ以上の懲戒処分を受けると、弁護士事務所の看板は外され、依頼者とのすべての依頼契約は解消を強制され、弁護士として再起することが、事実上困難となるほどの打撃を受けることになります。

　職業倫理の遵守と実践は、法曹である弁護士の生命線であり、自らを律し自らを守るためにも、また依頼者や国民の信頼を高めるためにも必須のものです。

　各弁護士会では、全会員に対し、弁護士登録時はもちろん、その後も定期的に法曹倫理研修を実施していますが、法科大学院での教育においても、ぜひ重視していただきたいと思います。

4　これからの法曹養成

　今次の司法改革を踏まえて、今後の法曹養成はどうあるべきかについて、私なりに、若干述べてみることにします。

　従前の法曹養成についてみると、大学における法学教育は、基礎的教養教育の面でも、法学専門教育の面でも、法曹を養成するという役割を適切に果たしてきたとはいえなかったと思います。

　一方、司法修習は、最高裁判所の所管の下で行われたこともあって、裁判官・検事・弁護士いずれを希望する者も、統一・平等に扱うという理念はあったものの、現実には、裁判官養成に主眼をおいた裁判実務教育であっ

たのが特徴です。

　今次の改革で、法科大学院は、21世紀のわが国社会において期待される法曹を養成すべく、理論と実務の架橋、すなわち、実務を意識した理論、理論を踏まえた実務の教育、を進めることになります。法科大学院での教育・司法試験・司法研修所での修習という、法曹教育プロセスを全体的に見た場合、従前と比べて、次のような違いがでてくると思われます。

　一つは、法曹人口の大幅増加により、圧倒的に増えるのは弁護士であり、法曹養成の中心は弁護士の養成とならざるを得ない、ということであります。

　二つ目は、弁護士の職務は、裁判のみならず、それに至らない段階でのカウンセリング、交渉、説得、契約書作成など広範囲の法的サービスに及ぶものであり、また分野としても国際的視野を含めて、知財・独禁法・税法など、経済と法との動態的な理解が必要となり、このような新たな能力の修得が重要になってきます。

　三つ目として、行政など公権力が特に強いわが国においては、政治的に発言権を持たない個人・少数者の権利や人権を、法に照らして公正に守るという「法の支配」の理念を、社会にしっかり根付かせ、政治の横暴、行政の怠慢ややりすぎを糺すという逞しさが、弁護士のみならず、法曹全体に求められていると思います。この点を意識した実践的な教育、例えば、学生が、人権擁護や法の支配の重要性を肌で感じとることができるよう、これらの活動で実績をあげた先達法曹に体験を活き活きと語ってもらい、一緒に考え、議論を深める機会を設けることなども、有益であろうと思います。さらに、わが国の将来を担う法曹として、常に、批判的精神を持ち、制度に活力を与え続けることの大切さも、ぜひ学んで欲しいと願っています。

5　法化社会・司法の時代の到来

　さて、このような様々な分野で司法改革が実現することに伴って、日本社会は、法化社会を迎えつつあるといえます。

法化社会とは、「紛争が起きたときに、行政が不透明な事前チェックや指導をすることによってではなく、司法が、公正・透明なルールと適正な手続に従って迅速に解決する社会であり、国民が、気軽に法律家のサポートを得られるような人的・制度的な仕組みが整備されている社会」であります。

　法化社会の到来を、最も敏感に感じとっている企業の最近の動きについて、若干触れてみたいと思います。

　最近、わが国においても、企業の不祥事が絶えません。その反省の中で、法令や法の精神をしっかり守って経営をしていく、いわゆるコンプライアンス（順法経営）の重要性が再認識され、多くの企業では、経営トップが率先して、倫理憲章・行動基準などを定めるようになってきています。

　さらに、「企業の社会的責任」（Corporate Social Responsibility、略してCSR）も大変注目される動きで、これに取り組む企業が世界的に増えています。

　CSRとは、企業が、利益追求のみに走ることなく、環境・労働・人権などに配慮しながら、株主・従業員・顧客・仕入先など企業をとりまく利害関係者との共生をはかり、「持続的な成長と発展」をはかっていくという取り組みです。

　このような動きの背景には、企業をとりまく関係者が、企業を厳しく評価するようになってきたことがあります。

　例えば、企業が不正をしたり、不正を隠していたことが明らかになると、消費者はすぐ反応して、その企業の商品をボイコットし、不買運動が起こります。

　投資マーケットも黙っていません。不祥事企業の株は売られ、株価は下落、企業価値が減少して企業買収の格好の対象になってしまいます。

　他方、企業の社会的責任を果たすという強い意識を持ち、実践している優良企業を選別して、積極的に投資をしていくという「社会的責任投資」も盛んになってきました。社会的責任投資をめざすファンドは、すでに、全世界で300兆円の規模に達しています。投資対象に選ばれた企業は、株価が上がり、企業価値やブランドも高まり、良い人材を集めることができ

ます。

　このように、企業が「法」や「法の精神」を遵守し、人権や環境に配慮し、透明性の高い経営をしていく時代、すなわち「企業経営にも、倫理・モラル・正義や公正さが重視される時代」になってきたのです。

　最近の UFJ を巡る住友信託銀行と三菱東京フィナンシャルグループの事件は、紛争解決が、行政から司法の手に移りつつあることを強く印象づけました。

　これまでですと、このような大手の金融機関同士の争いは、大蔵省や金融庁が行政指導で解決し、司法の場に持ち出されることはなかったでしょう。

　しかし、今は、裁判所に申立をし、公正・透明なルールに従って、迅速で明快な解決を選択する時代です。

　このような法化社会・司法の時代にあっては、弁護士の需要は、格段に高まります。企業法務の分野においても、弁護士は、企業の顧問として、社外役員・法務部員として、あるいは、企業をとりまく様々な利害関係者の代理人として、「法の支配」を推進する上で、ますます大きな役割を果たすことになるでしょう。

　今回の司法改革により、裁判所も、「開かれた裁判所」を目ざして、いくつかの重要な改革を実現しています。

　例えば、今まで、裁判官の適格性を判断するさい、最高裁判所内部だけで行ってきましたが、今回の改革で、新たに、外部の有識者が過半数を占める諮問委員会が設置され、その意見を十分採り入れるシステムに改革されました。

　さらに、若い多くの裁判官を、2年間、弁護士登録させ、弁護士事務所で弁護士経験を積むという制度を、今年4月から実施することになりました。

　裁判官が、弁護士の経験を通して、社会の実状や市民の考え方を体得することの重要性は、きわめて大きいと思います。

　裁判所が開かれた組織になってきたことを反映して、最近、裁判官が元気になってきた、という実感を持っています。

昨年1月、最高裁大法廷は、2001年に行われた参院選挙において、1票の価値の差が5倍以上に達している状況で、憲法の定める「法の下の平等」に違反するかどうかを判断しました。

　結果は、9対6で合憲という結論になりましたが、キャリア裁判官出身の有力な最高裁判事の一人が、憲法違反という意見に与しました。この判事は、「司法は、多数決原理に乗らない少数者の人権を守ることと、民主主義のシステムが正常に機能しているかどうかをチェックする役目がある」と言い切りました。これは、官僚裁判官の出身者としては、非常に勇気ある意見であり、裁判官も変わりつつあると評価できるものです。

6　まとめ

　本シンポジウムのテーマは、「これからの法曹に正義を教えることができるか」であります。この場合の「正義」とは、弁護士法第1条第1項の「社会正義の実現」の正義であり、これを観念的なものではなく、実践的課題として捉えて、その具体的な実例をお話してきました。

　正義を教えるということは、法律家としてどうあるべきなのかを教えることだと思います。

　私の弁護士としての経験からすると、弁護士にとって「正義」とは、先ず、個々の事案について、常に公正・妥当な解決をはかるという心構えと実践であると思います。そして、社会的弱者といわれる人たちの権利や人権を、法に照らして公正に守るという「法の支配」の推進役となるとともに、常に、法制度の改善・改革に真剣に取り組んでいくことであります。

　そのためには、冒頭で申し上げたように、弁護士は、高度の能力・識見、厳しい職業倫理、鋭い人権感覚を身につけること、さらに、批判的精神と制度改革への強い意欲を持ち続けること、が求められます。

　そして、これらを学ぶ場が法科大学院であるということです。

　法科大学院は、理論や知識だけを教える場ではなく、実務への架橋の場として、正義を実現するための実践を教える場だからであります。

　法科大学院の学生は、法曹倫理などを、直接、実務家から学び、クリニッ

クやエクスターンシップなど実務にふれるなかで、正義を学んで欲しいと思います。
　法科大学院こそ、正義を実現する「頼もしい権利の担い手」を育てるにふさわしい場である、ということを申し上げ、結びといたします。
　ご静聴ありがとうございました。

効果的な法学教育における法曹倫理
―― 効果的なロースクール教育課程とは

キム・エコノミディス*
Kim Economides

[略歴]
英エクセター大学教授（法曹倫理）。
英国における法曹倫理教育改革のリーダー。ロー・ソサエティのトレーニング委員会委員。国際連合やヨーロッパ安全保障協力機構（OSCE）の顧問など、国際的にも活躍。「Ethical Challenges to Legal Education and Conduct」（Oxford, Hart Publishing 刊, 1998 年）、「New Horizons for Professional Regulation」（『Legal Ethics』Vol.4, No.1, 2001 年）共著。

<パネリスト報告 1>

はじめに**

　まず始めに、私を大阪へ招いてくださった本講演の主催者である関西学院大学法科大学院にお礼を申し上げたい。私が始めて日本を訪れたのは、東京の中央大学で開催されたキャノン財団主催の「新世紀の法曹教育――その倫理的側面[1]」と題した講演を行うためであった。そして新世紀を迎えた今、最初の訪問時に進行中であった教育改革の実際の経過を目にすることができ、また法学教育における倫理的側面がさかんに議題として取り挙げられていることを知り、とても心強く思う。したがってこの会議に参加できることは、私にとって大きな名誉であり、また喜びでもある。そして、この同じ論題に関する新たな考えや経験を皆様と共有できること、および日本における法学教育改革を推進するための会議に参加できることを大変嬉しく思う。

　ここで私は、英国やその他慣習法の存在する国々における法学教育の将来を語る上で、なぜ、そしていかに倫理が中心的な議題として近年注目を

集めているのかについて述べたい。そのためには、私の関心事項についての説明から始めなければならないであろう。私は、英国の大学で唯一の法曹倫理の常勤教授を務め（この新しい分野では定期的に論文を発表している常勤の法学教授が他に8人程いる）、今年で8年目を迎える『法曹倫理（*Legal Ethics*）ジャーナル[2]』の創刊者であり、編集者でもある。法学教育に関心をよせるすべての関係者に対して、有意義な道徳的議論が現代の法学教育に極めて重要なものとなりうること、またはそうするべきことの説得を試みることが私の個人的使命、そして1人の法律学教師としての使命の両面からこの問題を理解している。

　私は、学生が実務に就いて数年内に間違いなく直面するであろう倫理的ジレンマに関してロースクールが何ら対処せずにきたことを、教師の責任であると論じても構わないと考えている[3]。私は、過去8年以上、出版物や[4]様々な委員会[5]での方針作りを通して、倫理的側面に対する意識を高めるべく積極的に活動してきた。その活動は、法律および法律研究における一連の教育段階——公立学校課程における市民権（人権法を含む）の入門[6]から、大学の法律学、法学教育の実務訓練や最終的な専門家養成段階[7]に至るまで——に及んでいる。つまり、私の見解は、英国で主流とされる典型的または代表的な法学教育とは立場を異にするものである。

　しかし、倫理を法律の教育課程に導入するという事例を示す際、私の見解を特異な例として捉えるべきではないであろう。いくつかの他のコモンロー管轄圏（ニュージーランド、オーストラリア、カナダ等）——ウォータゲート事件後の米国だけでなく——が、既に倫理を法律の教育課程に導入または導入を検討しているという事実によって、私はこの点について楽観的である[8]。3年前、私はニュージーランドのウェリントン（Wellington）にあるビクトリア大学（Victoria University）で法曹倫理の必修科目を教え、法学教育における倫理の位置づけを検討するニュージーランドでの会議や、オーストラリアの大学でのさまざまなセミナーに出席した。（2004年の夏、法曹倫理に関する初めての国際会議がエクセター大学（University of Exeter）で開催された。）[9]私は、同様の議論がラテンアメリカや日本以外のアジアあちらこちらで行われていることも認識している。それゆえ現

代の法学教育における倫理的側面を考えた場合、日本は、オーストラレーシア地域の国々から決して孤立している訳ではない[10]。この問題はまた、ヨーロッパ中の民事法体系および国境を越えた EU 法のレベルで大きな注目を集めている[11]。現在、法曹倫理の時代が到来した感があるが、このトピックが最近発見されたという見方は誤っており、法曹倫理が再発見されたと考える方がはるかに適切であろう。

1 西洋の法律の伝統における法曹倫理の興亡

　法律の教育課程に倫理を導入するという現在の改革の波について論じる前に、こうした改革をある種の歴史的背景に置いて考えてみることが重要だと思われる。ある意味においては、法曹倫理が近年の発見であるとみなすことも出来るであろう。しかし法曹倫理は、西洋における法律の伝統を起源として登場しているのである[12]。「正義を教えることができるか」という疑問はもちろん大いに哲学的であり、古代のギリシャ人もその答えを求めていた[13]。口頭伝承の中で法律と道徳が融合していた西洋の法学教育の起源を想起することは非常に教訓的であり、またどのような系統的な意味からも法学教育は比較的最近の事象であると私は考えている。古代ギリシャやローマでは、法律の専門知識を有する人々の専門的職業階級の成立を支える正式な弁護訓練（道徳および法律）が存在していた。

　しかし、こうした階級はそれほど専門的なものではなかった。初期の法学教育は、正式な学問的研究を通してではなく、主に弁護士（法律専門家）に見習いとして仕えながら、そこでの観察と訓練を通して行われた。法律学の文章は、何世紀もの間極めて稀なものであった。これは、レトリックが必然的に初期の法学教育の「核」を成していたことを意味する。しかし法律や慣習についての文章が一般化するにつれ、判決の保存のために記録が行なわれるようになった。そして、法律に関する、法律についての、法律のための文書を作成し、後に伝えるために専門の法律教師らによる新たな筆記伝承が、それまで主流であった口頭伝承に取って代わったのである。

　法学教育は、道徳や正義、法律規則をつなぐ普遍的な問いを尋ねること

から始まった。ただしそれからずっと後に、これらの要素は別々に分けられ、一部はすべて切り捨てられた。初期の法律尊重主義者は、非常に広範な見方をし、法律と道徳を厳密に区別することはなく、また他の専門的職業や学問分野との関係も考慮していた。もし法学教育と法律訓練を区別したなら、時の流れとともに徐々に後者が前者に取って代わり、結果として法律思想の境界は縮小し、法律精神はより内向的なものとなって基本的な価値ではなく短命な技術的規則へと吸収されてしまったであろう[14]。ローマ法、教会法、国際法――普通法（ius commune）――は、中世ヨーロッパ大陸における大学の法律研究の中心であり、こうした法律の源が国境を越えた法律共通語の基盤を形成し、商人階級での取引に役立った。英国のコモンローはこうした傾向の例外であった。ある程度 ius commune の影響を受けていたものの、ローマ法から比較的隔絶された状況下で早い段階に洗練された固有の法律文化が培われていたことにより、その影響ははるかに少なかったのである[15]。

　中世の英国における法学教育は、法曹学院（Inns of Court）で行なわれた。これは閉鎖的でほとんど修道院のような共同体で、実務家に付いて業務を真似し、また実践的な演習を行う――無論賄い付きの――組織された徒弟制度であった。印刷技術の出現により、法律書がこうした非公式な教育の方法に取って代わったが、それでも完全に置き換わることはなかった。事務弁護士のための組織的な法学教育は、ウィリアム・ブラックストーン卿（Sir William Blackstone）がかの有名な英国法の講義を1750年代にオックスフォード（Oxford）で行ったのが始まりであるが、それはジョーン・オースティン（John Austin）、ジェレミィ・ベンサム（Jeremy Bentham）、ヘンリー・メイン卿（Sir Henry Maine）といった学者とともに、ロンドン大学（University College London）や1852年に設立された法学教育協議会（Council of Legal Education）などで大学の進歩的な法学教育が確立された。しかしこれはビクトリア朝（Victorian era）の時代まで続くことはなかった[16]。

　しかし、ベンサムが現在の法学教育を大きく特徴付けている実証主義や形式主義的特質に密接に関係しているとすれば、彼は倫理的虚無主義者で

はなかったということになり、それは注目に値する事実である。[17]ベンサムは、法律上の手続きの煩わしさを解明したり、自身の政治的、倫理的哲学の側面からその批判の正当化を行ったりしながら、抽象的なレトリックでなく法律実務における正義の実現に向けた力強い革新主義的傾向を解放し強化したという意味で、現代の法制度におけるベンサムの遺産は偉大で意義深い。法律の執行に責任を負う役人の行動に対して、その法律を客観視できる事実として扱うことのみによって、法律を合理的監督下に置く可能性を開拓し、法律科学の創造と確立を促進したのである。彼の実証主義を実証し、特徴付ける道徳的基盤は、あまりにも安易に見過ごされていることがある。[18]

　この大まかな歴史研究から発生する2点、つまりa）法律と道徳の融合、およびb）法的レトリックの実務訓練——今日「弁護」、「議論」または「臨床的法学教育」といった様々な呼び名の活動の中で行なわれているもの——の提供は、どちらも目新しさや独創性には欠けるが、現在日本や各国で行われている議論の背景において重視すべき価値のあるものである。というのは、法学教育において目に見える形で現れていなくても、昔から双方の取り組みが常に行われていたためである。ただし、両者が歩んできた歴史はともに波乱に満ちたものであった。近年では、そうした取り組みは、現代における多くのロースクールで主流とされている教育課程の提供する「法律科学」における正式な実証主義的訓練からしばしば除外されている。

2　現代（実証主義的）法学教育の貧困

　現在、司法機関や専門家が行う改革努力の原動力となっているものは、専門家などもはや信頼に値しないと見ている市民の反応である。とくに専門家協会が改革を主導している場合、この反応は大きい。至るところで囁かれる法律家のジョークや増加する法律家の不正や背任を示す統計により、損なわれつつある法律家の社会的イメージを高める手段として、倫理が用いられることがある。ここで私が示す例は、どうすれば法律規則の扱い（または巧みな操作）に技術的に優れた弁護士になれるのかではなく、

どうすれば道徳的に「善良な」弁護士になれるのかということに関連している。法律学教師としての我々の目的は、私的な顧客に対して負う直接の義務の範囲を超えて、現代社会における法律家の公的および専門的役割の理解を高め、促進させることにあると私は考える。[19]すべての法律家——刑事訴訟または民事訴訟を扱う法律家も、地方または国際的な法律事務所に勤務する者も——は、専門家としての職務に対して、よりバランスの取れた、成熟した、責任感を備えた取り組みが必要であり、こうした職務が彼らの個人的道徳性とどのように関係（または抵触）しているかについても理解する必要がある。

そのため、現代のロースクールにおける大きな使命は、デーモン（Damon）教授が「グッドワーク」と呼んだものを実現すること、つまり、優れた法律家を作り出すことに違いない。[20]すべてのロースクールで重要となるのは、多くの矛盾する概念の中から、いかにして独自の「優れた法律家」の概念を識別、構築、推進するかであり、また、その概念の基盤にある倫理、道徳および法的価値を明確に示すかということである。もちろん倫理は既に公式および非公式な法律の教育課程に含まれているが、必ずしも明確化されている訳ではない。したがって、教授される技術のさまざまな応用法と、どこで、誰のために、そしてどのように今後法律実務を行うかについての選択肢を学生に示唆してやることが、教師の責任である。

英国や米国の法学教育は過去4半世紀以上に渡って多くの目標を共有してきたが、双方の制度とも有能な法律家の育成を最低限度の目的に据えている。つまり、「法律家のように考えること」の意味を理解し、少なくともある程度「法律家のように行動すること」を備えて実務の初期段階に望む法律家を育成することである。双方の制度が「優れた法律家」を輩出しているかのように見える一方で、特にウォータゲート事件の影響を受けて米国のロースクールが将来の法律専門家に倫理を教える試み（必ずしも成功してはいないが）を行ったことは注目に値する。ヨーロッパでは、「優れた法律家」という言葉が「美徳」よりも「有能さ」を連想させる。つまり、法律家が法律規則や顧客の扱いにおける技術を誇示する以上、優れた法律家は悪人であるかもしれない。学生に対して実際に倫理を脈絡化して

教える試みが行われるようになったのはごく最近のことである。果敢な努力にもかかわらず、英国では学究的な法律研究家と実務家はかけ離れたままで相変わらずつながりを持っていないのである。

　私が吟味したい課題は、以下の認識から成り立つ。第1に、問題は法学教育の初期的段階で行われる倫理教育の失敗である。第2に、この問題が認識されている場合、ロースクールは何らかの対応策を取るべきである。第3に、ロースクールが倫理を教えるという責任を引き受ける場合、何をどのように教えるべきであり、また教えることが現実的に可能であるかを厳密に判断する必要がある。そして最後に、「優れた法律家」、つまり倫理的かつ熟練した実務家を生み出すための方法を探すという課題は、究極的には法律家個人に関係するものである。ただし、彼らには個人的道徳性と専門職責任を結び付ける心構えが必要である。専門家の倫理と価値は対立することがあり、これまで専門機関またはロースクールによってこうした問題が解決されてきたかは疑わしい。問題の本質は、法律家を実際に動機付けるものを見出すことにあり、また正義感を浸透させる教育を通して、愚直または皮肉にさせてしまうことなく高潔な行動を推進できるかを見極めることにあると私は考える。

　英国のロースクールにおける倫理および道徳についての議論は、(教育課程の必修科目ではないとして)大抵法律学課程のスラム街へと追いやられるか、また多くの場合、他とひとまとめにされる。いくつかの事例では、ロースクールの教育がしばしば法律価値の尊重ではなく皮肉を高めていることを示す証拠がある[21]。ハート(Hart)、フィニス(Finnis)、ドウォーキン(Dworkin)を始めとする主導的な法哲学者が、法律学における法律と道徳の間の境界線を明確にし、破壊し、あるいは引き直そうと努める一方で、学生が、大学の教育課程の片隅で、「優れた法律家」の知識と技術の獲得を望むのであれば、こうした境界を維持しなければならないと(少なくても暗黙のうちに)教え続けられているのである[22]。

　教育課程のなかでの職業教育段階においては、英国の場合、法律家が専門職責任の教育を補っている。その取り組みは概して非常に独善的であり、

また専門職責任を高度に実証主義的で無批判的な方法で教えている。専門職責任——米国人が「法律実務の原理」と呼ぶ——をこうした方法で教えるのは、専門機関によって、また専門機関のために作成された職業教育課程が、詰まるところ「教育」（社会的批判）よりも「品行」や「礼儀」（社会的抑制）に大きな関心を寄せているためである。[23]

一般的見地によれば、法律家が本当に知らなければならないのは、正しい行動を取ることではなく、いかにしてトラブルを避けるかである。したがって彼らは、専門家の行動規定を曖昧ではなく明確に教わる必要がある。たとえ、こうした規定における道徳的内容に疑問を抱いても役に立たないどころか、個人的道徳が専門家としての連帯性を損なう危険性がある。「法律家のように考える」ということは、知的能力よりもはるかに高いものを提供し——法律家を哲学者、社会科学者、その他と区別し——、また、専門家の社会的団結および「法の帝国」を脅かす競争者および敵対者から守る手段を提供するのである。[24]

私が望むのは、法律家の個性や人格といったこれまで軽視されてきた分野に注目が当てられること、そして「法律家のように考える」ためには「法律実務の原理」を支配する規則も含めた法律の規定以上の何かが必要ではないかと人々が気づき始めることである。司法の構造（しかし不可欠なものである）だけを現代化するのでは不十分である。つまり、法律実務における倫理的——さらに精神的な——基盤を体系的に認識、調査する必要があり、また専門的および道徳的な作用因子として、専門家としての目標や希望を適切に反映した新たなアイデンティティー探しを個々の法律家に対して促進しなければならない。

英国では、過去100年以上に渡って伝統的な法律研究により強化、支持されてきた法律尊重主義が重要な研究対象となってきた——法律学位の公正な認定を強化し、大学の教育課程を包括的な法学教育審査（Legal Education Review）に従って脈絡化するというACLECによる取り組みから始まった——。[25] 興味深いことに、法学教育にほとんど関心のない他の利害関係者——委託訓練を提供する企業を代表する法学教育および訓練団体（Legal Education and Training Group、LETG）など——でさえ、訓

練時に、伝統的な法律研究によってもたらされる能力に疑問を示していた。というのも、そうした関係者は、後に法の世界へ転身する法学部以外の学部を卒業した学生に対して魅力を感じたり、特別にそうした学生を好んで受け入れようとしたりしたからである。優れた法律家にとって、その経歴を法律の学位から始める必要はないのである。事実、第2次大戦以前、英国における専門的職業の高い階層へと向かう道は、通常、法廷弁護士になる前にオックスブリッジ（Oxbridge）で古典や歴史を読むことがおこなわれていた。

　通常、健全な皮肉である法律家についてのユーモアでさえ、深刻な性質のジョークとして受け取られ、教養のある雑誌の記事や論文の題材となる。[26] 法律家が変わらない限り信用に値しないとの認識がなされているようだが、もはや皮肉的な嘲笑から脱することができない——つまり法律家やその団体は、専門家における一般的および個人的イメージに対する度重なる攻撃に対して神経質あるいは誇大妄想的になっている——というのが近年の情況である。ますます増加する仕事中毒、アルコール依存症、ストレス、物質主義、および失敗への恐怖と共に、彼らの倫理的ジレンマは、幅広い専門的職業の全体的なステータスを損なっていると同時に、彼ら自身が精神科に通う神経症の患者へと変えてしまうと言われている。[27]

　おそらくコモンロー圏における法律家や法学生の過半数は、行動規定（ミクロな法曹倫理）に関する指針の必要性を認めるかもしれないが、幅広い倫理（マクロな法曹倫理）の議論が自身の教育の盲点であることをまだ認識していない。ロースクールは、法律に倫理的側面が存在することを受け入れたのだろう。しかし法律学教師の大多数は、研究面でも教育面でも、法律実務におけるあるいは法律実務のためのこうした側面の重要性を探ることをつい最近まで断固として拒否していた。彼らの多くは安全な場所に避難し、法律の道徳的中立性と不確定性の背後で安定した生活を送る代わりに、法律を技術として教えることに専心している。その結果、専門職責任はロースクールにおける責任の範囲外と見なされている。現実的に倫理が問題であっても、学究的法律家がそうした問題を懸念する必要はなく、また多くは懸念するべきでないとさえ考えているのであろう。[28] それゆえ法

律の倫理的側面は目に見えない遍在性を有しているが、学究的法律家は司法判断を特徴付けるけれども論理立てられていない大前提を指摘するにとどまって（物議をかもす厄介な訴訟に苦悶する上告判決をあと知恵で批判して）、その手を汚さずにいるのである。

3　いかに法曹倫理を教えるべきか？

　私は、倫理的側面を法学教育の全面に押し出し、意識的に正義などの倫理的価値の獲得を推進する将来的ビジョンを提供したい。ロースクールが法曹倫理の教育という使命を引き受けるとしたら、彼らは何を教え、またどこに教材を見つけることができるだろうか。

　法学生に法曹倫理を教えるか否かに関する第1の点は、理論を教えるか否かを選択する場合と同様に、これが実際問題として避けては通れないものであるということである。つまり、我々に残された現実的な選択は、教育課程に潜在する倫理的価値や理論を明確にするか否かを決定することのみである[29]。法曹倫理に関する挑戦的なカリキュラムが失敗した場合、「生涯学習」の確固たる基盤を据えることへの失敗として、最悪の場合、学究的法律家による専門職責任の放棄と見なされるだろう。ボブ・ヘップル卿（Sir Bob Hepple）はこの点について以下のように考察している。

　　専門家としての倫理や行動の教育を、安易に職業教育課程や実務訓練に任せることはできない。学生は、基本的な民主的価値を保持、向上していく中で、単にその顧客や雇用主に対してだけでなく、社会全体に対して法律家が負う義務感を学ばなければならない。こうした義務には、恵まれない人々に対する法的サービスの提供と同様に、人権保護、および公的、私的権力の乱用に対する個人の保護が含まれる[30]。

　英国のロースクールで倫理を教えないという決定は、実務的な面において当初正当化されていたに違いない。倫理の分野を明確化し、法曹倫理の教育を的確に支援するこの分野固有の学術文献が欠如していることは問題

であったが、今日の我々には、学生の法曹倫理学習を支援するのに十分な学識があり、それは現在も蓄積し続けている[31]。もちろんこうした授業を理論にだけ注目したり、逸話的な「戦争話」の事例にだけ触れるのではない方法で教えることのできる実務家教員を探すといった課題が残されているが、これにおいても対応が進められている。

　法曹倫理の授業を組み立てようとする人は誰しも、不可避的に、何を教えるべきか（また何を教えてはならないか）を理解するべく北米の経験に取り組まねばならない[32]。北米での経験は複雑で矛盾しており、多くの課程が知的な試みの提供に失敗しているどころか知的な貧困を招いていることから、全面的にとは言わないまでも何らかの慎重さが必要とされる。この点に関し法曹倫理に関する優れた文献の著者らでさえも、詳しい調査を通してその主題に問題があることを認めている。そして専門職責任に関する必修科目に関して、米国のロースクール学生は、皮肉的ではないにせよひどく懐疑的だというのが周知の事実である。法曹倫理は、一般に矛盾したものとして遠ざけられている。法律家に対する倫理の教育が、彼らにとって本質的に受け入れがたい何かであること——単につまらないからという理由ではなく、倫理が彼ら自身の確立した世界観を困惑、崩壊させるものであることから——を知っても何ら驚くことはない[33]。印刷された法的規則を教えられて成長した法律家は、常に疑惑のない確かなものを望む。スタンフォード・ロースクール（Stanford Law School）のウィリアム・サイモン（William Simon）は以下のように説明する。

　　法曹倫理は失望させられる主題である。遠くから見れば、それは法律実務を真の専門職とし、法律家の役割における非営利的なアピールに大きく貢献するといった規範的関与を約束するものであるため、興味深そうに見えるのだが、近寄れば途端に退屈で期待はずれなものに変わってしまう。ほとんどのロースクールで学生は、法曹倫理や専門職責任の課程がつまらなく実体のないもので、教員もそれらを教えることに恐怖を抱いていることを知るのである[34]。

米国では、現在の法律実務を支える基本的な法律実務の技術や価値について、1992年のマクレート（MacCrate）報告がその輪郭を示している。そこで示された価値や技術は、倫理の専門課程、あるいは全課程に実務的な倫理要素を取り入れた包括的教育のどちらにおいても、その基盤となる有効な基準点あるいは実現可能な「核」を提供するものである[35]。しかし、サイモンが述べる通り、品行や礼儀を司る規則を重要視するあまり、こうした基本的な核となる価値の理解や認識に対する教育が切り捨てられているのが現状である[36]。倫理規定（Code）は、「法律と法律実務」の中核を形成する学問的規則の中で二分化している。つまり、こうした規則は明確かつ強制的であることを目的とし、また義務的で流動性のないものであることが求められている。その一方で、一時期このような規定には、広範な原則にみられる「道義的性格の強い規範」も含まれていたのである。ただしこれは、後にモデル規定からは削除されている[37]。大抵の米国の倫理課程における「法律実務の原理」の学習とは、モデル規定をマントラのように無心でひたすら暗記することを意味している。教師や学生が一様に、安売りされた脈絡の無い知識に抵抗しているのは小さな驚きである[38]。多項選択式でコンピューターベースでおこなわれる専門職責任試験（Multistate Professional Responsibility Examination）（42州で必須）では、試験に備える受験者に対して彼らの大事な能力を一時留保しておくよう助言される。ニューヨークのある受験者は、司法試験の個別指導者から次のような指示を受けたという。

　　試験で試されるのは君たちの記憶力である。もし自分が独創的な推論に取り組んでいることに気付いたなら、それを止めなさい。自分が今どこにいるのか思い出しなさい。我々がなぜ［何か］をするのかは司法試験に関係ない。我々が［それ］をできるかどうかにのみ関係しているのである。問題を正しく理解する鍵は、自分自身で考えないことだ[39]。

　英国でも、ローソサィティ最終試験（Law Society Finals、LSF）に関

連して同様の助言がなされてきた。近年の法律実務課程（Legal Practice Course、LPC）をみる限り、こうした状況はまったく改善されていない[40]。英国では、現在、職業的法学教育に関する大々的な調査（「訓練枠組調査」(Training Framework Review)）およびCPD[41]が行われている。両者において倫理や専門職責任に多大な注目が寄せられていることは特筆すべき事実である。ドーン・オリバー（Dawn Oliver）が簡潔に述べている通り、米国の学生に与えられている助言は自由主義的な法律学の主たる目的を間違いなく歪めるものである。しかし、英国ではこうした状況に何らかの変化が起こりうるかもしれない。

> 自由主義的な教育には、なぜ物事がそうであり、いかにしてそれらが異なるのかを学生が単に知ったり、それを知るためのノウハウを学んだりするだけでなく、理解するという目的があるだろう…［そして、それは］内容に疑問を持ったり、関連性を持たせたり、興味深い一連の疑問を追求したりしながら、彼らが読んだものを理解するという主題への「深い」アプローチである。そうしたアプローチにおいて、学生は１つの主題における概念を他の概念に相関させようと試みる[42]。

専門家倫理の課程における問題は、それ自体が実証主義的であることではなく、むしろその効果が、「深い」倫理的思考、背景を踏まえた判断、正義といった道義的理想への関わりを抑制することで、自由主義的な法律学の目標を妨害し、さらには崩壊させていることにある。

覚えておくべきは、倫理的中立性こそ法律家の取るべき知的に維持可能な立場であるということである。これは実際に妥当なものである。また、倫理的見地を支持する重要な文献資料があるということも覚えておかなければならない[43]。つまり、法律家が中立的立場や制約、矛盾を正当化できること——彼らの専門家規定における関連事項を覚えておくだけでなく——が重要である[44]。それは、法律家による経歴や顧客の選択といったこれまで軽視されてきたことに問題を提起するものである[45]。彼らはまた、プロフェッショナリズムの境界の見地から考えることができる。そこから、法

律家が顧客の利益よりも正義を優先すべき状況はあるのか、あるいは法律家は依頼人の「用心棒」ではなく「治療者」としてあるべきなのか、といった問いが生じるだろう。[46]古典的西部劇「荒野の七人（The Magnificent Seven)」（黒澤明の傑作、7人の侍（The Seven Samurai）のリメイク）、でガンファイターらが守ろうとする集落の為にその身を捧げるように、時として契約の内容、専門家としての役割、顧客の要求さえ超えてしまう「用心棒」をどう説明すればよいだろうか。[47]

4 法律実務における倫理の発見

アレクサンダー卿（Lord Alexander)（優れた法廷弁護士であり、エクセター大学の学長でもある）は次のように述べている。「法律は単なる技術的規律ではない。法律が社会のニーズに応えるものでなければそれは無意味である。法律の実践は、単に技術だけでなく道徳的な基盤の上に構築されなければならない」と。[48]この構築の比喩表現について（「積み木」と呼ばれ、教育理論に大きく広まったものである）少し触れておくが、グランヴィル・ウィリアムズ教授（Professor Glanville Williams）が、スコット（Scott）の小説、ガイマネリング（Guy Mannering）を引用し、法律実務の2つのモデルを区別するためにそれを展開させたことは興味深い。

> 履歴や学問のない法律家は、職人つまり単に働いているだけの職工である。もし幾分かのこうした知識があれば、彼は思い切って自身を建築家と呼ぶであろう。[49]

「建築家」と「職工」から離れて、ウィリアム・トワィニング教授（Professor William Twining）が、かの有名な「ペリクレス（Pericles)」と「配管工」を並列させた就任講演の主題で述べる通り、独特な法律思考および行動の質を区別することを目的とした幾つかの競合する法律実務の「願望」モデルを挙げている。トワィニングによれば、こうした質（的差異）は法律に限らず、他の自由主義的な学問分野や専門的職業にも共通するとい

う[50]。さらに、これらの「願望」モデルは、法律業務の多様化や業務を行う組織的状況——とりわけ都市、地方、農村地帯間で業務に違いがある——を必然的に反映する様々な法律実務について一般的に持たれているイメージによって試されている。その結果、こうした法律実務の「理想的な」目標は、日常的な現実と一貫性の欠如の中で消滅してしまう傾向にある[51]。

トワィニングの論文によれば、失われた法律家（The Lost Lawyer）でアンソニー・クロンマン（Anthony Kronman）が示した通り、法律における共通の「核」の探求は確かに妄想であるが、その一方で「実践的英知——実践知（phronesis）」といった有益なものがアリストテレス的概念から導き出されているという[52]。しかし、サイモン（Simon）が皮肉を込めて述べる通り、「今こそ我々は、"失われた法律家"の問題に取り組まなければならない。しかしそれは、クロンマンの言う方向を見失った法律家についてではなく、法律の米国的理論化においてほとんど登場することのない彼のような本来の場所に居ない法律家についてである[53]」。言い換えれば、我々の緊急課題は、この実践知を救出することであり、教育課程において、こうした概念がどこで最も論じられているかを知ることである。

こうしたモデルの本当の難しさは、それらが、現在のロースクールにおける責任の意味をその長期的な目標に関する規定に混同させてしまう傾向にあることである。学究的法律家として今我々は、ありのままの法曹界へ導くような訓練を法学生に対して行っているであろうか。また、法学教育を通して、そこに住み、おそらくそこを主導するであろう彼らに教育を与えることによって、世界（広義な意味での世界）に影響を与え、改善しようとしているであろうか。米国および英国における法学教育は、法律知識を増殖させ「能力」を構築する主題ベースの「核」に集中している。しかし、それは客観的な法律の動向を除いては、おそらく実務の現状に対する適切な準備を提供したり、将来的なより良い代替法を探す想像力を促したりすることはできないだろう。

職業教育段階における「ミクロ法律」の倫理課程で専門家規定や専門職責任に関する規則の暗記に専念することは、思考を拘束し、皮肉癖を助長するといった傾向を強めているように見える[54]。「法律の人間性」に関する

他の課程と並行して「マクロ法律」の倫理課程を教える「高潔な専門教育期間」が、事実上、既存の自由主義的な法律学の「核」を改革、置換する可能性を持った法学教育の初期段階の中心であることを、私は他の事柄と併せて論じたい。[55]

法曹倫理の科目は、実務に就いて最初の数年間およびその後の「生涯学習」に不可欠な基盤も提供しているが、その主要な機能は、法律学の自由主義的な基盤を強化することにある。これは、短命な規則の暗記を必要としない代わりに、学生に考える理由を与える。その結果、彼らの「優れた法律実務」の解釈を導くのである。これを達成するため、法学生には、法律専門家の歴史、現在行われている法律業務の特質と範囲、法律における潜在的な顧客——およびより広範な地域——のニーズといった情報が提供される必要がある。彼らは、その情報を元に、自身の将来的キャリアや就業分野を選択することができる。

これら「マクロ法律」の倫理課程はまた、法律家の倫理的「立場」とは対照的な倫理的「意識」といった観念も探り出すだろう。なお倫理的立場に関しては、既に幾らか法律学課程に包含されている。特定の法的行為や法的判断に対する客観的、さらには主観的な正当性に基づいた哲学的な理論を超え、そもそも法律家が正義を追求する動機となるものとは何なのかを論じることができればと思う。[56]キャリー・メンケル・ミドウ（Carrie Menkel-Meadow）は次のように述べている。

> 実際に何が法律家を特定の訴訟、あるいは問題に専念させるのか、そして何がそうした興味を具現化するのに適した職業として、一部の利他主義的な人々に法律家を選ばせるのかについて、我々はあまりにも無知である。[57]

実務において倫理的ジレンマがどのように解決されるかを検討することは価値ある出発点を提供するに違いないが、我々はまた、社会組織における正義と、美徳としての正義との間における相互作用についても理解する必要がある。[58]ここで我々は、古代の思想、およびある快楽主義の思想に有

用な救いを求めるだろう。この思想は、人々の公正な（そして賢明な、立派な、控えめな）行動の促進を目的とした長期的な動機構造の構築に関心を寄せるものである。法律家は、専門家の義務や動機といった問題の分析を避ける傾向にある。我々は何が特定の訴訟や利益団体のために法律家を奮起させるのかをまだ知らないという、キャリー・メンケル・ミドウの見解に私も賛成であるが、シティ（City）の莫大な実務報酬に引き寄せられるように、市場の圧力が学生を進歩的な訴訟などから引き離し、現在のロースクールの教育もまたそれを助長する傾向にあることを示す証拠がある。それでは、法学生が自身の正義および社会における正義の両者を見出すためには何が必要であろうか。

5　司法学部（Faculties of Justice）

　私は、ロースクールが司法学部（あるいは司法大学）に取って代わられる、または吸収されるべきだという不謹慎な提案に全力を傾けようとしており、その異端さも自覚している。もちろん専門用語や官僚組織が法律家の魂に関する戦いの主要な戦闘地域であり、現状維持派と法教育への実証主義の緩和を望む派の熱い議論を期待して良いだろう。もし法律家が道徳観や正義の推進を助長するような、深い倫理的考察の技術を発展させることになるのであれば、論理学者は、プロメテウス（Prometheus）のように、神の火を盗むことに対して高い代償を払う覚悟をしておくべきである。今こそ、法律教師が法律プロフェッショナリズムの見地から個人的責任を検討する時であると私は提言する。ロースクールは、法律専門職のための小学校以上の存在にならなくてはならない。そして、「司法学部」への道を模索するべきである。

　ここで、私が唱道しないことについて明確にしておきたい。私は、ロースクールが規則を教えることを断念すること、また訴訟、法令、および仮説的課題の中に登場する法的規則によって学生に「法律家のように考える」ことを教えるといった、これまで大切にされてきた伝統的教育の多くを放棄することを望んでいない。しかし法律家は、「法律を知る」ことを

止めてはならないが、「優れた法律実務」の意味を有効に見出し、ロースクールが単に学究的玩具である規則で遊ぶだけの場所でないことを認識し始めてもよいだろう。遊びや実験は、多くの学習経験における重要な要素であるし、また、「規則による物事の扱い方」を知ることは、教えられるべき不可欠な技術であり続けるだろう。そこで、「法律実務の原理」がこうした技術を正確に教えるための貴重な手段を提供する。しかし、法学生は、さらに法律実務が正義の観点から生み出すより大きな疑問にさらされる必要があり、そのような疑問を組み立て、答えを見出す助けをするのが学究的法律家の責任である。それでは、「司法学部」は将来の法律家の経歴や価値にどのような影響を与えうるだろうか——そして、すでに備わっている学生の倫理的動機を法律学教師が破壊、または妨害してしまう危険性はあるのだろうか——[65]。ハリー・エドワード裁判官（Judge Harry T. Edwards）は、基本的な学生のニーズを以下のように簡潔に述べている。

　　法学生にはしっかりとした倫理訓練が必要である。彼らは、慈善奉仕がなぜそれほどまでに大切であるかを知る必要がある。彼らはまた、「法廷の役人」としての義務を理解する必要がある。さらに彼らは、訴訟や法令が規範的な文書であり一般の視点から適切に解釈されたものであって、相手方弁護士に浴びせる単なるミサイルではないことを知る必要がある。そして彼らには、偉大な倫理の教師が必要である。倫理の問題が生じた場合、すべての教師がそうした問題を解決してくれることを彼らは必要としている[66]

　ロースクールは、まだ「司法学部」にならないことを心に決めるのであれば、まず第1にACLECからのより穏やかな提案に応えなければならないだろう。これは、教育の成果に「法律の規則、正義、公正、および高い倫理基準への関与を含めた法律価値」を包含することで「倫理的な試み」を満足するものになるだろうと考えられているものである[67]。同時に重要なのは、課程の中で、いつ、そしていかに倫理的視点を導入するのが最も有効かを判断することである。私の見るところ、この目的を達成するには3

つの方法が可能である(そして、これらを代替案として考えてはならない)。第1に既存の標準的な法律の入門（Introduction of Law）課程における一要素として導入すると、第2に第3学年（または第2学年）で教わる法曹倫理（Legal Ethics）における新たな専門家課程において導入すること、そして第3にカリキュラム全般を通して広範に行うことである。[68]

　優れた教師としてであろうと、やや評判の悪い教師としてであろうと、我々は教育課程改革の流れの中で倫理的側面を検討する必要がある。私はさらに、ロースクールと専門家団体の範囲を超えて行なわれる法律業務の流動的性質といったより広い事柄をも踏まえるべきだと考えている。私の見解では、これにより法律実務家、政策立案者、および別の分野から司法を判断する人物とのより密接な関係——協力関係とまではいかずとも——の構築が可能である。我々は、これまで自身らを孤立させていた知的および領域的な境界を超えなければならない。我々が内省的であることを止めた場合に限り、法曹倫理および／または専門職責任における新たな道が拓かれ、米国における教育の大半を減じているとされる欠点、つまり道徳的視野の欠如を回避できる見込みがある。我々はこの欠点を深刻に受け止めなければならない。こうした欠点により学生の潜在能力を引き出せない可能性があるばかりか、専門家規定の細部のみを扱う狭量な課程が不信感を生み、自由主義的な教育の成果すら否定しかねないという極めて危険な状況を生じさせるのである。「倫理的試み」の失敗は、学生のニーズが満たされないことを意味するが、何より法律専門家の関心をはるかに超えた幅広い範囲での反響を招くだろう。つまり、倫理的な法律専門家は、個々の法律家において最も直接的な関心事である顧客の利益に関してだけでなく、社会全体においても重要な存在なのである。

6　結論

　法律家は、法律事務所、裁判所、政府のいずれに属する場合も、社会生活における経済的、法律的、および政治的な面におよぶ方針を実現するべく、多大な努力をしている。[69]その職務のほとんどは、公正で正しい司法の

普及を目的とした改革に関与しているが、法学教育において実際にそうした職務の実践へと彼らを導くものは何であろうか。新たな法律機構の多くは、単なる技術的能力を超えた、高い水準のサービスを支援するような効果的な法学教育を前提としている。英国の司法近代化白書には次のように述べられている。

> 効果的な教育および訓練は、この白書で述べる近代化の提案、つまり裁判所の円滑な運営、および公正な法律サービスの提供の成功に不可欠である[70]

効果的な法学教育を生み出す責任の大半は、明らかに教育組織および専門的職業の「門番」として機能する現代のロースクールにある。英国では、もしロースクールが中産階級を優遇し、人種的少数派や貧困層を除外するならば、地域社会の重要な部分において司法への市民アクセスを促進する機会を失ってしまうだろうと懸念されている。幅広い市民の参加により、裁判官を含めた法律専門家が一般社会における典型的な存在ではなくなるのである。しかし、こうした少数派がロースクールに入学できたとしても、彼らが何ら、あるいはほんの少しも正義を学ばずに卒業してしまうのではないかという問題がある[71]。

近年緩和傾向にあるものの、日本における法律専門家の道は、その入口に制限が設けられているため他の分野と比較しても極めて厳しいものである[72]。2000年の日本の総人口12,600万人に対して、裁判官は2,200人、検察官は1,350人、そして弁護士は18,000人であった。これは、人口が日本の半分程度で、なおかつ西洋で最も法律専門家の少ないフランスのわずか半分の値である。

キャノン講演の際、私は、法律専門家の養成に異なるアプローチを取る英国と日本の両国における法律専門家の質および参加資格のトレードオフについて幾つか述べた。また、変化に富み予測不能な今日の法律環境下における新たな種類の法律業務に対して若き法律家に十分準備させる必要のあることを論じ、法律家による司法アクセスの在り方についても考慮すべ

きだと提案した。[73] 優れた法律業務とは一定したものではない。法体系の境界が拡張していることから、優れた業務が、正式な訴訟における好戦的内容を前提とした伝統的な「当事者主義倫理」を陳腐なものにしてしまう可能性があることを我々は認識する必要がある。現代の法体系は、非公式な手続きだけでなく、正式な法律家でないパラリーガルによる業務をも内包している。ここ日本には、一種の和解の形式として調停があり、他にもいわゆる「パラリーガル」による紛争解決の方法が様々ある。[74] しかし、新たに登場した法律業務は、おそらく伝統的な当事者主義倫理モデルを適用できない新しい形の倫理的法律実務を必要とするだろう。[75] そしてもう1つ見過ごしてはならない新たな領域は、司法の倫理である。[76]

　我々のロースクール——または司法学部——の新しい試みは、我々の学生が司法アクセスを認識し、その責務を負うといったことを確かなものとすることである。もし彼らがそうしなければ、法律機関への市民のアクセスが無意味なものになってしまうだろう。至るところで私は、法律家の正義への関与は、国際的な「司法アクセス運動（Access to Justice Movement）」における極めて重大な「第4の波」であり、もし法律家が正義や倫理の側面を無視し続けるのであれば、司法に対する心理的、経済的、および地理的な障害の克服を試みる、現教育課程改革の取り組みの多くが無駄に終わってしまうだろうと論じてきた。[77] リチャード・オダイヤー（Richard O'Dair）が法的救済改革や暫定的報酬協定の導入に関する議論の中で述べるとおり、「法制度は倫理的な法律家を必要としている」のである。[78] 倫理は、容易に無視できてもなかなか追い払うことのできない司法機構に存在する幽霊である。

　法曹倫理の知識を与える知性に関する論議において、私は、ロースクールに対し、教育と研究の両方で新たな指導に着手すると共に、ある程度のリスクを背負うことを求めている。法曹倫理の課程はその約束を果たせない可能性があるだけでなく、伝統的な法学教育の最も悪い面を強化し、将来の実務家の知的視野を拡張するどころか制限してしまうことで、自由主義的な法律学の目標を台無しにする危険性すら伴っている。それでも私は、あくまで別のビジョンを支持してもらいたい。そしてもし我々がこうした

危険を認識するなら、それらを回避することができるだろう。

専門家団体による行為や規律への控えめな関心、または法律そのものの規則にロースクールが自分自身を閉じ込めたり、もしくはそれに従ったりする必要は無い。おそらく法律学はそのあらゆる意味において学問であるかもしれないが、順守や懲罰（行為）を強化するものではなく、真の極致へ到達する学習（教育）の一部なのである。だからこそ、今こそ前進し、ロースクールは専門家組織（行為規範および専門職責任）の管理者らに対してより強力な集約的影響力を発揮し始めなければならない。こうした規範は、現在非常に個人主義的であり、専門家組織による専門家の義務遂行への構造的な影響を見過ごす傾向にある。それらはまた、顧客のニーズや影響を無視する傾向にもある。経験的な研究によって、個々の法律家が顧客の利益のために行う「熱心な弁護」の程度がその地理的環境に左右されていること、例えば都会の法律家よりも地方の法律家の方が顧客の住む地域社会における影響をはるかに受けていること、を既に我々は知っている[79]。

最後に、専門家倫理の内容および運用は、倫理的立場から誠実に推論することを法学生が長期に渡って教わる場合と、法律実務が「規範における倫理」と「行動における倫理」とのギャップを解明する社会的もしくは倫理的法学教育に基づくものである場合にのみ、その質を高めることができるだろうと考える。

【注】

* 英国エクセター大学（University of Exeter）法曹倫理学教授キム・エコノミディス（Kim Economides）電子メール：K.M.Economides@exeter.ac.uk
** 1999年UCLでの講演を引用した2005年3月19日大阪府大阪国際会議場での講演に一部訂正、追加したもの。キム・エコノミディス「法律実務の原理を学ぶ」、52：現在の法律問題1999、M·D·A·フリーマン編、（オックスフォード、OUP、1999年）392-418（Kim Economides, "Learning the Law of Lawyering", 52: *Current Legal Problems* 1999, ed M.D.A.Freeman, (Oxford, OUP, 1999) 392-418）として出版。

1 Kim Economides, "Educating Lawyers for the New Millennium- the Ethical Dimension" 31: 3 *Comparative Law Review*, 1997, 157-174.
2 法曹倫理：http://www.hartjournals.co.uk/le/
3 Kim Economides and Julian Webb "Do Law Schools Care About Law Students and Legal Values?" 3:1 *Legal Ethics*, 2000,1-9 を参照。
4 次の各文献、キム・エコノミディス（編）、*Ethical Challenges to Legal Education and Conduct*, 以下 ECLEC とする (Oxford, Hart.1998)、キム・エコノミディス他 (編) *Fundamental Values. A Volume of Essays to Commemorate the 75th Anniversary of the Founding of the Law School in Exeter1923-1998.*（Oxford, Hart.2000）の序章等を参照。
5 私は、現在弁護士会教育委員会（Law Society Training Committee）の会員であり、その倫理教育評議会（Ethics Education Forum）の議長を担当している。また、国家の法学教育の調査期間（Legal Education Review）(1993年-1995年) においては、法学教育および指導についての大法官諮問委員会（Lord Chancellor's Advisory Committee on Legal Education and Conduct, ACLEC）の教育長官（Education Secretary）を務めた。さらに、市民司法評議会司法アクセス副委員会（Civil Justice Counsil Access to Justice Sub-Committee）の会員でもある。
6 若者の法制度に対する認識を高めるために、市民権財団（Citizenship Foundation）および民事司法協議会（Civil Justice Council）により設立された公共法学教育グループ（Public Regal Education Group）の活動を参照。2つのプロジェクトが現在進行中である。「1つ目は、個々のボランティア法律家と学校が連携して教師が若者を積極的に市民権プログラムに参加させる試験計画の開発である。実際に一部の地域では、より効果的な経験を若者に提供するべく、教師が法律業界の支援を必要としていると思われる。このプロジェクトには都市部の学校も地方の学校も参加し、市民権財団がその有効性、教師や学校への貢献度、若者の関心度から計画内容を評価する。2つ目のプロジェクトは、より長い期間をかけて行なわれており、イングランドおよびウェールズにおける公共法学教育に密接したプログラム、およびそのプログラムの方向性を監視する包括的組織の必要性に関する既存調査の検証である。公共法学教育のいかなる制度も若者に限らずすべての年齢や背景の人々を対象にすることを求め、社会とより密接に関係し、市民に影響しうる民事の法律問題に対するより大きな理解を促進することを目的としている。」詳細は、http://www.civiljusticecouncil.gov.uk/493.htm を参照。
7 職業訓練の大々的調査——訓練枠組調査（Training Framework Review、TFR）——を背景に事務弁護士会（Law Society）により設立された、教育課程全体を通した倫理導入の方針を決定する倫理教育評議会（Ethics Education Forum）の活動を参照。Julian Webb and Amanda Fancourt "The Law Society's Training Framework Review: On the Straight and Narrow or Long and Winding Road?" 38:3 *Law Teacher*, 2004, 293-325, at p.310-11 を参照。

8　Duncan Webb, "Ethics as a Compulsory Element of Qualifying Law Degrees: Some Modest Expectations" 4:2 *Legal Ethics*, 2002, 109-126、Mary Anne Noone and Judith Dickson, "Teaching Towards a New Professionalism: Challenging Law Students to Become Ethical Lawyers" 4:2 Legal Ethics, 2002, 127-145 を参照。Randal Graham, *Legal Ethics: Theories, Cases and Professional Regulation* (Toronto: Emond Montgomery, 2004) を参照。

9　Kim Economides amd Julian Webb, "Teaching Ethics and Professionalism: A Lesson from the Antipodes", 4:2 *Legal Ethics*, 2002, 91-94 を参照。2004年7月6、7日にエクセターで開催された「New Perspectives on Professionalism: Educating and Regulating Lawyers for the 21st Centuryと題された第1回法律家倫理に関する国際会議 (First International Conference on Lawyer's Ethics) については (Sue Nelson, "Reflections from the International Conference on Legal Ethics from Exeter" (2004) 7 Legal Ethics 159-166) および Adrian Evans, 'Honour in Law' Lawyers Weekly 24 August 2004を参照。http://www.lawyersweekly.com.au/articles/81/0c025581.asp. 次回の国際法曹倫理学会 (Legal Ethics Colloquium) は、2005年2月9、10日ニュージーランド、クライストチャーチ (Christchurch) のカンタベリー大学 (University of Canterbury) で開催され、法律家の倫理についての第2回法律家倫理に関する国際会議は、オーストラリア法律哲学会 (Australian Society for Philosophy of Law)に合わせて、2006年6月下旬または7月上旬にニュージーランドのオークランド (Auckland) での開催が望まれている (問合せ先 t.dare@auckland.ac.nz)。

10　ECLEC supra n.4の南太平洋およびブラジルの章を参照。また、Haesook Kim, "In Search of the 'Soul of Professionalism': The Case of Legal Education Reform Efforts in South Korea" 5 *Legal Ethics*, 2002, 27-33、Joginder Gandhi (ed.) *Power and Passion: Study of Socio-Ethical Concerns of the Lawyers* forthcoming, Gyan Publishing, Delhi, 2005、Su-Po Kao, "The Legal Profession as an Intermediary: A Framework on Lawyers in Society" 7:1 *Legal Ethics*, 2004, 39-53を参照。

11　Koen Raes and Bart Claessens (eds.) Towards a new Ethical Framework for a Legal Profession in Transition- Proceedings of the European conference on ethics and the legal profession, held at Ghent University (Belgium) on 25 and 26 October 2001 Intersentia, Antwerp, 2002を参照。

12　Harold J Berman, *Law and Revolution. The Formation of the Western Legal Tradition* (Cambridge, Harvard Univ. Press, 1983)、および Giorgio Piva and Federico Spantigati (eds) Nuovi Moti Per La Formazione Del Diritto (Padova, CEDAM, 1988) を参照。

13　ECLEC *supra*, n.4のギル (Gill) を参照。詳細は、A. Gutman, "Can Virtue be Taught?" 45 *Stanford Law Rev*, 1993, 1759を参照。

14　基本的価値 (Fundamental Values) supra n.4を参照。

15 R.C. van Caenegem, *The Birth of the English Common Law* (Cambridge, CUP, 1973) を参照。
16 Raymond Cocks, *Foundations of the Modern Bar* (London, Sweet & Maxwell, 1983 および Sir Henry Maine: a study in Victorian jurisprudence (Cambridge, CUP,1988) を参照。
17 ウィリアム トワイニング (William Twining) によれば、「資料としての [ベンサム (Bentham)] についての矛盾は、「グローバル化と法律理論——局所的関わり合い」におけるベンサムの学問の特徴である」。49 *Current Legal Problems* 1996 (Oxford, OUP,1996) 1, 31。
18 Lea Campos Boralevi, *Bentham and the Oppressed* (Berlin, 1984)、実証主義者の倫理的基盤については、Tom Campbell, *The Legal Theory of Ethical Positivism* (Aldershot, 1996)、Neil MacCormick, 'The Ethics of Legalism' (1989) 2 Ratio Juris 184 を参照。
19 ECLEC 第3 supra n.4 および Donald Nicolson, "Making Lawyers Moral? Ethical Codes and Moral Character" (forthcoming *Legal Studies*) を参照。
20 Richard Wasserstrom" Legal Education and the Good Lawyer" (1984) 34 *Jor. Legal Education* 155) を参照。デーモン (Damon) 教授は、彼の「優れた働きと若者の発展に関する近年の研究 (Recent Research on Good Work and the Development of Young Adults)」で「優れた働き」を「優れた」働きと「倫理的な」働きの両者を併せ持つものとして意義付けている。つまり、「優れているためには、その働きがその分野の基準に従って奏功したものでなければならない。倫理的であるためには、その働きが正直さや誠実さといった基準に対して社会的に責任を負うものであり、またそれらを遵守するものでなければならない」としている。興味深いことに、法的救済活動に質的保証基準の適用を模索している英国での最近の展開では、「優れた」(または要求に適った) 働きは必ずしも「優れて」いる必要がないとの認識がされている。法的救済活動への功績に対して、同分野の専門家らは (1) 優秀 (2) 適格以上 (3) 適格域 (4) 適格以下 (5) 履行失敗の5段階より評価を行なう。Legal Services Commission, *Independent Peer Review of Legal Advice and Legal Work. A Consultation Paper* (April 2005) pp.37-39 を参照。詳細は、M.Martin, Meaningful Work. Rethinking Professional Ethics (Oxford, OUP, 2000) を参照。
21 Kim Economides, "Cynical legal studies" in *Educating for Justice: Social Values and Legal Education* eds. J.Cooper and L.Trubek, Dartmouth, 1997, pp. 26-38 を参照。
22 Charles Sampford, " What's a Lawyer Doing in a Nice Place like this? Lawyers and Ethical Life" (1998) 1*Legal Ethics* 35 を参照。標準法律学課程の使命についてのロジャー・コットレル (Roger Cotterrell) によるコメントにも注目——「……法律家などが経験するような複雑な現代の法律を理論的に説明しようとすれば、向上心が必要で

ある。それは、理由と原理を具体化する法律の能力をテストし——実際の限界点まで——、強い道徳的向上心に結びつけ、その言葉に含まれる様々な意味での正義を生み出すといった法律学における使命の一つに違いない」。Peter Birks (ed.) *Examining the Law Syllabus. Beyond the Core* (Oxford, 1993), ch.16, 89 より Roger Cotterrell, 'Jurisprudence of Reason and Jurisprudence of Fiat' を参照。

23　Geoffrey Hazard Jr., et al, *The Law and Ethics of Lawyering* (Westbury,1995,2nd. edn.)、顧客と法律家の関係、財務および財産の関係、顧客の機密情報、利害の対立、法律家の市民責任などについて述べた米国法律協会、法律の再述、法律家を支配する法(1996年3月29日提案第1最終稿)(フィラデルフィア、1996年)(The American Law Institute, *Restatement of the Law. The Law Governing Lawyers* (Proposed Final Draft No.1, March 29,1996) (Philadelphia,1996))、Center for Professional Responsibility, American Bar Association, *Annotated Model Rules of Professional Conduct* (Chicago,1996,3rd.edn)、ABA Model Rules of Professional Conduct 1998edn. (Chicago, 1997) を参照。

24　「法律家のように考える」の反対意見として、ECLEC, *supra*, n.4, ch.4 のロバート ローゼン (Robert Rosen in ECLEC, *supra*, n.4, ch.4) を参照。

25　ACLEC, *First report on legal education and training,* (London,1996) para 1.19-20 より Bob Hepple, 'The renewal of the liberal law degree' (1996) 55 *Cambridge L.J.* 470,484, H. W. Arthurs, 'Half a league onward、The report of the Lord Chancellor's Advisory Committee on Legal Education and Conduct' (1997) 31 *The Law Teacher* 1、Julian Webb,. 'Ethics for lawyers or ethics for citizens? New directions for legal education.' (1998) 25 *J. Law and Society* 134 に考察。他の管轄区域における法学教育の調査についても、Robert MacCrate, *Legal Education and Professional Development - An Educational Continuum. Report of the Task Force on Law Schools and the Profession: Narrowing the Gap.* (Chicago, 1992)、David Pearce, *Australian Law Schools: A Discipline Assessment for the Commonwealth Tertiary Commission* (Australian,1987)、W.B.Cotter, *Professional Responsibility Instruction in Canada: A Coordinated Curriculum for Legal Education* (Montreal, 1992)、Hans Franken, Een eigen richting voor het recht...Eindrapport van de Verkenningscommissie Rechtsgeleerdheid (*A sense of direction...The future of legal research in the Netherlands*) *Final Report of the Legal Education Review Commission* (Leiden, 1997) 55-56 を参照。

いわゆる法律の理想における危機については、Anthony Kronman, *The Lost Lawyer: Failing Ideals of the Legal Profession* (Cambridge, Ma.,1993)、Mary Ann Glendon, *A Nation Under Lawyers: How the crisis in the Profession Is Transforming American Society* (New York,1994) を参照。さらに Sol M. Linowitz, *The Betrayed Profession, Lawyering at the End of the Twentieth Century* (Baltimore, 1994)、

Robert Nelson, et al, Lawyers' Ideals/ Lawyers' Practices: *Transformations in the American Legal Profession* (Ithaca,NY,1992) も参照のこと。

26　Robert Post, "On the Popular Image of the Lawyer: Reflections in a Dark Glass" (1987) 75*California L.Rev.* 379、T.Overton, "Lawyers, light bulbs, and dead snakes: the lawyer joke as societal text" (1995) 42 *U.C.L.A. Law Rev.*1069、C.Puma, "The Missing Link: Does Lawyer-Bashing Warrant Additional Protection for Lawyers?" (1995) 19 *J.Legal Prof.* 207、Mark Galanter, "Predators and Parasites: Lawyer-Bashing and Civil Justice" (1994) 28 Georgia L.Rev.633、"The faces of mistrust: the image of lawyers in public opinion, jokes, and political discourse" 66 *Univ. Cincinnati Law Rev.* 805 (1998).

27　Benjamin Sells, *The Soul of Law. Understanding Lawyers and their Law* (Rockport,1994) を参照。ただし、比較的高い満足度を明らかにした、米国法曹財団 (American Bar Foundation) のジョン・ハインツ (John Heinz) 教授主導によるシカゴ法曹界における近年の研究については、John Heinz, "Content with their calling? Job satisfaction in the Chicago Bar" (1998) 9:4 *Researching Law* 1を参照。

28　この見解は変化する場合がある。1法曹倫理 15-22 (1 *Legal Ethics* 15-22) に掲載の調査結果 (1998年) を参照。

29　ヘップル (Hepple)、*supra*, n.25,484。キャリー・メンケル・メドウ (Carrie Menkel-Meadow) は、我々の学生は、かつて学んだある実質的な規則が変更したずっと後に、日常生活全てを通して個人的および専門家として道徳上の複雑な問題に直面し続けるだろう。教室は、実際に顧客や自身を傷つけることなく、彼らの価値や選択における倫理的および道徳的基盤を探求することのできる最後の安全な天国であろう。と述べている。「法律教師は、法曹倫理の教育を避けられるか?」 (1991 年) 41 *Jor.Legal Education* 3を参照。

30　同上10頁。詳細は、Rand Jack and Dana C. Jack, *Moral Vision and Professional Decisions: The Changing Values of Women and Men Lawyers* (Cambridge, 1989) および Ross Cranston (ed.), *Legal Ethics and Professional Responsibility* (Oxford,1995) を参照。

31　エクスター紙上会議 *supra* n. 9 の未発表論文より、Alwyn Jones, "Teaching Legal Ethics in Context" unpublished paper delivered at Exeter paper conference *supra* n. 9。

32　2005年3月19日大阪市大阪国際会議場でのデービス (Davis) 教授の講演論説 "Teaching Lawyering in the United States" を参照。

33　米国における法曹倫理課程の概要とその影響に関する批評的評価については、ECLEC supra n.4,,chs.11,15 のトム・モラウェッツ (Tom Morawetz) およびロバート・グランフィールド (Robert Granfield) の章を参照。さらに、David Luban, *Lawyers and Justice. An Ethical Study* (Princeton,NJ,1988) も参照。

34　William H. Simon, 'The trouble with legal ethics' (1991) *Jor. of Legal Education*

65。ただし、これらの問題を解析し解決策を提案するサイモンの最新の研究については、Tom Campbell, "Moral Autonomy for Lawyers: A Review of William H Simon" (1998) 1 *Legal Ethics* 201 で論評された *The Practice of Justice. A Theory of Lawyers' Ethics* (Cambridge,Ma.,1998) を参照。

35 ロバート・マクレート（Robert MacCrate)、n.25, *supra*, Ch.5 を参照。マクレートは、基本的な法律実務の技術を次のように分類している。1）問題解決、2）法律分析と推論、3）法律研究、4）事実調査、5）コミュニケーション、6）カウンセリング、7）交渉、8）訴訟およびその他の紛争解決手段、9）法律業務の体系化と管理、10）倫理的ジレンマの認識と解決。さらに専門家における基本的価値は、1）優れた代理の提供、2）正義、公平、道徳性の推進に努めること、3）専門職の改善に努めること、4）専門家としての自己開発であると言われている。さらに、Robert MacCrate, "Preparing lawyers to participate effectively in the legal profession" (1994) 44 *Jor.of Legal Education* 89、Carrie Menkel-Meadow, "Narrowing the Gap by Narrowing the Field: What's Missing From the MacCrate Report – Of Skills, Legal Science and Being a Human Being" (1994) 69 *Washington L.R.* 593、Bryant Garth and Joanne Martin, "Law Schools and the Construction of Competence," (1993) 43 *Jor. of Legal Education* 469、Section of Legal Education and Admissions to the Bar, ABA, *Teaching and Learning Professionalism: Report of the Professionalism Committee* (Chicago, 1996)（これによれば、「統合交流訓練（Integrated Transactional Practice、ITP)」の概念により、ロースクールは、技術と価値を実質的な課程へ統合することに焦点を置くよう明確に求められている。)、E. Myers, 'Teaching good and teaching well: Integrating values with theory and practice' (1997) 47 *Jor.of Legal Education* 401 も参照。

36 サイモン（Simon)、n.34, *supra*, 14-15。

37 ただし、法律家に関する米国の法律ではより幅のある規範的考察を事実上認めていることに注意。専門家行為のモデル規則、第2.1規則（Model Rules of Professional Conduct, Rules 2.1)（「法律家は、道徳〔……〕社会的および政治的な要因といった他の考察すべき事柄を参照してもよい」)、スコープノート［14］（Scope Note [14]）（「規則は〔……〕法律家が知るべき道徳的、倫理的考察事項を余すところ無く述べている訳ではない。」を参照。英国の規則、および規則を比較する方法に関しては、Donald Nicolson, 'Mapping Professional Legal Ethics: The Form and Focus of the Codes' (1998) 1 Legal Ethics 51、Leny De Groot-Van Leeuwen and Wouter T.De Groot, 'Studying Codes of Conduct: A Descriptive Framework for Comparative Research' (1998) 1 *Legal Ethics* 155 を参照。

38 Robert Granfield, *Making Elite Lawyers* (New York, 1992) , n.33, *supra* を参照。

39 J.Heller, Letter to the Editor, *New York Times*, 16 December 1994, A38(ニューヨーク法曹界改革過程による報告勧告書、サイモン（Simon）同上に引用)。

40 ECLEC, n.4, supra, ch.14 のジュリアン ウェブ（Julian Webb）を参照。
41 ウェブ（Webb）とファンコート（Fancourt）、*supra* n.7 および、www.lawsociety.org. uk/newsandevents/news/views=newsarticle.law?NEWSID=231708 の「訓練枠組調査会議（Training Framework Review consultation）」を参照。
42 Peter Birks（ed.）*Reviewing Legal Education*（Oxford,1994）, ch.8, 78 より Dawn Oliver, 'Teaching and Learning Law: Pressures on the Liberal Law Degree'。この公式は、初期段階における ACLEC の協議文書の回答者らにより広く支持された。詳細は、ACLES 第1回報告（*First Report*）n.25, supra, 56（para.4.4）を参照。さらに、S. Illingworth, *Approaches to Ethics in Higher Education*（Leeds: Philosophical and Religious Studies Subject Centre, 2004）も参照。これは、リーズ LS2 9JT、リーズ大学、倫理・宗教学部、学習および教育サポートネットワーク（PRS -LTSN）（Learning and Teaching Support Network（PRS -LTSN）, School of Theology and Religious Studies, University of Leeds, Leeds LS2 9JT）より入手可能である。
43 Ted Schneyer, 'Some sympathy for the hired gun'（1991）41*Jor.of Legal Education* 11、'Professionalism as Bar Politics: The Making of the Model Rules of Professional Conduct'（1989）14 Law & Social Inquiry 677 を参照。「用心棒」の最も知性的な防御差策の1つに関しては、Stephen L.Pepper, 'The Lawyer's Amoral Ethical Role: A Defense, A Problem, and Some Possibilities'（1986）*American Bar Foundation Research Journal* 613 を参照。ECLEC, n.4 supra, chs.1,3,4 でクリス・ギル（Chris Gill）、ティム・デアー（Tim Dare）およびロバート・ローゼン（Robert Rosen）が論じている通り、弁護における道徳性も考慮すること。
44 ルーバン（Luban）の法律家の役割における標準的概念の論述、n.33, *supra*,393-403 等を参照。
45 Allan C.Hutchinson, 'Taking it Personally: Legal Ethics and Client Selection'（1998）1 *Legal Ethics* 168 を参照。
46 Lord Alexander of Weedon QC, 'Training Lawyers - Healers or Hired Guns?' Child & Co Lecture, delivered at the Inns of Court School of Law, 15 March 1995 を参照。
47 専門家義務の特質に関する興味深い論述に関しては、Rob Atkinson, 'How the Butler Was Made to Do It: The Perverted Professionalism of The Remains of the Day''（1995）105 Yale L.J. 177 も参照。
48 アレクサンダー卿（Lord Alexander）、n. 46 supra。
49 Glanville Williams, *Learning the Law*（London, 11th edn.,1982）, 226。また、法律専門職の学究的分野に関する就任講演、J.W.Bridge, 'The Academic Lawyer: Mere Working Mason or Architect'（1975）91 *Law Q.R.* 488 も参照。
50 William Twining, *Blackstone's Tower: The English Law School*（London,1994）131-132 では、法律家を「〔……〕問題解決者、思慮深い実務家、思いやりのある専門

家、ピースメーカー、政治的指導者」と呼んでいる。
51 Avrom Sherr, 'Of Super Heroes and Slaves: Images and Work of the Legal Professional' 48 *Current Legal Problems 1995* (Oxford, 1995) 327、Cyril Glasser, 'The Legal Profession in the 1990s: Images of Change' (1990) 10 *Legal Studies* 1、Philip A. Thomas (ed.), Tomorrow's Lawyers (Oxford,1992)115 より、Kim Economides, 'The Country Lawyer: Iconography, Iconoclasm, and the Restoration of the Professional Image' を参照。さらに、M.W.Mindes and A.C.Acock, 'Trickster, Hero, Helper: A Report on the Lawyer Image' (1982) *American Bar Foundation Research* Jor.177 も参照。
52 同上。「核」の探求については、トワイニング（Twining）、n.50 *supra*, ch.7を参照。またティム・デアー（Tim Dare）によるクロンマン（Kronman）の美徳倫理に対する批判、ECLEC *supra* n.4, ch.3、および 'Virtue Ethics and Legal Ethics' (1998) 28 *Victoria Univ. Well.L.Rev.* 141 も参照。
53 サイモン（Simon）、n.34, *supra*, 126-127。
54 キム・エコノミデイス（Kim Economides）、n.21 *supra*。
55 ウェブ（Webb）、n.25 *supra*, 142-145 を参照。
56 Martha Nussbaum, 'The Use and Abuse of Philosophy in Legal Education' (1993) 45 *Stanford L.R.* 1627 を参照。
57 Austin Sarat & Stuart Scheingold (eds.), *Cause Lawyering: Political Commitments and Professional Responsibilities* (Oxford, 1998) 31, 47-48 より、Carrie Menkel-Meadow, 'The Causes of Cause Lawyering: Toward an Understanding of the Motivation and Commitment of Social Justice Lawyers'、クーパーおよびトルベック（Cooper & Trubek）*supra* n.21。
58 Leny De Groot-Van Leeuwen ECLEC, n.4 *supra*,ch.12、Stephen Parker & Charles Sampford (eds.) *Legal Ethics and Legal Practice: Contemporary Issues* (Oxford, 1995) ch.10 より、Deborah Lamb, 'Ethical Dilemmas - What Australian Lawyers Say About Them'、Allan C. Hutchinson, 'Legal Ethics for a Fragmented Society: Between Professional and Personal' (1998) 5 *Int.J.Legal Profession* 175、*Legal Ethics and Responsibility: An Introduction* (Toronto,1999) を参照。
59 Julia Annas, *The Morality of Happiness* (New York, 1993) ch.2.2,16、Phillip Mitsis, *Epicurus' Ethical Theory: The Pleasures of Invulnerability* (Ithaca, NY, 1988) ch. [on virtue]、Aristotle, *The Nicomachean Ethics* (transl. D.P.Chase, London,1911) Book 5、クリス・ギル（Chris Gill）ECLEC, n.4 *supra*, ch.1を参照。
60 Avrom Sherr and Julian Webb, 'Law Students, the External Market and Socialization: Do We Make Them Turn to the City?' (1989) 16 *Jor. Law and Society* 225、David Halpern, *Entry into the Legal Professions: The Law Student Cohort Study Years 1 and 2* (London, 1994)、M.Shiner and T. Newburn, *Entry*

into the Legal Profession: The Law Student Cohort Study Year 3（London, 1995）を参照。

61 アンソニー・ダマト（Anthony D'Amato）の「〔……〕ロースクールの最初の失敗は、ロースクールという名が与えられたことにある。（司法単科大学という別の名が与えられていたならば状況は変わったであろう）〔……〕ロースクールは、法律を教えることを止めるべきである。我々は、代わりに正義を教える。それこそが法律の目的と目標であり、法律が存在する理由であり、法律に生命と息吹を与えるものである。」A. D'Amato, 'Rethinking Legal Education'（1990）74 *Marquette L.R.* 1,8,35 を参照。

62 プラトン（Plato）のプロタゴラス（Protagoras）のエピメーテウス（Epimetheus）とプロメーテウス（Prometheus）に関する論述（.C.W.Taylor,Oxford,1996）320c8-322d5 を参照。

63 M.H.Freedman, 'Personal Responsibility in a Professional System'（1978）27 *Catholic Univ.L.R.* 191.

64 Duncan Kennedy, 'Legal Education and the Reproduction of Hierarchy'（1982）32 *Jor.of Legal Education* 591 を参照。

65 グレンフィールド（Granfield）、モラウェッツ（Morawetz）、*supra*, n.33。

66 H.T.Edwards, 'The Growing Disjunction Between Legal Education and the Legal Profession'（1992）91 *Michigan L.R.* 34, 38.

67 ACLEC の第1回報告（First Report）n.25 *supra*, 72 を参照。最初の3年間の実務において専門家に専門家倫理の強制化を求めた第2回報告（ロンドン、1997年）para.2.33（*Second Report*（London, 1997）para.2.33）にも注意。

68 おそらく導入課程では、法律の特質や機能について論じつつ、司法機関と同様に法律家倫理にも焦点が当てられるだろう。法曹倫理の専門家課程については、ECLEC, n.4 *supra* で詳しく説明し、弁護の倫理、機密性、利害の衝突、刑事事件の業務、報酬といった特定のトピック（ミクロの側面）と同様に、専門家精神の哲学的基盤、社会学、および規制の枠組み（マクロ的側面）についても包含している。詳細は、サイモン（Simon）、n.39 上を参照。一般的な取り組みについては、Deborah Rhode, 'Ethics by the Pervasive Method'（1992）42 *Jor. of Legal Education* 31 を参照。また、基本的価値（*Fundamental Values*）*supra*, n.4 およびジョーンズ（Jones）の論文 *supra* n.31 も参照。

69 法律家の動機の議論に関しては、P.S.C.Lewis, Governmental Policies and Lawyer's Roles: Evaluation and Approaches to Research（London, 1999）ch.5 を参照。

70 大法官局、司法近代化、法律サービスと裁判所における改革のための政府計画（ロンドン、Cm4155、1998年）para.2.3.3（Lord Chancellor's Department, *Modernising Justice. The Government's Plans for Reforming Legal Services and the Courts*（London, Cm4155, 1998）para.2.3.3.）。

71 アンソニー・ダマト（Anthony D'Amato）は、ロースクールが有しているだろう実際の逆効果について次のように述べている。「ロースクールに入学するまでに、彼らは既に適切な正義感を有している。たとえ、何百という訴訟を読んだり、こうした訴訟判決が適切か適切

でないかを思案したりするといったロースクールでの経験を通して、新しい状況に対する彼らの『正義の考え』の適用範囲が拡大するにしても、彼らの正義感をさらに開発する必要はほとんど全くない。現在のような3年制のロースクールは学生の正義感を減じていると私は考える」。ダマト（D' Amato,n）、n.61, *supra*, 42。

72　日本の法曹界へ入る人数の最新展開を報告する、日本の法律に関するオーストラリアのネットワーク（ANJeL）http://www.law.usyd.edu.au/anjel/ 等を参照。「新しい司法試験の合格者数が増加した。月曜日に法務省は、2006 年度の司法試験ではロースクールの新卒業生約 2,300 人のうち 900 人から 1,100 人の合格者を出す決定を行った。受験者は昨年 4 月に開校した 66 のロースクールの第 1 回卒業生であり、2006 年度の司法試験は新しい司法試験制度の下で最初の試験となる。http://www.yomiuri.co.jp/newse/20050302wo01.htm'

73　エコノミディス（Economides）*supra* n.1。

74　D.F.Henderson, *Conciliation and Japanese Law: Tokugawa and Modern*（Tokyo, University of Tokyo Press, 1965）2 Vols、A,T,von Mehren（ed）, *Law in Japan: The Legal Order of a Changing Society*（Tokyo, Harvard University Press & Tuttle, 1964）41-52 より、T. Kawashima, "Dispute resolution in contemporary Japan"、S.Miyazawa, "Taking Kawashima Seriously: A Review of Japanese Research on Japanese Legal Consciousness and Disputing Behavior"（1990）21 *Law and Society Rev.* 219-241 を参照。

75　A. Boon and J. Levin, *The Ethics and Conduct of Lawyers in England and Wales*,（Oxford, Hart,1999）ch.15 を参照。

76　第 6：1 法曹倫理（*Legal Ethics*）（2003 年）を参照。

77　エコノミディス（Economides）、n.20, *supra* 。

78　Richard O'Dair, 'Legal Ethics and Legal Aid - The Great Divorce?' 52 *Current Legal Problems 1999*（London, 1999）1、Colleen Graffy, 'Conditional Fees: Key to the Courthouse or the Casino?'（1998）1*Legal Ethics* 70.

79　Donald D. Landon, *Country Lawyers. The Impact of Context on Professional Practice*（New York, 1990）, chs. 6-8、Mark Blacksell *et al. Justice Outside the City. Access to Legal Services in Rural Britain*（Harlow, 1991）ch.4.

倫理的および社会的責任実践のための法曹教育

アン・コルビー＊
Anne Colby

[略歴]
米カーネギー教育振興財団シニアスカラー、同専門職訓練プログラム共同責任者。
ロースクールの改革問題を専門とし、社会的責任の深化と高等教育との関連を研究。「Educating Citizens: Preparing America's Undergraduates for Living of Moral and Civic Responsibility」(Jossy-Bass 刊, 2003) 共著。

はじめに

　過去6年間、私と同僚は、法律、工学技術、キリスト教およびユダヤ教聖職者、医療、看護といった5つの専門分野における教育を比較する研究に携わってきた。この研究の目的は、専門家養成の強化を最終的な目標として、これら5つの分野での教育と学習を綿密に調査することである。法学教育の研究のため、我々は、米国およびカナダの16のロースクールを訪問し、授業に出席して学生や教授に面談しながら教育体験の様々な面を観察した。

1　法学教育の目標

　我々の研究は、専門教育が完全なものであるためには、それぞれが多くの要素から構成される3つの重要な目標に取り組まなければならないという仮定から始まっている。第1は基礎的または根本的な知識と理解であり、第2は専門実務における複雑な技術の習得、第3は専門家としての自覚、倫理規範および専門的職業における社会的機能と目的の認識であり、学生

がこれらの全てを培うことが重要である。我々は、専門教育に代表されるこうした3つの目標を研究対象とした全ての分野で観察することができたが、3つの目標間の相対的な優位の占め方は互いに大きく異なっている。

　第1の目標である知識を軸に最も強固に形成されているという点では、米国における法学教育は5つの専門分野の中でも際立っている。法学教育者が述べる通り、「法律家として考える」ことを学生に訓練しているのである。法学教育における知識面の優越性は、法律実務技能、倫理、および専門職責任に対して高い配慮を要求している全米法曹協会（American Bar Association）の勧告との間にくい違いがみられる。本書の焦点を考慮して、ここでは倫理および専門職責任における教育を中心に述べる。

2　倫理および専門職責任の広範な概念

　専門職責任には、財産、利害の対立、機密性および専門家としての礼節といった一般的な配慮から、さらに業務における幅広い社会的および公的、政策的含意や社会正義に対する懸念まで、幅広い範囲の事柄が含まれると我々は理解している。法律分野における特定の形を取り上げたが、こうした課題はあらゆる専門職業の普遍的なテーマと一致している。全ての専門家は、患者または顧客の信頼を維持し、守秘義務を厳守し、各々の能力の限界を認識し、また利害の対立を避けるといった事項に配慮する必要がある。

　さらに、あらゆる分野の専門家は、直接の顧客または患者に対する責任と公共に対する責任の間に発生し得る対立——つまり専門家が自然環境および人間環境へ影響を与えるような人間の選択を扱う際に必然的に伴う課題——に対応できる能力を備えていなければならない。例えば医療の場合、抗生物質の過剰な使用は多くの細菌の耐性菌を生み出すことから、医師は、本当に必要ではない場合に抗生物質を処方することの危険性を認識するようになった。医療倫理においても、医療費抑制の必要性と患者の福利との均衡に関する課題や、その他個人と公共に対する責任の対立から生じる様々な問題が提起されている。同様の問題は工学技術の分野においても

明白である。例えば、事実上全てのプロジェクトにおいて、技術者らはプロジェクトを予算内に収めること、また他の設計目標を達成すること、可能な限り安全な構造や製品を作り出すことといった目標の均衡をはからなければならない。

3　専門職責任を教えることに対する抵抗

　こうした共通の懸念にもかかわらず、法律家は、その顧客の弁護と同様に、「法廷の番人（officers of the court）」と呼ばれる法体系を整備する作業に公的な参加を認められていることが、他の専門家と立場を異にしている。全米法曹協会の専門職行動規範（Model Rules of Professional Conduct）によれば、「法律専門家の一員である法律家は、顧客の代理人であり、法体系に従事する役人であり、司法の質に特別な責任を持つ公市民である」。同様に、全米法曹協会の1996年度専門職業意識委員会（Professionalism Committee）報告（全米法曹協会の法学教育と法曹への認可（Legal Education and Admissions to the Bar）の項では、「専門職としての法律家は、顧客への奉仕と公共サービスの精神で専門技術を追求する法律の専門家である。そして、正義と公共の利益を推進するという共通の使命のためにこうした追求に従事している」として社会的貢献への関心を職業的法律家の定義の中心に据えている。こうした人物に不可欠な特性として、法律の知識やその応用技術、徹底した準備、現実的で分別ある賢明さに加えて「倫理的な行動」と「正義と公共の利益への貢献」が含まれる。

　我々の研究では、この専門職責任の広範な概念の教育を試みた幾つかの優れたプログラムについて学習した。本書の基調報告でウィリアム・デーモンが述べている通り、これらのプログラムは慈善事業のための教育に個人的に携わっている教授により作られたものである。しかし一般に、こうした進歩的な人々は、大規模な変化にもなかなか屈しないタイプの職場で働いているものである。

　全米法曹協会が、倫理と専門家意識についての深刻な注意を強く喚起し

ているにもかかわらず、一部の法学教授は未だ異論を唱えている。事実、教授の多くはその心底で、道徳的価値観は主観的で不確定なものであるため、法学教育の知的な目標の根底にある、厳密さ、懐疑主義、知性的隔絶、客観性といった協会が重要とする全ての価値に衝突する可能性があると考えている。

　多くの教授は、ロースクールに入学してから学生の倫理観や専門職責任に働きかけようとするのは遅すぎると論じている。これは、高度教育全体、特に専門教育に関連して度々耳にする主張である。懐疑主義者は、人格こそ倫理的行動に重要となるただ一つの事柄であり、その人格は人生の早い段階で家族の影響を受けて確立されると論じている。あるロースクールの教授の一人は、「果たして、正しいあるいは間違っている事柄として倫理的な問題を教えることができるのか」と述べている。

　さらに、ロースクールにおいて専門職責任に関する教育を行うことの価値に疑いを持つ教授らは、学生の倫理観の開発を助ける努力と、彼らが無効であり不合理であると考える教え込みとを同一視している。一部の教授がさらに観念的な問題を提起しようとしているとの情報により、事態はさらに複雑化した。倫理を厳密に「ローヤリングの原理」として教える法曹倫理学教授は、「私には話合うべき議題がない。専門家である諸君が、学生に倫理を教えるべきだと論じていることに我慢ならない。我々は成熟した大人について話合っているのだ。学生たちを特定の方向に押しやろうとするべきではない。一部は私の意見に賛成しないだろう。彼らにこそ話合うべき議題がある」と述べている。

　この見解に対し、別の年配の教授は、「私は、"君ならどうするか"と質問して学生らに考えさせたい。"何が良いか"または"何をするべきか"、"君にはどのような役割があるか"、"この問題に君はどのような見方をとるべきか"と質問することは避ける。私は、彼らが大人であると考え、私の価値を教えようと試みるのではなく、彼ら自身の価値をロースクールに持ち込んでもらいたい」と応えた。学生らに対して彼ら自身の規範的立場を明らかにさせることさえも教育になるというこの認識は、我々が訪問した学校でも驚くほど普及していた。

我々は、こうした異論が、倫理的開発における知識の不足と、教育的にその開発をサポートすることへの誤った理解に基づくものであると考える。誠実さや社会的責任感を養うのに学生がロースクールに入学した時点では遅すぎるという信念は、まったく真実ではない。社会科学の調査では、人間が思春期から青年期を通して道徳的にまた市民として成長することが明らかにされている。専門職責任を教えることが、学生への説教や自身の価値を押し付けることになるという共通した危惧についても同様に根拠がない。この種の教育の実例を見れば、それが説教でも教化でもないことが明白である。幾つかの具体例ついては、後ほど触れるものとする。
　さらに、弁護士に必要な分析的思考や言葉の正確な使用を学ぶために、学生は一時的にでも、訴訟当事者らへの人間的関心、正義を追究する欲求、自身の法律業務を通して重要な社会目的を果たしたいという希望を打ち捨てなければならないという一般的な認識があることも我々の調査を通して明らかになった。これこそが、専門職責任を教えることに対するもう一つの障害である。
　法学部生の多くがそうであるように、初年度の課程で道徳や法的義務について困惑した場合、教授は、彼らの正義、公正、その他道徳的問題についての関心が法律分析と関係ないことを伝え、それらにあまり関心を持たないよう指導することが多い。我々は、学生らとの対話から、こういった指導が頻繁になされ、その対応に納得するよりも驚き呆れている学生が多いことを知った。実習を通して法律に幻滅する学生もいる。我々の調査で、ある学生は「ロースクールは目的のない賢い人間をつくっている」と述べている。
　もし代わりに、教授が道徳と法律の違いやその関係について注意深い議論を導入すれば、係争中の訴訟における特定の法的問題についても、社会制度としての法律についても、学生の法律に対する理解はより深まるであろう。この方法を採用すれば、法律における検討事項はその社会的目的に沿って理解され、倫理的な検討事項も、例えその認識が不十分であったり間違っていたりしても退けられることはない。これにより、初心者の法学部生には、通常の一般的なアプローチとはかなり異なったメッセージが伝

えられる。このような教授方法は、学生が積極的に法律の幅広い目的と使命について学ぶことに役立つ。こうした基盤がない場合、知識を習得するという懸命な挑戦も、習得したことに対する満足も、それ自体で完結してしまうことになる。

この方法は一般的ではないが、米国のロースクールで全く採用されていないわけではない。例えば、よく知られた契約法のケースブックは、道徳性と法律の関係という問いに真っ向から取り組んでいる。この本の第1部は「法律が守らせるべき約束とは何か」と題し、第1学年の教育課程の最初に法律が何かについての疑問が提起される。第1章は、約束と契約の社会的重要性および道徳基準についての有名な哲学書の抜粋から始まる。後に続くのは、子供に約束手形が与えられ、その手形が、その子供の伯母の死亡時に支払われるものである場合、その契約が強制可能であるかどうかに関する訴訟である。訴訟が示され、議論された後、学説や契約法の歴史、およびこの訴訟が提起するその他の問題についての説明が続く。

この著者の一人によって記された第1部の最後の注釈では、道徳的および法律的な義務の違いが挙げられている。以下はその引用である。「一見似ているが、法律が守らせるべき約束とは何かという質問を、人々が守るべき約束とは何かという質問と混同してはならない。約束に基づいた法的強制を差し控えたとしても、不履行にはならないのである。我々が約束を破れば、仕事や友人、または自尊心を失うかもしれない。そしてそれらを失うことは、それによって見込まれる金銭的な損失よりも大きい。したがって、約束を守るという事実は、法的強制力に影響を及ぼすがそれを決定するものではない。つまり、政策的な理由から、法律は、道徳的な理由から破るべきではない約束の実施を拒否することができるのである。」

この注釈は、法律がどのような道徳的責任にも強制を持たない、また持つべきでない理由についての議論に続く。契約に関するこの教授方法は、法律の勉強に持ち込んだ道徳的な関心事項を学生に全て忘れさせるという通常の方法よりも、彼らが道徳と法律の問題で混乱するのを防ぐことができるように思われる。しかし、残念ながらこのようなアプローチは非常に稀である。

4　法曹倫理課程

　我々は、米国のロースクールが倫理の問題を教えることに失敗していると言っているわけではない。卒業には、法曹倫理の課程を取ることが必要である。一般的にこれらの課程は、全米法曹協会の倫理規定である専門職行動規範に沿って構成されている。これらの授業で学生は、弁護士と顧客の関係、利害の対立といった法律実務の要となる倫理上の問題を認識するようになる。一般にこうした授業においても、機密保持などの顧客への義務が、他者に真実や差し迫った重大な事柄を伝える義務などと衝突するといった問題に取り組んでいる。学生は、こうした規則がどのように解釈され、適用されるか、そしてどのような場合に制裁が課せられるのかといった、モデル規定に示される専門家としての倫理規定を学ぶ。彼らは、規則が厳格なものであることや違反した際は罰せられることを知る。法律の専門家が基本的な倫理基準を維持しようとする場合、明らかにこうした知識と理解は非常に重要である。

　このような授業では、よくモデル規定に対して申し立てられた違反事項に関する訴訟などが取り上げられる。学生は、不法行為や契約に関する興味深い訴訟のアプローチとして学んだのと同じ方法で取り組み、彼らの分析手法をこれらの訴訟に適用する。ローヤリングの法理（law of lawyering）として知られるこの取り組み方は、全ての実務に携わる弁護士に直接関連する法律分野を教える際に有効である。

　法律の分野における倫理規定を定式化した配慮と思慮深さ、そして専門教育および法学教育の両方に規定を設ける慎重さは、その他の多くの専門職に比べ例外的である。例えば、米国におけるエンジニアの約80％は公的な認可を受けていないため、明白に専門家としての様々な倫理規定を守る誓約をしていない。工学部の教授は、こうした規定の存在について学生に注意を促すこともあるものの、工学部の課程全部を複雑な規定順守の事柄に割くことはない。

　マイケル・ディビス（Micheal Davis）が、その有名な著作に工学実務における倫理規定の位置付けについて、「法律家に専門家としての規定を

尋ねたとすれば、恐らくその法律家は、辺りを見回しながらロースクールで全米法曹協会の規定を学習したことを告げ、机や本棚に規定を見つけて数分後にその答えを述べるだろう。エンジニアに同じ質問をしてみれば、恐らくそのエンジニアは、一度も勉強したことがないことと参照するものが何もないことを認めながら、自分の職業にも規定があると述べるであろう」と記している。

　法律実務の原理を通して倫理を教えることは、それが道徳的に中立であるという意味から、多くの教授が興味を寄せている。この種の法曹倫理の課程では、道徳的に正しいとか間違っているといった疑問を取り上げる必要はない。そこでは、どのような違反が制裁の対象になるのか、その境目にある訴訟はどのように解決されたのかを教える。多くの法律教授が道徳に関する独自の意見を学生たちに押し付けることに懸念を示しているため、このアプローチにより彼らは、道徳的に正しいとか間違っているといった疑問との対峙を避けることができる。

　さらに、法曹倫理が法律の一分野として扱われる場合、この分野を専門にする教授が、よく知られたアプローチを行うための専門知識を持った者として認められる。残念なことに、このような認識によって、法律実務の原理を専門としない多くの教授らが自身の授業に倫理問題を導入する資格はないと考えることにつながっている。そのため倫理問題は、他の教育課程から切り離される傾向にある。

　さらに深刻な問題は、こうした方法で行われる法曹倫理課程では、うかつにも倫理的に逆効果のメッセージを送ってしまうことがある。法曹倫理の授業が法律実務の原理だけに焦点を当てて行われた場合、弁護士の行動は背任行為に対する問責の脅威といったものによってのみ制限されるという印象や、実務における多くの法律家はその第一の動機を自己の利益としているといった印象、直接的に自己の利益に関わる場合にのみ非道義的な行動を慎むであろうといった認識を学生らに与えかねない。こうした暗に含まれた部分は、めったに批判的に分析されることがないため、学生はこの種の独断的で利己的なアプローチを受け入れてしまうかもしれない。法曹倫理の授業が、その本質において、何をすれば罪になり、何をしなくて

も罪にならないのかということにのみ焦点を当てて教える場合、不注意にもそれらを知ることが倫理の全てであるとの認識を与えてしまうことがある。デボラ・ロード（Deborah Rhode）がこのような授業を「倫理なき法曹倫理」と呼んだが、全くその通りである。

　法学部生にとって、これらの授業が倫理的訓練の頼みの綱であるが、ほとんど全てのロースクールにおいて、一部の教授が非常に思慮深い別の取り組みを試みている。こうした試みでは、大概倫理および専門職責任に関連した現実的な問題を取り上げると同時に革新的な教授法を使用している。多くの場合、専門家意識の教育と法律実務における技術教育を組み合わせている。

5　浸透法（Pervasive Method）

　単独の法曹倫理の必須課程だけでは、法律の倫理的実践に対する準備が十分ではないとの認識から、1996年度全米法曹協会専門職業意識委員会（ABA Professionalism Committee）報告および法学教育の主導者（ロード）らは、ロースクールに対して倫理的な問題を授業全般に組み込むことを要求している。現在、このアプローチの価値が広く認識され、多くの課程用に倫理問題を取り上げたケースブックや教材が開発されている。ほとんどのロースクールでは、教授らが少なくともある程度はこうした浸透法を使用していると認識している。法学教育が、このような教材の開発で幅広い分野に渡って成し遂げた進歩は、法学教育にとっても特別な強みである。その他の一部の専門家は、専門職業的倫理を教える一般的なメソッドのようなものを要求しているが、実務におけるこのメソッドの重要性を定式化したり、そのメソッドを実施するための高品質な教材を制作したりするといった進歩は今のところ全く見られていない。

　我々が面談を行った法学部生の多くは、倫理的な問題を授業に組み込むことに多大な価値を感じると述べている。事実彼らは、こうした問題にさらなる注意を払うべきだとしばしば主張している。倫理または専門職責任に関する専門課程を特に好まない一部の学生でさえも、授業にもっと倫理

の問題が組み込まれることを希望すると述べている。例えば、一流の公立ロースクールにおけるある学生自治会では、「法曹倫理の問題は非常に複雑な状況を引き起こす。これらの問題と課程の内容との間にもっとつながりがあったら良いのにと思う。しかし実情では、正しいことに焦点が合わせられていない。単に何が法的に実現可能かについて話合っているだけだ」と学生らが述べている。それに対して別の学生は、「その通りだ。もっと統合した方が良くなるであろう。倫理を別に教えるのはわざとらしい」と答えている。

ロースクールがこの浸透法を実際に普及させたという例はほとんどないが、倫理の問題を課程に組み込もうと真剣に努力している何人かの教授に出会った。幾つかの分野では、法律の社会的影響とその意味合いを検討するための適切な手段を提供しており、我々は、ブリティッシュコロンビア大学で、この効果的長所を用いた環境法の授業を見学した。カーリン・ミケルソン（Karin Mickelson）とユッタ・ブルーニ（Jutta Brunnee）が教えるこの授業の目標は、学生に環境法の全般的な哲学を教えること、彼らを環境問題に関する国際的な法体系に精通させること、環境法の本質を教えること、自身の力で世界にプラスの効果を与えることができると信じる思慮深い実務家としての成長を促すこと、そして独創的な問題解決を行う技術といった基本的な法律技能の獲得を助けることにある。

この授業では、資源の分配、経済開発、人権問題、環境保護、実体価値、および環境問題に取り組む弁護士の役割など、幅広い倫理の問題が提起される。我々が面談した他の法学教授と異なり、ブルーニとミケルソンは、教師には社会意識の高い弁護士になるよう導く責任があると信じている。「法律家としてどうあるべきかという影響を学生に与えようとしていますか」と尋ねた時、彼らは「勿論です。我々の目標は、彼らが自分の行動をしっかりと見据えるようになることです。法律を単に法律として捉えるだけでなく、その仮定に疑問を持つべきです。これが成功への鍵であると信じています」と答えた。

授業では、学生が真剣に課題に取り組めるよう、模擬交渉や模擬法廷といった幾つかの戦略が用いられる。その一例として、水質問題について交

渉する2つの架空グループに分けて行う訓練がある。この模擬交渉を通して、学生たちは、ほとんどの学生がクラス討論で批判した非常に支配的な主張の裏に隠れてしまうことがいかに魅力的であるかを知る。こうした経験を通して、学生はこの分野における法律の使命と目的を意識しつつ、法律実務の技術を学んでいく。

環境法の課程に倫理的、社会的な問題を取り上げることは比較的容易で、明らかに関連性の薄い分野でこれらの問題を扱う方がずっと困難であるという意見に対して異議を唱える者もいるだろう。しかし、この浸透法は、実際に幅広い分野の課程において効果的に用いることができる。我々の研究では、さらにテキサス大学の上級教授会会員であるチャールズ・シルバー（Charles Silver）の教える民事訴訟の授業を見学した。この授業では、訴訟の倫理、法律の意味、弁護士の役割における複雑さについて大きな焦点を当てている。シルバー教授は、社会にとって非常に重要な専門職の勉強をしているのだという考えを学生は捨て去るべきだと述べている。実務を行うようになった際、この授業での経験が、より充実した職務への助けになると信じているからである。

授業全体を通してシルバーは、憲法や法律、倫理における原則と実際の訴訟例の間を行き来する。こうして彼は、豊富な訴訟事例を用いて、法的分析および法律実務に関連して特定の原理を見つけ出すことにどのような意味があるかを示す。授業は、法律家が米国社会で果たしうる、あるいは果たしている役割の概観から始まる。これには、経済における役割や公共の秩序を整える役割も含む。彼は、訴訟のプロセスを政治的な強制プロセスや富の作成プロセスの付属物として説明している。例えば、保険の弁護実務について学習する際、保険会社と顧客といった二者の対峙する利害関係としてでなく、保険会社、法律家、さらに顧客の三者の関係として論じる。こうした様々なケースを通して、学生には、弁護士と顧客の関係、および弁護士の役割における二重の性質について真剣に考えることが求められる。この授業は、非常に人気があり、希望者全員を受け入れられないほどである。

6 法律相談所

　国のロースクールの全てでは、教授の監督の下、有志の学生に対して法実務を行う機会が提供されている。最も多いケースは、低所得者やそうした人々が属する組織に奉仕する相談所である。一部のロースクールでは学生に相談所での奉仕活動への参加を強く要求しているが、ほとんどの学生は参加していない。法律相談所の主な目的は、将来の弁護士実務に必要な幅広い技術の習熟に役立たせることである。また、彼らに倫理に基づく業務の原則を学ばせ、正義に対するより強い関心を持たせ、さらに彼らのロースクールでの経験に人間的な面を加えることにも役立っている。相談所は、学生が総合的な法律実務技術、道徳的配慮、および政策環境といった背景の問題を学ぶ重要な場となることが多い。我々が面談した学生の多くは、法律相談所での経験をロースクールにおける最も重要な出来事として述べている。問題は、相談所が必須課程でない現在、参加する学生は少数であるという事実である。

　法律実務を教える教授と学生の双方が、法律分析の没個性的本質との均衡を図るものとして相談所が不可欠であると述べている。第3学年の学生は、「私達が教わったモデルは、非常に非人間的なものでした。そこに居る人間のこと考えずに意見を考えなさいと教わります。この教えは、大学院が作り出す法律家がどのようなものであるかを端的に語っています。相談所の利点は、実際の人々と触れ合えるということです」と述べた。カルフォルニア・ウェスタン・ロースクールの相談所担当教授は、「学生が不慣れな環境に出た場合、理論は、傾聴したり共感したりするといったスキルよりも役に立たない。相談所は、ロースクールで感覚を失ってしまった学生にそれを取り戻させようとしている」と述べた。

　また、相談所に参加した学生は、普段サービスを十分に受けられない団体と親密になって働くことの独特な満足感についても話ている。例えば、カリフォルニア大学のボールト・ホール・ロースクールでは、何人かの学生が、労働者の権利相談所への参加は法学教育と感情的なつながりを維持するために有用であったと述べている。ある女性が、「相談所は、私の助

けを本当に必要とする人々に尽くすことができるとのだという意識を強くしてくれます。挫けそうになる私を立ち直らせてくれます」と付け加えた。

7　専門家の思想を象徴するロールモデル

　当然のことだが、全てのロースクールにおいて、専門的職業が象徴するものや専門家の一員として重要となる資質を教えることについては、教授の影響が強い。学生が指摘するように、教授らはしばしば不注意にも、授業における明示的かつ暗示的なメッセージを通して、あるいは彼らが個人的に支持する価値観や基準によって、これらを教えている。弁護士および正義の番人としての二重のアイデンティティーも含めて、法律家の役割の複雑さを理知的に理解することが重要である。しかし、すでに述べた通り、専門家のアイデンティティーへの関心は、「法律家の正しい役割をどのように考えるべきか」といった概念的な疑問に応えるだけでなく、「私はどのような法律家を目指しているのか。私の仕事で実際に何が重要なのか」といったより個人的な質問への応えにつながっている。こうしたより個人的な質問に対する答えは、学生の持つ法律家の役割における概念によって特徴付けられるが、同時に、法律家などにおける個人的な理想像、専門家としての理想を体現する人との関わり、さらには最も避けるべき不快な価値観や行動を体現する人との交わりなどによっても特徴付けられる。

　学生に専門家としてのアイデンティティーを確立させるこうした要素の重要性は、ロースクールがどのようなロールモデルを提供するのかという問題を提起する。1996年度全米法曹協会専門職業意識委員会報告では、法学生の法律実務の認識におけるロールモデルとして、教授の重要性により注目するようロースクールに要求している。この報告に応えて、ある著名な関係者は、弁護士実務を経験していない教授でさえも専門家の理想モデルになりうると論じた。モーガンは、実務弁護士の特別なロールモデルとしてではなく、もっと広義に、幾つかの基本的な道徳上の観念や価値のモデルとしてそうした教授らに注目するよう求めた。「ほとんどの教授たちは、法の下で生きることの意味をまさに公然としたやり方で体言してい

るのである」という。ほとんどの教員が完全な研究者であり、法律実務を経験していないことから、こうした見解は米国の法学教育において重要である。

　たとえそうであっても、実務に密接に関係する相談所やその他の課程を受け持つ教授らは、誠実に法律を実践することの意味を学生に示すという特別に重要な機会を得ている。相談所は、倫理的な実践における肯定モデルや否定モデルを提供する強力な学習機会となり得るが、教員が、学生の倫理観の開発に際して経験がもたらす潜在的な影響に注意を払わない限り、それを達成することはないであろう。我々は、ニューヨーク市立大学の高齢者法律相談所で否定モデルが効果的に使用されている例を見た。我々が訪問した日、ある高齢者の代理をする弁護士は明らかに出廷する準備ができておらず、顧客の代理としては著しく不手際な仕事をした。監督教授は、学生らの注意を集めるべくこの件を挙げ、その日相談所で行なわれたようないい加減な仕事で顧客を失望させることを自分自身で許してはならないと、熱のこもった訴えをした。

　指導教官が、弁護士の準備不足に注意を喚起し、その意味について考えることを求めたことで、高潔な法律家がしてはならない行動のイメージを学生の心に強く残すことができたであろう。こうして我々は、否定的なロールモデルがいかにして建設的な倫理の学習をもたらすのかを見た。我々の別の研究、特に多くの臨床経験を含む看護と医療の分野においても、同様の現象を目にすることができる。

　しかし、このような建設的な学習が行われるためには、通常、教授の誰かが、出来事を強調して解説することが重要である。さもなければ、例えば不適任な法律家の経験談によって、学生たちは何を避けるべきかといった明確な認識を持つ代わりに、弁護士の適性基準をより低く捉えても構わないと解釈するかもしれない。相談所で教える教授は、多くの課題を抱えており、ほとんどいつも精神的なストレスにさらされている。こうした状況で、何かに紛れて倫理の問題が忘れられることが多々あり、多くの法律相談所の教官は、学生が経験するべき倫理の問題や専門家の役割に対して体系的な考えを有していない。

しかし、教授だけが学生のロールモデルではない。多くのロースクールが特別な誠実さと献身さで知られる実務弁護士や裁判官らを招いて、彼らがキャンパスを訪れ、仕事に関する話をし、学生と触れ合い、また講義をすることで、学生たちに積極的な経験の機会を与えている。招待講演者らは、例えその経歴が多くの学生が望むようなものでなくても、法の価値と意味について彼らに何かを与えただろう。例えば、ニューヨーク大学ロースクールでは、近年、連邦最高裁判所判事（U.S. Supreme Court Justices）や他国の最高裁判所判事を招いている。

ノースカロライナ大学チャペルヒル校のプログラムは、さらに学生をポジティブなモデルに導く努力を行っている。このプログラムでは、法学部の学生が著名な専門家にインタビューをし、その生涯を記録する。その目的は、専門家として最も高い理想（能力および誠実さの理想）の象徴である実務弁護士や裁判官との関係を築く機会を学生に与えることにある。このプログラムに参加した学生は、インタビューした人物との関係を通して、さらにその記録を他者に語ることを通して、専門家としての英雄的モデルを内に持ち始める。

8　統合的なアプローチの必要性

半世紀前と比べ、今日の米国のロースクールは、学生に対して、より多くの経験、状況、選択肢を提供し、さらにはより大きな大学界やその他の研究分野とのつながりをも提供している。しかし、法学教育を豊かにするこうした努力は、包括的というよりも断片的である。米国のロースクールで、教育努力における包括的な効果と実践をその重大な研究課題としているところはほとんどない。こうした不備に対して系統的な取り組みを試みている大学はもっと少ない。団体として見た場合、熟慮された法曹協会の申し出に対するロースクールの反応の相対的な欠如は、我々が調査する以前から見られるものである。

しかし、我々の研究の前向きな結果は、法学教育の典型的モデルにあるこうした限界を超える真剣な努力の強力な例となった。今日のロースクー

ルでは、法律文書の作成、相談所での教育、実務指向の経験といったものを提供している。ほとんどの学校は、より狭義に定義された法曹倫理と専門家精神を扱う新しい課程を追加し、多くの教授は、少なくともある程度倫理の問題を自身の授業に組み込んでいる。

　しかし、こうした変化にもかかわらず、法律実務と専門職責任の教育は、ほとんどの米国のロースクールにおいてまだ付属的な意味しか持っていない。ロースクールは、法律実務の技術を学習する機会や法律業務の道徳的および社会的な面での取り組みを深める機会といった様々な場を提供しているが、そのほとんどが選択科目であるため、強く希望する学生にしか提供されない。一般にこのような課程やその他の教育プログラムは、全学生を受け入れられるほど大規模に実施されておらず、極めて少数の学生のみが参加するものとして想定されている。

　他の場合でも、法律実務と専門職責任の教育は、多くのロースクールの隅に置き去りにされたままになっている。本シンポジウムのパネリスト報告者のペギー・クーパー・デービスの調査によれば、状況の重大な変化にもかかわらず、テニュアトラックの（終身在職権を持つ）相談所の教授数は依然として他の分野の教授よりも少ない場合が多い。また、法律実務課程の方が教授と学生の双方にとってより多くの作業が必要であるにもかかわらず、実務課程の履修単位は、通常の課程のそれよりも少ない傾向にある。さらにこのような課程が合格／不合格の形で成績評価を行う場合（これはよくあることだが）、学生たちは、非常に重要な学業成績平均値やクラスの格付けに影響するような他の課程を履修するときほどには実務課程を真剣に履修しなくなる。専門家精神および倫理に対する軽視はさらに顕著である。すでに述べた通り、多くの教授は、ロースクールでの倫理感を発展させる教育の有効性または妥当性を信じていない。さらに、ロースクールにおける経験の一部は、学生の専門家精神や倫理的思考の発展に寄与するどころかそれを妨げているのが現状である。

9　均衡の問題——付加的戦略対総合的戦略

　米国の法学教育において、法律実務と専門職責任に対する目標が依然として副次的な位置に置かれていることは、この不均衡とそれに対する改善措置が取られている中、大きな足枷となっていると我々は確信している。多くの場合、法律実務や専門家精神を扱う範囲を増加することに対して賛成または反対する両者は共に、法学教育における大部分の要素を付加的なやり方で処理してきた。全米法曹協会の有名なマクレィト（MacCrate）や同協会の専門職業意識報告書（Professionalism Report）でさえも、付加モデルを受け入れているようである。専門職業意識報告を以下に引用する。

　　専門家精神の問題を追加的に授業で取り上げることは容易ではない。ロースクールの教育課程の再編成は、長い時間を要し、しばしば苛立たされる作業であるが、1つまたは2つの課程を付加するような、控えめな変更がなされる場合、最もうまくいくようである。しかし、ロースクールにおいて倫理と専門家精神の訓練を増加させる必要性の提案が正しければ、1970年代の相談所における法学教育の増加および1990年代の技術訓練の増加を主導したものに等しい努力が要求される。この努力の目的は、公共サービスに携わる職の使命として、さらに思慮深い道徳的判断を行う能力を開発するものとして、法の実践におけるこの二つの概念を法律知識や伝統的な法律技術と同レベルにまで高めることであろう。それこそが、本当に望まれる目標である。

　新しい要件を追加する努力は、常にごく短期間の内に成し遂げられようとするため、大抵、法学教育だけでなく一般の専門教育においてでも妨害を受ける。ときには、この問題があまりに深刻化し、訓練に割り当てる時間を延長することでしか解決できない場合もある。工学技術の分野を例に挙げれば、現在米国で行われている議論は、学士号ではなく修士号をこの分野における初歩的な認定資格とするのはどうかといった問題に集中して

いる。訓練期間の延長は抜本的な解決策であるが、間違いなくロースクールの経営陣、教授会、または学生のいずれにも訴えるような方法ではないだろう。

　教育変更においてこのような付加的戦略を取るのは、法律実務や専門職責任へより重きを置くことが、法学教育が提供する知的訓練の時間を減少させ、ひいてはその質を低下させてしまうのではないかと懸念しているためである。法学教育において我々が確信するように学問的価値や目標が優先されている場合、こうした懸念は3つの目標が実際には独立したものであるということを暗に示している。そのため、法律実務と専門職責任は、学究的あるいは知的な学習を確実に侵害し始めるかもしれないという点でのみ強調されてしまう。これは、限られた時間内にあまりにも多くを達成しなければならないという現実的な問題だけでなく、概念的および教育上の問題でもある。本質的に、法学教育の知的目標に対しては現在十分な時間をかけて教育が行なわれているが、ロースクールではその目標を妨げることなく他の目標にも注目する方法を見出す必要があるのだという想定から付加的戦略が取られている。

　カーネギー財団による研究報告は、付加的ではなく総合的と我々が呼ぶ別の戦略を支持している。事実、総合的戦略のような概念が、近年法学教育の議題に上り始めている。総合的戦略の背後の核となる見識は、効果的な教育の成果が個別にではなく全体的に判断されなければならないというものである。ロースクールに話を戻せば、こうした考えは、完全に独立したものであるという概念とは全く異質で、3つの目標（知的基盤、複雑な実務の技術、倫理と専門職責任）がそれぞれ他との関係からその特徴を帯びるものだということを意味している。理知的な目標が優先される標準モデルでは、他の2つの目標が最初の目標の単なる付属物と見なされている。そういう訳で、付加的戦略の支持者は、3つの目標全てが重要で互いに切っても切り離せない関係にあり、さらにそれらが統合されることによってより強化されるという考えを拒絶している。法学教育者において、このことについて執筆しているのが、ニューヨーク大学ロースクールのデービスである。本シンポジウムでデービスは、学習理論の見識を用いて経験的法学

教育の展望に触れている。それによれば、基本的な概念における学生の理解はその概念を実際に用いることで深まり、専門職責任に関する疑問は「模擬学習や相談所での取り組みで法律家の役割を体験する」ことで身をもって理解し、さらに法律や法学教育の知的基盤は、法律実務の重要な側面に対する思考を構造化するための知的ツールを自分のものにするべく「法律実務を理論化する」試みを通して強化される。デービスは、自ら所属するニューヨーク大学における3つの目標の相互作用による成果を評価すると共にこの展望を紹介している。彼女は、経験的教育のもたらす効果について、弁護士となるための学生の心構えに良い影響を与えるだけでなく、最初の徒弟見習にも良い影響を与えると指摘している。こうした方法によれば、3つの目標の統合がゼロサムゲームではなく相互に高めあうことになるのである。

このような統合的な取り組みを実施しているロースクールは、ニューヨーク大学だけではない。ニューヨーク市立大学でも同様の試みが行われ、我々の訪問により、少なくともある程度このような方向へ動いている人物がいることが分かった。しかしこの取り組みは、現在の標準からはるかにかけ離れている。すでに述べた通り、全てのロースクールが法律実務の技術および専門家精神を教え、その方法の多くは非常に充実している。しかし、3つの教育目標のそれぞれが垣根を越えて互いの強化に貢献するくらいに、総合的に捉えているケースは非常に稀である。そして実際に、このような経験が体系的に全学生へともたらされることはない。恐らくその極めて学究的で知的な性質から、少なくともラングデル（Langdell）の時代以降、法学教育の分野が組織レベルの広範囲におよぶ改革を容認したことはない。法学は、大胆で、時に過激でかつ新しい法律の理解を次々と生み出してきたが、こうした学問的な革新は、教育の実践に対しては安定して保守的な姿勢で一貫しており、専門教育の学究的な目標や価値を優先する方針の要として機能している。

果たして他によい方法があるだろうか。実務経験を切り離した知的学習こそが、常に、高度な教育機関で訓練を受けた学級的専門家の原動力であるに違いないと思うかもしれない。しかしそうではない。米国の医療教育

では、臨床的な教育と学習が教育的革新の最先端として出現し始めている。ほとんどの医療訓練が教室ではなく付属病院や診療所といった実務環境で行われることから、医療教育は、法学教育に比べ、常に臨床教育に厚い信頼を寄せてきたのである。

　しかしこの30年の間、医療教育の分野において、技術の教育を医療の基礎となる「基本科学」の教育により密接に関係付けながら、着実に臨床教育の役割を強化してきたことは注目に値する。今日、臨床訓練は医学部の第1学年から始まり、主に第3学年で行われる。基本科学の教育もやはり重要であるが、多くの医学部においてその教育形態は変化を遂げており、医療現場を想定しそこで実際に用いることの出来る科学の教育に重きが置かれている。こうした事柄は、医療教育が技術の教育にだけ費やされているということを意味するのではない。膨大な基礎知識と最先端の知識が、全過程を通して与えられる。この違いは、医療科学が、基本的な知識基盤と専門的実務の複雑な技術を完全に関連付けながら、医療実務を通して教えられるのが最適であるとの認識がますます高まっていることにある。

　医療教育における臨床経験の強化はまた、より信頼性の高い強力な専門家育成手段への道を開拓した。学生は、患者の自主性、文化間のコミュニケーション、公衆衛生に対する責任、ペースの速い医療現場の繁忙さの中での思いやりの心を維持することへの挑戦といった実際の問題に取り組む。学生がこうした問題等に直面した場合、彼らの中で専門家意識が具現化し明確になる。良かれ悪かれ教員が彼らのモデルであり、彼らが経験しているものを反映する機会が新たな課題を生み出している。医療教育者は、医療分野が未だに深刻な未解決の問題に直面していると考えているが、この分野は過去数十年の間、理論、実践、専門職責任のより完全な統合を進めるべく、教育的なあるいはカリキュラム上の変更に対して非常に寛容であり続けてきたのである。

10　本研究の最重要点

　多くの社会分析家が指摘する通り、米国の法律専門家は、もしかすると

危険なほど一般の人々の好感を得られていない。スキャンダルと国民の不安や敵意は、業務上の敵対者に潜在的な武器を与えている。事実、州議会および連邦議会は、弁護士の職務に新たな規制を設けようとしている。顧客の利益のために法律を用いる能力を効果的に制限、管理しようとするものである。至るところで法律家についての醜悪なジョークが囁かれている中、ロードは、その明確な公共の目的を文字どおり失い始めている専門的職業のモラル低下が進行した結果として、こうした展開は予想のつくものであったと力説している。その結果、客観的に見れば米国の生活に欠かせない存在である個々の法律家は、疎外感と無力感を感じている。ロードは、専門家として、司法機能の制度を正しくかつ公平なものにするといった彼らに与えられた責任を果たせなかったことにより、法律が人々の信頼を大きく失ってしまったのだと主張している。

　この分析と同様に、調査でも米国市民が法律家を強欲、横柄、非道徳と見ていることを示している。法律家は、他の専門家に比べ高い割合でうつ病やアルコール依存症に苦しみ、多くが別の職業を選ばなかったことを後悔している。もちろん、法律家がその職務に満足できないことには多くの理由があるが、自らの仕事に意義を見出せないことがその中心的な原因である。ある調査によれば、今この職にあるのは社会の利益に寄与するといった自身の望みの裏付けであると返答している弁護士は、たった2割に過ぎなかった。法学教育における専門職責任や倫理への軽視がこうした状況を引き起こした唯一の原因ではない。法学教育を改善しても、この問題を完全に解決することはできないであろう。しかしこの点において、我々の研究は、ロースクールでの経験というのは、多くの法学生の性格や理想に良い影響を与えるどころか、逆に悪い影響を与えているという結論に至った。

　こうした状況の中でも、米国の法学教育における前向きな変化の例は数多くある。我々のロースクールに今必要とされているものは、学生に対して、使命感、目的意識、および堅固な専門家意識を形成する責任があるのだという信念である。日本の法学教育における改革の試みに際してこの目標が考慮されていることを知り、心強く思う。

　デーモンが指摘する通り、専門職業の核となる特徴は、人間の重要なニー

ズに応えることである。この本質の必然的結果は、多くの分野における専門家の職務が人間生活の背景をも作り出すということである。例えば、工学分野のもたらす影響は劇的なものである。我々は、人類による自然への技術的介入があまりに進行したため、自然環境と人類の影響を受けた環境の間の境界が曖昧になってしまった世界に生きている。医薬およびバイオテクノロジーの分野における近年の進歩も同様に重大なものである。

　法律は、我々の制度的、社会的、政治的な生活の性質を決定付ける中心的な役割を果たしている。法律家は、顧客個人の人生に直接的かつ潜在的な影響を与え、また我々の集団的存在につながりを作るといった重要な役割を果たしている。それゆえ、我々が法律専門家の役割や法律家の教育に何らかの変化をもたらそうとするとき、多くの問題が関わってくる。国家が法学教育の新しい時代に突入する中、こうした挑戦の倫理的側面について真剣に考えている日本の仲間たちを我々は称えたい。

【注】

*　本稿は、カーネギー教育振興財団 (Carnegie Foundation for the Advancement of Teaching) により実施された法学教育研究の報告案の抜粋である。本稿の一部は、カーネギー財団の上級研究者であるウィリアム サリバン (William Sullivan) による報告用に記述された資料より引用している。

【参考文献】

American Bar Association.(1992). *Legal Education and Professional Development, an Educational Continuum Report of the Task Force on Law Schools and the Profession: Narrowing the Gap.* Chicago, IL: American Bar Association.

American Bar Association.(1996).*Teaching and Learning Professionalism.* New Providence, NJ: Martindale-Hubbell and LEXIS-NEXIS, divisions of Reed Elsivier, Inc.

American Bar Association. (2003). *Annotated Model Rules of Professional Conduct* (5th ed.). Chicago, IL: American Bar Association.

Colby, A., Ehrlich, T., Beaumont, E., & Stephens, J.(2003). *Educating Citizens.* San Francisco, CA: Jossey-Bass.

Davis, M.(1991). Thinking Like an Engineer: The Place of a Code of Ethics in the Practice of a Profession. *Philosophy and Public Affairs,* 20(2), 150-167.

Fuller, L. L., & Eisenberg, M. A.(1996). *Basic Contract Laws* (6th. ed.) . St. Paul, MN: West Publishing Co.

Morgan, T. D.(1996). Law Faculty as Role Models. In *Teaching and Learning Professionalism: Symposium Proceedings.* Chicago, IL: American Bar Association.

Rhode, D. L. (1998). *Professional Responsibility: Ethics by the Pervasive Method* (2nd. ed.) : Aspen Publishers.

Rhode, D. L.(2000). *In the Interests of Justice.* New York, NY: Oxford University Press.

Sullivan, W.(2004). *Work and Integrity: The crisis and promise of professionalism in America*(2nd. ed.). San Francisco, CA: Jossey-Bass.

米国における実験的法学教育

ペギー・クーパー・デービス
Peggy Cooper Davis

[略歴]
米ニューヨーク大学ロースクール教授（ローヤリング／法曹倫理）、ローヤリング・プログラム責任者。
専門職業人としての法曹養成の方法論と訓練のあり方の研究を専門とし、「Workways-Overview」と題してHPに公開している（「Workways-Overview」は、http://www.law.nyu.edu/workways/index.html）。

はじめに

　我々の——さらにおそらくは全ての——法制度は、多様に変化する人間や社会のニーズに対応して有意義に変化すること、その一方で不変を維持すること、といった相反する要求に応えなければならない。したがって、米国のロースクールで継続的に実験的法学教育が採用されていることは、法制度におけるこうした厳然たる事実を建設的に受け入れたことの表れであると理解するのが最も適切である。法律学者および実務にあたる法律家は、判例と論理に敬意を払うと同時に人間の複雑さやニーズに応えるべく、耐えず苦闘している。我々は、法律が確実なもので、なおかつ予見可能なものであることを望むが、現実は決してそうではない。確実であることおよび予見可能であることは、我々がそれとは別に望むもの、つまり新しい状況に対する社会的ニーズや正義の主張への敏感な対応と創造的な緊張関係にあるためである。法を作り、用い、そして執行するという行為における重要な部分は、論理の実践である。しかし、それは同時に、問題の解決や正義の行使といった技術の実践でもなくてはならない。こうした技術は、法の規則だけでなく法律実務の経験を学ぶ、社会科学および人文科学の知

識と知的ツールを活用する人たちによって、より良く理解され、より効果的に用いられる。米国における法学教育の歴史を掻い摘んで顧みることにより、我々がこのような信条を持つようになった理由、そしてその信条が教育や学問にいかなる意味を為してきたかを示すものとする。

我々の法律実務訓練制度は、非公式で実験的かつ全体論的な徒弟実習訓練から発展したものである。その後、法学教育は大学にその基盤を置くようになり、それゆえ大学が指導の場であるとともに研究の場ともなった。大学では、その法律訓練において、学生が論文を読みながら法律を学習するという緩やかな制度から、判決書にみられる法的根拠の分析を要求することで学生がより活発に批判的に学習するように導く「事例研究法（ケースメソッド）」へと発展を遂げた。さらに、進化を続ける法体系の整理や批評、および法原則がいかに確立され理解されるべきかについての理論化が行われ、法律研究は盛んなものとなった。

過去 50 年間、米国の法学教育は新しい変革の苦しみの中にあった。その基盤が大学にあることに変わりはないが、学習はやや実験的なものとなっている。同時にロースクールは、概して大学によって完全に統合され、以前に増してその影響下に置かれることとなった。教授や学生は、依然として法律推論の論理に焦点を当てつつ、政治や政策、社会動向、人間の判断における特質などにも関心を向けている。教授は、自身らの学術著書および指導の中で論理学的技法を重要視し続けているが、人文科学や社会科学の調査、分析、臨床メソッドによる論理的推論にも力を入れ、ほとんど全ての学問分野から知識を引き出している。こうした中、我々は法律規則研究の文脈化を行ってきた。また、弁護士や裁判官の職務に対する社会や人間の判断、政策の意図、政治的背景についての取り組みも始めた。この取り組みにより、我々の関心は次第に社会的責任と注意深い相互関係における弁護士や裁判官の義務へと向けられることとなった。

1　徒弟訓練モデル

米国が揺籃期にあった頃、徒弟制というシステムで法律実務の訓練が行

われており、正式なカリキュラムは存在しなかった。この方法は「法の読解」として知られているが、学究的な訓練ではなく、むしろ活動的で実用的なものであった。訓練生は、熟練した実務家の業務を観察、補佐しながら法律を読み、徐々に大きな責任を引き受け、やがて自身で実務を行う権利を獲得した。訓練生は、質的社会科学、文学、または文化的批判哲学といった分野の学者らが専門用語を理解するような方法で法律を読んでいたと言っても差し支えない。こうした分野の学者は、あらゆる人間の活動や産物を文章で説明し、あらゆる文章の研究を解釈として説明する。批判的社会学者は、レストランでの行動を「読む」であろうし、文学理論家は雑誌の表紙のイメージを「読む」であろう。文化人類学者は、闘鶏の様子を「読む」かもしれない。彼らのように、17、18世紀における米国の法律訓練生は、証人尋問、契約書、裁判官に対する陳述書、法律意見書、顧客会議、法廷意見、相対する弁護士との交渉、または法律専門書といった様々な形式の文章から学んだのである。

　18世紀、19世紀の法律家養成訓練として行われた実験的学習は、重要な点において非常に効果的であった。我々は、実際に概念を用いるという経験がその概念自体の理解を深めることを教育理論家の作業から学んだ。また、複雑な学習は協同作業で生じる対話によって容易になるということも学んだ。[1]法律実習を通してこそ、若い法律家たちは複雑な法律実務の概念と過程を深く理解するのだと我々が信じる理由がここにある。さらに、実習訓練において、訓練生が法律実務のあらゆる面に携わっていたことから、法律実務に必要な幅広い技能の取得に役立ったと考えられる。しかし、こうした長所にもかかわらず、この徒弟訓練は、熟練した批判的な学者の業務に統制を持たせるという構造に欠けていた。

　おそらく、これは法律実習が制度化されていないことによるものであった。そこで専門家は、より正式な法学教育制度が必要であると考えるようになった。法律家らは、訓練生の学習や活動に対して仕組みを提供するという対応を行ったが、実習訓練における個々の問題には触れなかった。一方で、公式の米国法学教育の先駆者たちは、あまり実験的でない法律訓練を推進した。訓練生は、実践的な指導者としての技能には劣るが、法律や

法律実務における論考に優れた上級実務家に引き付けられた。これらの著名な上級法律家――おそらく形式化した法律訓練を望み、おそらく規模の利益と経済性に注目していたであろう――により、最初のロースクールが設立され、学生モデルが徒弟訓練モデルに取って代わるようになった。また法学教育は、ロースクールの認定用に発展したシステムによってさらに統制を受けるようになり、さらに学究的なものとなった。学生は、優れた実務家の論文から学術的な法律専門書へと移り、専門家エリートらは、西ヨーロッパの大学を手本とした大学のロースクールに落ち着いた。米国のこうした大学や研究機関では、何よりも文書に焦点が当てられた。確信は無かったにせよ、文書に焦点を当てることが、米国における法律実務のしっかりとした綿密な準備となるであろうと仮定されていたように思われる。

　ロースクールの取った非常に学究的な進路は、避けられないものではなかった。大学を基盤とした医療訓練は、学究的であると同時に常に実験的なものであった。商業や農業の訓練が教育機関で行われるようになった際も、その結果誕生した商業学校や農業大学は、訓練制度にみられる実験的な特性を多く備えていた。米国の最も優れたビジネススクールでは、現在、実験的な問題解決モデルを採用している。しかし、同国における初期のロースクールの創設者らは、十分に訓練を受けた弁護士とは何をおいてもまず文人であるべきだと考えていたようである。事実、初期の米国のエリートロースクールは、旧来の読書クラブのようであった。1870年代以前のハーバードロースクール（Harvard Law School）では、学生は年中図書館で読書に励み、自らが選択した講義に出席した。講義で得られることといっても、学生が一人図書館の快適な環境下で読書し学習することと同程度であったため、出席する必要性に欠けていたのである。学生が使用した、あるいは講師が学生のために読んだり要約したりした教科書は、主に学術論文を引用したものだった。それは、立法府によって法律が公布されたり、あるいはコモンローの裁判官によって事件毎に示される考察を通じて展開される法の要点や概要を学ばせることを目的としていた。彼ら初期の法学部生には、入学の二年後、自己申告による成果に基づいて卒業証書が授与された。

エリート学校における法学教育では、ほとんど文書にのみ焦点が当てられていたと前述したが、学科目が整備されまたは高度に組織化された訳ではなかった。米国の初期のロースクールで行われた学究的な教育は、徒弟訓練制度と同様に必要条件が課せられなかったのである。入学に際しての学問上の要件や必修科目、試験などは存在しなかったし、学生の学習を体系化するようなものもなかった。しかし19世紀の最後の30年間に変化が訪れた。

2　ソクラテス式ロースクール

1870年、後にハーバード大学の学長となり、現在米国の法学教育に革命をもたらしたとして高い評価を受けている、チャールズ・エリオット（Charles Eliot）が、ハーバードロースクール・クリストファー・コロンブス・ラングデル（Harvard Law School Christopher Columbus Langdell）の学部長に任命された。エリオットは、ヨハン・ハインリッヒ ペスタロッチ（Johann Heinrich Pestalozzi）の教育における先駆的業績に多大な影響を受けていた。ペスタロッチメソッド（Pestalozzi Method）は、「教育の目的は、子供に事実を詰め込むことではなく、彼ら自身の能力と才能を開発することにある。つまり、何を学ぶかを示すのではなくどのように学ぶかを示してやるのである」という信念に基づいており、彼は一貫してこのメソッドをハーバードに導入しようと模索した。学長になる以前、彼は、ハーバード大学化学部（Harvard Chemistry Department）において学生に研究室での実験を行わせるという改革を行っている。さらにその後、マサチューセッツ工科大学（M. I. T.）で研究室科学を構想し、教鞭を執った。1896年には、自身の教育メソッドについて「新しい教育――その構成」(*The New Education: It's Organization*)という二部構成の論文を発表している。この論文で、彼は講義形式と機械的な暗記学習を否定し、学生が帰納的推論から学習するような、学生と教師の協力的な相互交流に賛同している。彼はまた、より厳格な受け入れ方針と卒業研究での学位要件を支持した。

ラングデル（Langdell）が教育理論に独自の知識を有していたことは知

られていないが、彼の所属する大学の学長であり、旧来の友人でもあったチャールズ・エリオットの見解に追随していたようである。ラングデルは、ロースクールの入学基準を作成し、試験および必修科目制度を導入した。しかし、彼の改革で最も重要であったのは、「事例研究法（ケースメソッド）」による法律研究であった。事例研究法は、徒弟訓練制度よりも学究的であったが、読書クラブモデルよりも活動的で実務的であった。受動的に情報を受け取るよりも、能動的に問題を解決することのほうが学ぶことは多いとエリオットが主張したように、ラングデルは法学生たちを活動的な学習者へと変えることに着手した。彼は、関連のある訴訟について公表されている一連の法廷意見を集め学生に配布し、各授業に備えさせた。そして、自身の授業を講義形式から、後にソクラテスメソッドして知られるようになる形式へと変えた。学生は座って単調な講義を聞くのをやめ、教室で展開されるドラマの活動的な役者となった。「ハーバードロースクール百年史」(The Centennial History of the Harvard Law School) は、ラングデルによる新しい授業の初回の数分について、このように記述している。

> **ラングデル**：「フォックス（Fox）君、ペインとケーブ（Payne v. Cave）の訴訟について説明してくれますか。」
> フォックスは、その訴訟について最善を尽くして説明した。
> **ラングデル**：「ロウル（Rawle）君、原告の主張を述べてくれますか。」
> ロウルは、原告の主張についてできる限りの説明を行った。
> **ラングデル**：「アダムス（Adams）君、君はこれに賛成しますか。」

ラングデルの生徒らは、法廷意見を一般に認められた知識として受け入れる代わりに、法廷で係争点についての裁判官の考えを左右する両側の弁護士の主張を再現し、それに改良を加えるという作業を行った。学生には、判決の下る背景を想像し理解すること、そして判決に至らせる原動力を再現することが求められた。判例と先例拘束原則の制約の下、双方でどのような議論がされうるだろうか。彼らはどのように受け取り、どのように答えただろうか。こうした問いは、実際の法律問題に関与することで勢いづ

き懸命になったかつての法律訓練生と同様、学生に活気を与え関心を持たせる可能性を秘めていた。明らかに、これは単に答えを受容すれば良いという問題ではなく、熟考し議論されるべき問いであった。このような問いかけは、実際の問題と課題を明らかにし、学生に対して単に答えを理解するのではなく実演することへと導いたのである。その結果、問題を解決するべく活発な議論が展開され、教室は専門家と初心者が知識を高めるための対話の場となった。

これら全ての点において、ラングデル式システムは、ペスタロッチが先駆け、ハインリッヒ・フレーベル（Heinrich Froebel）、エドワード・セガン（Edward Seguin）およびマリア・モンテソーリ（Maria Montessori）[6]がヨーロッパの初等教育や障害を有する子供の補習教育用として発展させ、エリオットが米国の大学に採用した教育理論を体現しているのである。エリオットは、1920年のハーバードローレビュー（Harvard Law Review）に、ラングデルの改革を賞賛して次のように記している。

　　ラングデル教授は、フレーベルやペスタロッチ、セガン、モンテソーリの教育理論や実践法を心得ていた訳ではないように思う。しかし彼の教育メソッドは、先人が子供や障害者向けに開発した方法を、知性を持ち、よく訓練された成人に適用したものである。彼は、与えた課題に対し、学生が自身の心を論理的に用いること、そして彼ら自身の推論や結論を教室で直接述べさせることを試みた。初めにある手本を示し次に豊富な機会を与えて学生の思考に働きかけることによって、彼らを的確な推論と説明に導いた。思考を活発に働かせることで、第1に知力を高め、第2に獲得した情報や知識をしっかりと自分のものにすることができたのである。これは、学生一人一人から充溢した思考的活発性を引き出すという力強い教育の一例であった。近年、米国の小、中学校では、この教育法を大規模に採用し始めており、受動的ではなく極めて能動的に行動すること、本や教師から吸収するのではなく絶えず自ら発信することを指導している[7]。

ラングデルによるソクラテス式メソッドの詳細は、依然として幾分謎

に包まれている。ラングデルには、生徒とのやり取りの完全な例を記録した弟子のプラトンのような存在がいなかった。したがって、フォックスが訴訟の概要を説明し、ロウルが原告の主張を述べ、アダムスがロウルに応えた後のことを知る術はない。批判的な思考を呼び起こすため、ラングデルがソクラテスのような質問を行ったことは知られているが、批判的な思考とはどのようなものか。そしてどのような目的があったのだろうか。法の本質におけるラングデル自身の見解から、彼は生徒を一定不変の分かりやすい知識へ導こうと試みたようである。この点において彼はソクラテスのようであった。ソクラテスもまた一定不変の知識を捜し求めたからである。彼のメソッドにおいて生徒らは、一哲学者として不変であるかもしれないが常に捉え所の無い真理の探求をしなければならなかった。ソクラテスにとっては、思慮に富んだ真理の探求こそが豊かな人生に不可欠であったが、真理を見つけたという主張は常に疑わしかった。一方ラングデルにとっては、思慮に富んだ法律真理の探求こそが優れた法律実務に不可欠であり、真理を見つけたという生徒の主張は絶えず検証されるべきものであった。

ラングデルのメソッドに対する最初の反応を見ると、ソクラテスと同様、彼が少しの間生徒を混乱に陥れようとしていたのではないかと考えることができる。彼の意図は、後に米国の法律学者や教育者が論じているように、法律の疑問に対する答えは不確定であり組み立てられていくものであると示唆することではなく、推論の複雑さを知る健全な感覚を生徒に持たせることにあったのではないかと思われる。彼自身の気質によるものなのか、または科学者としての彼の師であるエリオットの影響によるものなのか、ラングデルは、法律は、哲学よりも幾何学——首尾一貫して確実に事実に適用される原理から成る科学——に近いと考えた。彼は、彼の契約法のケースブックの序章に次のように記している。

法を科学として捉えた場合、それは確かな原則や原理から構成されて

いる。極めて錯綜した人間の営みに対して首尾一貫して確実に法を適用することができるよう、これらの原則や原理に精通することは、真の法律家に欠かせない要素である。それゆえ、それらに精通することこそ、熱心な全法学生の本分であるに違いない。

　ラングデルは、法を科学と信じ、法を科学として学ばなければならないと論じた。自然科学の学生は実世界の現象から自然法則を導きだし、さらにこれらの法則を用いて、実世界で生じる事物の動向について予測した。ラングデルは、法学生も同様に、事件から帰納的に推論することで法の原理を導きだし、この原理を演繹的に新たな事象や仮説的な事実に適用しなければならないと主張した。したがって、ラングデルとフォックスやロウルとのやり取りは、次のように続いたのではないかと想像することができる。フォックスが訴訟内容を説明した後、ロウルが原告の主張を述べ、アダムスが同意または不同意を表明した。その後ロウルに対して、自分の主張を破綻させるような質問が矢つぎばやに浴びせられたに違いない。そしてアダムスは、正しい結果の洞察に至るまで判例の再考を重ねるように指導された。そして、正しい裁断が下されている訴訟では裁判所に対する支持を、そうでなければ裁判所が誤っている旨を述べたのであろう。

　一方でラングデルは優れた学者でもあった。法が科学であろうとなかろうと、法には確実性をもって解決することのできない、少なくともできなかった困難な問題があることも認識していた。したがって、ロウルとアダムスが正しい結果についての確信の甘さを自覚し、共に真理を探求するソクラテス哲学へ加わる用意ができるまで、彼は無情にも異議を唱え続けたのかもしれない。さらには、ソクラテス式問答の範疇を超え、教育理論家が（哲学者の言葉を借りて）真の問いと呼んだ、質問者でさえ決まった答えを知らない問いに授業の一部を当てることさえあったであろう。原告の主張をどう考えるかとアダムスが質問したとき、ラングデルには、罠を仕掛けようとするつもりはなく、アダムスの考えを見出し議論しようとする意図があったのであろう。ラングデルが質問と解答またはその両方を行ったかどうかを知る資料はない。しかし、新しいラングデル式メソッドに対

する学生の反応から、彼がその指導に幾らか哲学者の不確実性に対する寛容さを取り入れたことが分かる。

　ラングデルのメソッドに対する最初の反応は、不安と批判であった。学生は、公共の場で初歩的な意見を述べられられることを不快に感じた。彼らは、講義のほうがよく学べたと不満を述べた。さらには、ラングデルが講義を止めた理由は、彼が無知で話すことが無いからだとさえ漏らした。授業に出席する学生は、すぐに7、8人となった。続く3年間出席者が減少する一方であったにもかかわらず、ラングデルはあくまでやり通した。彼は、講義や学術論文から集めた資料を暗記するよりも、法の本来の源を分析、推論することを学ぶほうが法学生にとって価値があると確信していたのである。そして、いつしか出席状況が好転し始めた。ラングデルプログラムの卒業生らは、自ら実務訓練を十分に受けていることを証明し、良い仕事に就くことができた。40年を少し過ぎた頃、ラングデル式教育の正当性が立証された。1914年、カーネギー財団は、米国における法学教育についての報告書作成に取り掛かった。その委託を受けた報告書の著者であるヨセフ・レートリヒ（Josef Redlich）は、ソクラテスメソッドの成功を断言した。ただし、ラングデルが、授業の最初に行う質疑応答の場、教科書、辞書、および百科辞典の紙面などで、ソクラテス的思考を補足することの重要性を主張することに関しては、控えめな称賛にとどめた。レートリヒの曖昧な態度にもかかわらず、ソクラテス式ケースメソッドは、全米のロースクールで基本的な教育モデルとなった。とはいえ、ラングデル式教育方法が内包するものが明確に理解されていた訳でも、手放しで賛同されていた訳でもなかった。自身の方法をソクラテス的であると説明している教授は、その著書や講義や質疑応答形式の授業において、皮肉的であったりなかったり、命令的であったり開放的であったり、尋問的であったり質問的であったり、読書や講義や質疑応答のセッションを設けて、ソクラテス的思考を補足したりしなかったりしたため、生徒らに解釈として最良の予測を与えることもあれば、厄介な「答え」を与えることもあったのである。しかし少なくとも1世紀の間、ロースクールでは、対話的手法が初歩実務家の訓練法として定着していたと言える。

3 現実主義者の批判

　法律現実主義という名前は、主に1910年代から1940年代に活躍した米国のある法律学者グループに与えられたもので、その知的立場として以下の2つの基本的見識での分析を基盤とした。法の疑問に対する答えは不動の論理によって一定している訳ではなく不確実なものである。弁護士、裁判官、法律学者らは、権威ある法律文書（主に法廷意見、および立法または行政機関が制定したもの）の枠を超え、法の疑問に対する答えがどのように構築され、解釈され、議論されるのかを調べるべきである。

　法律現実主義者の活動は、米国における法律研究と法学教育の両方に影響を与えた。現実主義者は、弁護士や裁判官が一様に、先例がなく、制定法の条文やこれまでの裁判所の判決には定義されていない状況に直面していることに着目した。彼らは、学者、弁護士、裁判官らに対して法の疑問についての確かな答えを探すことを止め、不可避な不確実性に取り組むための理に適った方法を見つけるべきであると論じた。ロスコー・パウンド（Roscoe Pound）（現実主義を過激と考えその立場を異にすることを公言していたにもかかわらず、社会法律学を支持したことから現実主義者の一人として認識されている）が米国法の初期時代と表現し、現実主義者を自認するカール・ルウェリン（Karl Llewellyn）が米国法の古典時代として説明した不確実な法の世界において、現実主義者は、理に適った方法モデルを発見した。現実主義者は、おおよそトーマス・ジェファーソン（Thomas Jefferson）が大統領であった時代からクリストファー・コロンブス・ラングデルがハーバードロースクールの学部長に就任する頃まで、権威ある判例と制定法により判決に統制が取れていたこと、しかし同時に、判決は、あらかじめ定められた「正しい」答えを導き出すものではなく、判断を下すものであると論じた。米国コモンローの形成初期、そしてその後訪れる法教育および法思想におけるラングデル主導の時代までの過渡期といった両時期において裁判官が受け入れ、訴訟者が求めたものは、先例に対する尊重に加えて、ルウェリンが「状況感覚」と呼んだ、本来の職務と正義感の双方に忠実でありながら法をいかに適用、形成させるかについての専門

家として高度な感覚を兼ね備える必要性であった。現実主義者は、ラングデルのソクラテス式教育メソッドにおける進歩的で力を与える特質ではなく、彼の学識における科学主義に大きく焦点を当てた。というのも、何人かの現実主義者らは彼のハーバードにおける学部長の座を古典期の終わりを告げる印としてみなしていたからである。ポストラングデル派の世界で、現実主義者は、法律専門家が法の疑問に対して権威ある文書や明確な根拠から帰結できるたった一つの答えがあるという幻想に執着していると批判した。なぜなら現実主義者は、もし実際に合意があったとするならば、その明らかに正しい答えに権威ある文書や論理が屈しただろうといった単純明快な判例があることを認識していた。さらに、論理から帰結できるただ一つの正しい答えという幻想は、先例や伝統に基づかない判決に対して、有効で機能的な防護策として用いられることがあったことも認識していた。しかし法律家や立法者らはその幻想にあまりに執着し過ぎたため、問題の新しさや複雑さを認識せずに確立された規則に、新たに明らかになった事実を適応させるという不合理な状態へと自らを追い込んだのである。さらに現実主義者が主張するところによれば、自身の論理的一貫性および不変なる法の原理の同定と追究のため、上告審の意見の分析にばかり注目したポストラングデル派の学者により、不変な正しい答えという幻想への過度な傾倒はさらに助長されることとなった。

　現実主義者の見解では、不変の原理と上告審の意見の論理に対する学術的妄想は、少なくとも５つの理由により間違っていたとされた。第１に、論理的一貫性の見地からの分析は必要ではあるが、悲惨なほど不適切である。訴訟当事者の一方が軽率に訴訟を起こしたのでない限り、また訴訟が法の問題を無視して事実の問題にのみ触れるものでない限り、その訴訟が掲げた法的疑問の少なくとも幾つかのもっともらしい答えとの間に矛盾が生じるであろう。第２に、法の「事実」を発掘するため法廷意見を分析することは幼稚である。米国の法律は宗教ではない。その解釈は予言されたものではなく、築き上げられてきたものである。第３に、法廷意見を法律研究の最重要項目とすることが当然のこととされているが、これは実務世界から遠ざかった高慢な法律理論家の誤った戦略である。法廷意見を読

んだだけでは、実務の複雑さや言葉や論理を超えて司法判断を左右する要因を完全に解明することはできない。つまり、裁定者の良心的判断がいかに法的決定を左右するかについては、決して明らかにすることができないのである。尚、個人の良心的判断は、各人の利害、影響力、個人的または専門家としての背景によって異なる。また、法律家と当事者が自身の申立てについて仮定し、その後実際に訴訟を起こす際、彼らが取る選択の重要性とその影響も明らかにされない。第4に、ニューディール政策（New Deal）の際、社会および市場の動向へ影響を与えるものとして、判例法を越える規定作りが立法機関や取締機関によって始められたが、上告審の意見への妄想は、法律学者にこれらの規定作りを軽視させることにつながった。最後に、上告審の意見に固執することで、法律家が訴訟よりもはるかに時間を費やしている相談、計画、調査、および調停といった業務を法律学者が無視する原因となった。こうした業務は法の影で発生し、裁判官が何をして今後何をしようとしているかによって大きく影響されるが、法廷意見からだけでは、業務とその社会的意味を理解することは不可能である。

　現実主義者が法律専門家に求めることは、難解な法の論点に対する正しい答えは、空中や洞窟の壁に映った影の裏側にあるといった幼稚な幻想を捨て去り、法的意思決定における適切または不適切な影響の多様性を認識し、十分に予測可能で社会的に有用なやり方で法の解釈や適用に努めることであった。

　しかし、この処方箋は理解しにくいものであった。文書や論拠や客観性についてはどうなるのであろうか。法律専門家が、彼らの決定の背後に隠れた要因をどのようにして理解するのか。自身の偏向やしばしば貧しい知識に基づく判断以外に、法律専門家は、解釈の疑問に対する社会的に有益な解決策をどこで探せば良いのであろうか。こうした疑問に対する現実主義者の答えは、法的な思考には学際的な見方が必要であるというものであった。裁判心理学、社会科学を基盤とした政策選択、また法律実務における社会力学といった、これら全てが学習すべき課題である。文書や論理は依然として法律推論の礎石であり続けているが、法学、法律実務、および法理学も同様に、自然科学や人文科学、社会科学、数理科学の最も優れ

た考えによって新たな形が形成されていくであろう。ミシェル・フーコー（Michel Foucault）が社会科学や人文科学の学者に、専門実務を行うにあたっての社会的、政治的、科学的思考の重要性を訴える50年以上前、法律現実主義者は、多分野にまたがる思考が法律実務に適用される際の影響を認識、認知、批評、さらには管理する試みを開始した。その結果、法律学者は、自ずと拡大する様々な学問分野の影響を受けることとなった。

現実主義者の批判は、20世紀の最初の25年間に発展を遂げた法律学問のみならず、ラングデル式法学教育へも及んだ。法律が複雑化、多様化し伝統的な方法で学ぶことが難しくなった場合、ラングデルの科学的メソッドで教えることもまた複雑化、多様化し困難になってしまうのである。ラングデル派と同様に現実主義者もまた、法律問題の処理には法律文書の言葉を解析する際の精度と三段論法的に推論する巧妙さが不可欠であることを理解していた。しかし彼らは、これらを法律分析全体としてではなく、過程の一部と捉えていた。そして、これまで軽視されてきた法律実務や意思決定の別の側面を法学教育に取り入れる必要を主張した。

法学教育をいかに変えていくべきかについて、現実主義者らが意見を共にしていたとは思わないが、現実主義運動の大家、ジェローム・フランク（Jerome Frank）の考えは有益である。多くの現実主義者と異なり、フランクは、ロースクールの教育課程について自身の意見を詳細に述べる機会を得た。1932年かそれより少し前のことであるが、シカゴ大学ロースクールの校友会諮問委員会（The Alumni Advisory Board of the University of Chicago's law school）より新しい教育課程案作成の依頼を受けたのである。フランクの報告書は、校友会諮問委員会に提出されただけでなく、法律評論誌にも掲載された。それほど注目を集めなかったにせよ法曹界全体で広く議論された。

この報告書は、クリストファー・コロンブス・ラングデルおよび彼のソクラテスメソッドへ対する非常に激しい個人非難から始まっている。フランクは、ラングデルを法律実務について甚だしく無知なだけでなく、対人関係についても無知で他人と関わることを非常に苦手とする、ほとんど病的に孤立した人物であると表現した。フランクによれば、「いわゆるケー

スシステムとは、引退して隠遁生活を送る学究的人物の風変わりな性格の表れ」であり、ロースクールが排他的に文献にのみ関心を寄せるようになったのは「ラングデルの特異な性質の賜物」であったという。フランクは、大学を基盤とした訓練および学生に法律原理の基礎知識を与えることの重要性、「弁証法的技術」を獲得するための制限付きケーススタディの必要性を認識した。「弁証法的技術」は、フランクが有効であると考えたものであるが、簡単な記述にとどまっている。さらに彼は、現実主義の信念に従って、学生に「法と日常生活に生じる現象の相互関係」を教えることのできる社会学者、および法律推論をより広く深く理解する論理学者や心理学者による法学生の教育を唱道した。しかし彼は、上告審の意見に述べられているような法律に関する議論に学生を熱中させるラングデルの方法に対しては、好意的評価をすることも、容認することさえもしなかったようである。ラングデル派の教師は、重要な論点に関する有意義な意見を集めて読者にそこから教義や教義に対する議論を抽出させるケースブックを支持し、公の意見から専門家が選りすぐったものとして法を解説した法律論文を教えなかった。学生は、これらの判例集に集められた上告審の意見を読み熟考することで、ソクラテスメソッドの授業に備えた。フランクは、教科書や講義で法律概念をより率直に扱うように提案した。この点において彼は、事実上、大学を基盤とした法律訓練の初期モデルに特徴づけられるような論文や講義の形式へ戻すことに賛成していたようである。しかしフランクは、さらにもっと直接的な法律概念の指導方法を提案した。というのも、この方法であれば学際的な研究や学習にも十分な時間を割くことができて効率的であると考えたからである。その方法とは、かつての徒弟訓練モデルを用いた訓練であった。

　フランクは、上告審の意見から法律と法律実務について学習する学生を、「花を摘むことしか学んでいない園芸家の卵」のようであり、法律の根やその発育について無知であると表現している。上告審の意見は訴訟のケースではなく判例の事後理由付けであり、結局、ラングデル派の方法は事例研修法ではなかったというのがフランクの見解である。訴訟を理解するために、学生には「訴訟の完全な記録――最初の書類を提出することから始

まり、予審法廷での審理、上級法廷までの流れ、上級法廷での審理まで」の研究、そして実際の法廷手続の観察が必要であった。しかし、訴訟記録の研究と審理の観察だけでは十分でなかった。フランクは、実務肌の解説者らの見解を真似て、法学生には徒弟訓練モデルの最も優れた点を用いた臨床的な経験が必要であると論じた。学生は、実際の訴訟について学ぶため、実務に優れた教授の監督下で働く必要があった。言い換えれば、彼らにはラングデル式のロースクールでなく、「法律家学校」が必要だったのである。

　ラングデル派の科学主義は窮地に立たされていた。法律の研究と実務は、三段論法的推論の原理においてだけではなく、気の遠くなるような範囲の科学的、実際的な知識にまで基盤を置く必要があった。法律実務は、分析的かつ解釈的、文化先導的、判断的、戦略的、修辞的なものとして見られるようになった。従って、法律を理解し有効に使用するため、規則の論理に対してだけでなく、その両義性、背景、社会的機能、適合性、要求に対しても敏活であることが求められた。さらには、人間の相互作用への対応にも熟練していることが求められた。人々の相互関係にも、様々な規則が存在し適用されているのである。いかなる種類の法律実務――顧客へのサービス、公共の利益に関するもの、学究的な批判の解釈など――を行うにせよ、新たな学習方法が求められていた。それは、人文科学と社会科学を取り入れた学習、個人や社会、政治的機能の批判的な分析を取り入れた学習、さらには狭い世界から抜け出して荒々しく混乱した実務世界へと向かう学習であった。

4　ポスト現実主義者の法学教育

　米国の法学教育は、大幅に現実主義へと転向することはなかった。形式主義者は、今日まで一貫して法律の結果は不確定であるという主張を退け、法の問題という点から全ての訴訟に正しい答えと誤った答えがあり、法律を解釈する法律家や裁判官には、純粋理性に照らして、その答えを権威ある原典にだけ求める義務があると主張し続けてきたのである。

しかし法学教育では、訴訟における不確定性は、少なくとも一部の訴訟においてほとんど普遍なものと認識されている。現実主義者は、法的処理の批判的かつ文脈的な分析を求めた。その結果は広く注目を集め、実験的で総体的な法律研究への取り組みが広く採用されることとなったのである。

5　研究

　ポスト現実主義者の法律研究を定義付けるキーワードは、学際性である。規則固有の両義性に関する法律研究者の見解に限らず、他の学問を用いた法律研究の価値がますます重要視されるようになっている。現実主義者が、曖昧な憲法規定の核となる目的を見出すために歴史を利用しているのと同様に、形式主義者もまた、不確定性を主張することが米国の法律の伝統に明らかに違反しているとの議論に歴史を利用している。現実主義者が、市民共和主義者の政策理論の中に綿密で率直に解釈の審理を行うことへの正当化を見出したのと同様に、形式主義者も、政治科学者の公共選択理論の中に権威ある原典の意味に逐語的に固執することへの正当化を見出している。さらに興味深いことに、現実主義者は、公共選択理論を用いてより広い解釈の余地があることを正当化し、形式主義者は、市民共和主義理論が原点主義に一致すると論じているのである。一方で、以下の点においてはおそらく両者は意見を同じにするであろう。事実の発掘は人文科学の英知に基づいているため、事実は様々に記憶され理解されうるということ。法律実務には様々な側面があるため、他の学問分野や専門家から方法を導く必要があるということ。文献は法律の真の道を照らすことができうるものであること。

　現実主義者のいう学際的なロースクールの要求にはしばしば議論の余地があったものの、法律研究に実質的な効果をもたらし（現在でもその効果を確認することができる）、学者らがどのように法学教育の初心者に法律訓練を行うかについても重大な影響を与えた。学際的法律研究への移行は、経済学、心理学、政治学、社会学および犯罪学などの様々な学問のレンズ

を通して法的課題を見るという、「法律と何々」という研究の展開が最も分かりやすく直接的であった。そのうち、全く別の学際的法律研究が現れ始めた。他の学問のレンズを通して法律問題を見る代わりに（あるいはそれに追加して）、法律や「法律と何々」の研究者らは、さまざまな学問から淘汰された法律批評法の研究に、そして学問間の作業から学際的な作業へと進化した作業へと適合し始めた。ポスト現実主義法律研究者の第1世代は、法的課題を理解するための源として1つの学問分野から文献を取り入れたのに対し、第二世代では、様々な学問から理論的構成概念を取り入れ、そこから法的課題分析のツールを作り出すという、わずかではあるが確実な進歩を遂げた。不正行為に対する規制の経済効果に関する研究を生み出す代わりに（あるいはそれに追加して）、法律学者と経済学者（および裁判官）は、経済的な影響を予測するという観点から法律規則のテストを始めた。小説と法律における社会と人間のジレンマの扱い方を比較する代わりに、法律学者と文学者は、かつて文学団体と裁判官が法律論争を繰り広げたという観点から法律論争を理解し始めた。法律学者が文芸批評、言語学、哲学、政治理論、心理学および精神分析学における理論や方法を利用することで、法律文書に見られる力の行使やイデオロギーの表現を明らかにし批評するといった批判的な法律研究運動が現れた。集団に焦点を当てた法律学者――批判的民族研究、男女同権主義法律研究、同性愛法律研究および貧困法の分野を研究する――は、法律のプロセスが人種、ジェンダー、性、階級のイデオロギーによって動かされ、下層グループやそこに属するしばしば異質な人々の関心や視点については無視あるいは沈黙させてきたことを論じた。

6 教授法

　臨床的法律家学校というジェローム・フランク（Jerome Frank）の現実主義的提案は、完全なる独自案という訳ではなかった。ラングデルの時代、ハーバードやその他のロースクールでは、公共サービスの提供と合わせて実践的な教育経験を得るという目的で、学生自ら有志の法律相談所を

組織していた[8]。実務弁護士は、ロースクールの教育課程があまりに講義とソクラテス的対話に依存し、上訴裁判所の推論の論理に固執していることに違和感を覚え、より活発かつ知的で多様な技術訓練と公共実務における責任を共に学ぶことの重要性を認識した。州および国家で各々組織化された法曹界は、1917年頃より——現在に至るまで——、臨床的法学教育が、学生にその参加の意思を委ねる特別カリキュラムとしてではなく、ロースクールの全学生の訓練に不可欠であるとの主張を始めた。

　こうした改革はゆっくりではあったが着実に行われた。1950年代の終わり頃までに、35のロースクールが何らかの臨床プログラムを整えているとの報告をしたが、それらの多くは教授の監督を受けない学外研修であった。法学教育では、臨床教育がどのような役目を果たすべきかについて、未だ明確な展望を得られずにいたのである。1960年代、実践主義者、学生有志の社会団体、拡大しつつある臨床教師組織、公的組織や財団セクターからの財政支援組織らが、ロースクールの臨床センターを軌道に乗せるべく協力し、ついにそれが成し遂げられた。以前の有志法律相談所と同様に、これらのセンターでは弁護士を雇うことができない顧客にサービスを提供した。そのため、単に実務経験を望む学生だけでなく、公共サービスに興味を持つ学生に人気があった。1960年代に入る少し前、臨床センターで指導を行う法律家の多くはロースクールの教授でなく、センターでの活動にも履修単位が与えられないことが多かった。60年代の臨床教育ニーズの高まりに合わせて、ロースクールでは、臨床教師の採用を開始し、学生の臨床実務に対して履修単位を与えるようになった。臨床教授らはそのうちに、他の教授と同等またはそれに匹敵する給与、終身的地位および投票権を手に入れた。ついには、全米法曹協会（American Bar Association）がロースクール認定要件として臨床科目の設置を必須事項としたのである（ただし臨床プログラムが全学生を受け入れられるだけの規模は必要とされなかった）。1970年代および1980年代の臨床家は、臨床実習を慈善行為の真似事ではなく（あるいはそれに加えて）、真の法学教育とするべく手間や時間を割いた。さらには、徒弟訓練モデルを整備するため、並外れた知性とエネルギーを費やした。慈善的モデルでは、実習

生が代理を努めることでその顧客に過誤の被害が及ぶ危険性があったため、監督が必須であった。臨床教育モデルでは、批判的な思考と専門的習熟を高めるという意味から臨床教育に重大な注意が払われ始めたため、監督も教育戦略と一環となった。

　1960年代に登場し1970年代から1980年代に成熟期を迎えた臨床センターをロースクールの公共サービスに対する献身の表れとして見た場合、それは成功だったといえよう。もちろんセンターだけでは、法的サービスの提供を受けられない人々の巨大な要求全てを満たしうることはできなかった。さらに、多くの臨床家が望んだような社会に適応してセンターが柔軟な変化を遂げるということもなかった。臨床教授は、そのほとんどが公共の福祉を追求する法律家の出身であり、彼らの多くは、臨床教育が法律家に与えられた責務への動機付けとなることを望んだ。その責務とは、法律の改革を成し遂げること、そしてより多くの人が法的サービスを受けられるようにすることであった。しかし、多様で複雑な参加動機を有する学生の多くには、センターでの実習を通して社会に合わせて変化するという考え方を育ませることはできなかった。それでもロースクールの臨床センターは、定期的に出来うる限りの有能かつ良心的な代理サービスを提供し続けた。時に法的サービスの提供において非常に実践的なモデルを作り出したり、ろくな弁護を受けられずにいた顧客の代理を希望する学生に対して非常に専門的で徹底した訓練を与えたり、しばしば彼らが直接サービスを提供する顧客以外にも影響を与える深刻な訴訟に関わったりしたのである。

　しかし、実務家不足の救済措置として法学教育を見た場合、現実主義者、あるいは法学教育者は、臨床教育が学生に十分に行き渡っていない点、全ロースクールのその他のカリキュラムと十分に統合されていない点など、臨床的法学教育の改革は不完全であったと考えた。依然として多くの伝統的な法学教育において賛否両論を呼んでおり、他の形式の法学教育よりもはるかに経費がかかる臨床プログラムが、わずかな学生を受け入れる以上に拡大することは決してなかった。臨床教授の研究により、実務作業に対する概念的な基礎教育の重要性が明らかにされたが、この基礎教育を全法

学生が受けることはなかった。臨床以外の科目では、政策、そして訴訟や立法の構造がますます注目されるようになった。訴訟や立法の構造を知ることで、政策がどのように法律へと姿を変えるのか理解することができたからである。これらの科目は、通常、法律の実体についての論点やその進化した内容（不法行為、契約、所有権など）を教えることを目的としていたため、法律実務の方法論を教えるゆとりは少しもなかった。その結果、あまりにも突然にラングデル式授業から臨床センターへの移行がおこなわれ、あまりにも突然に学生は顧客の権利や福祉に対して責任を負うことになったのである。直接的に顧客の権利や福祉に対して責任を負う前に、学生には幾らかでも実務についての基盤概念を理解する必要があった。臨床的科目と「純粋学問的」科目が別々に教えられ、各々異なる進路をとってきた世界では、プロセスと教義との関係が理解されなかった。

メソッド訓練の幅を広げるため、臨床実務の基盤を築くため、そしてメソッド、過程、および規則の構築の間にある関連性を解明するため、ロースクールは実験的法律実務教育へと移行した。これらの教育では、一般に第一学年の教育課程において、学生は模擬的な実務課題を通して法律を学ぶ。彼らは、法律を調べ解釈し、事実を調べ法律の範疇でそれを解釈する。彼らは、公式な内容でも非公式な内容でも、書面または口頭での弁護に対する根拠として法律を使用する。そして彼らは、協力的状況（交渉と和解のような）においても係争状況（調停や訴訟のような）においても、代言者として法律の解釈を論じる。

法律実務と臨床の教授が、非常に生産的であることが明らかになったある挑戦に真っ向から取り組んだ。学生と専門家の共同実務研究においてしぶしぶ教師の役を引受けた際、彼らは、臨床的法学教育の長所について現実主義者や実践主義者がその著書で述べていたある点に強い力を感じた。ラングデル式訓練を受けた学生は、大抵、法廷意見から法律規則を抽出することに長けていた。そして、さらに高度な訓練を受けた学生は、法律規則の別の解釈について論じることにも長けていた。しかし、これらの技能を使用するのは、弁護士が顧客から依頼を受けた際に行う業務の３割程度であろう。彼らは、残りの７割の業務を行うための何の準備も知的ツール

も有していなかった。さらに悪いことには、少なくとも法律学校にいる間、知的ツールをまったく発達させてこなかったのである。相談、事実解明、問題設定、問題解決、戦略的計画、弁護、交渉、和解といった様々な法律業務が軽視され、単に実験的に教えられなかったというわけではない。結局、何も教えられなかったのである。こうした内容は、堅い研究出版物でも全く触れられず、理論化もされなかった。法律教授は、それらを語る言葉もそれらについて学生の考えを構造化するための言葉も持たなかった。この問題の重大さは、どのように顧客の話を聞き、その問題を設定し、関連事実を調査および発掘し、顧客の状況にどの法律規則を適用するかを決定し、それを満たすための目標と戦略を設定し、証人や味方、相手方当事者およびその代理人、裁定者との関係をどのように取扱うかについて構造的な考え方のできない学生を前に明白であった。「私を見て、私のする通りにしなさい」というだけでは不十分であったし、「私の言う通りにしなさい」というだけでも不十分であった。臨床学者ロバート・コンドリン（Robert Condlin）が1981年に記したように、臨床教育は、教義上の分析と解釈の両方に取り組んだ「法律実務の明確な理論」と「法律実務を構成する人間相互間の過程における心理学、政治学、哲学」の上に構築されるべきである。[9] もはや信用を失ったその場しのぎの徒弟訓練モデルから系統的な実践教育を行う臨床モデルへの移行を熱望する臨床法律教授は、軽視されてきた知識と理論の巨大な穴を埋めなければならなかった。試行錯誤の末に完成し、実務専門家がその熟達した直感（何らかの意図で判断されたのだとしたら）によって系統立った最良のモデルであると判断したモデルを実践することで、ある程度の穴を埋めることはできた。しかし、さらに専門技術における不明瞭な要素を立証するため、他の学問分野のツールを取り入れつつ、質的および量的研究の形式の新たな法律調査や研究が必要だった。また、同様の或いは類似した問題が理論化され研究されている他の学問分野に頼る必要があった。

　臨床および法律実務の研究者らは、法律がどのように進化しどのように適用されるかについての価値ある発展的な学問体系を生み出しつつ、率先して実験的法律研究に概念基盤を構築しようと努力した。この取り組みに

は、他の学問分野の学者や他の法律学者らも加わった。参加した法律学者はみな臨床教師ではなかったが、一部はポストラングデル派の法律研究学校の経験から、その他は自身の実務経験や法律過程の分析を通して、一般に用いられている法律を取り上げない限り、包括的な法律研究であるとは言えないということを悟っていた。私が法律実務理論研究と題したこの取り組みは、その展開の初期において、研究者の実務経験や彼らの学生の臨床経験に対して多くの注意深い批判的な考えを有することを特徴とした。その目的が、学生が従事する法律実務活動の範囲について理解し理論化することであったため、研究所のように臨床センターの教師と学生の実務経験を用いることは非常に理に適っていた。法律実務理論の学者は、すぐに他の学問分野から理論や知識を学び始め、法律実務の過程と結果の解明に役立てた。そしてその理論や知識を自らの研究に取り入れた。それらの幾つかは、面談、相談、交渉、弁護といった特定のプロセスに効果的に体系化された。この取り組みが最も功を奏した点は、他の学問分野の類似研究を流用することでその質を高めることができたことである。例えば交渉の研究において、法律学者は、社会心理学者やゲーム理論家から学び、また共同で研究した。修辞学や弁護の研究では、心理学者や古典学者から学び、証拠の提出に陪審員がどのような反応をするかの研究では、社会学者や物語論者、決定理論家から学び、そして共同で研究した。法律実務理論研究の他の団体は、過程よりも実務に焦点を当てた。面談や口頭弁論についての作業を体系化する代わりに、これら学者は、弁護士が用いる特徴付けや分類化、プロット構造、例え話、アンカー的技能、ボディランゲージの制御といったものについての作業を体系化したのであろう。そしてそのうち、法律実務における振る舞いやその影響の分析は、より民族誌学的で量的、構造的となり、挿話的なものではなくなった。

　臨床と法律実務の理論研究もまた、実験的指導と学習について有効な作業体系を生み出した。臨床または模擬の実務事例を資料として用いた研究者は、同時にその実務や指導に注目することが可能であったため、時として作業体系が生まれたのである。また、実験的指導が、法律教授法の1つとして展開し、より大きな法律学術団体から理解と敬意を得る必要があっ

たことから、新たな体系を生みだすこともあった。臨床家ケネス・クライリング（Kenneth Kreiling）が指摘したように、「関連する社会科学や学習理論を調べる時間、［そして］法律実務技術の指導の根底にある理論に関連した数少ない文献、経験から学習する過程、および法律理論と実践の間にあるギャップを埋める必要性に寄与する時間」を実験的教師は必要とし、臨床家はそれらを手に入れるために苦闘した。指導についての学究的作業——実験的学習理論と呼ぶ——は、大学を基盤とした実験的法学教育の展開に際して重要な基盤となった。時を違えず、教授らがラングデル式ソクラテスメソッドの修正および代替法を開発し、実験的な作業および教室での作業の間に概念的な橋を掛けようと試みたように、法学教育の他の面にも影響するようになった。

　ポスト現実主義研究の多くと同様に、実験的学習理論は非常に学際的であった。我々の知る限り、ラングデルは系統立てて教育理論に言及することはなかったが、ロースクールの教室で学生をより積極的な参加者へと変えた彼のソクラテスメソッドは、単純な情報伝達を用いた能動的で実務志向の学習を奨励した19世紀末期の理論家の取り組みに共鳴した。臨床理論家は、ハート理論の知的開発と学習に心を寄せ、この理論が臨床訓練を支持するものであり、臨床訓練がとるべき形という点で非常に示唆的であることを発見した。やがて、実験的学習理論がより大きな範疇でソクラテスメソッド教育の改善、および模擬実験や問題メソッド、ラングデル式ソクラテス教育の代替案の開発を支えるようになったため、彼らの取り組みは法学教育の臨床的でない面にも影響し始めた。

　実験的学習理論における最も重要な学際的業績は、学習の心理と対話的性質、教育目標としての批判的考え方の開発、グループプロセス、人間知性の多様で複雑な特性といったことについての理論の適応にあった。この取り組みは、法律専門家に二重の効果をもたらした。教授法における自覚や高い精巧性をもたらすことで法学教育が改善されたのと同時に、一方で法律研究にある種の心理的認識がもたらされた。模擬的および臨床的状況における相互作用についての理論によって、法律教師は法律実務の対話的な面に敏感になり始め、法律と法律実務の心理的および遂行的な面が考慮

されないままそれらが動的、相互的かつ不可解な学問として法学がみなされるようになった。その影響の範囲により、この作業の4つの主要な面には少なくとも若干の成果がみられた。

7 対話型学習の心理学

　心理学者は、幼少期から成人期に至るまで、学習というものが、初心者と専門家の目標に沿った対話的交流という形で最も自然かつ効果的に実現しうるということを立証している。周知の通りであるが、例えばレブ・ヴィゴツキー（Lev Vygotsky）は、大人が注意深く子供に考える余地を与え、その一方で知識を与え彼らの歩みに「足場」を設けてやり、また次なる疑問を示唆したり手順を示したりすることで、彼が「成長する力」と呼んだ能力で自ら学ぶ幼い子供のモデルを展開させた。ヴィゴツキーらはまた、共同作業に登場する語彙から、知識やノウハウがどのように結晶化するかを立証した。「成長する力」は指導的ではなく誘導的なはたらきかけを着想させた。そして、それは実験的法学教育の状況に完全に置き換えることができた。ノウハウが共同作業の語彙の中で具体化するという考えは、実験的科目の教授に有意なものであった。彼らは、基本的作業概念において言葉を提供することで、また学生との共同作業の中で登場した用語に注意を求め時に詳しく説明することで、学生の学習を構造化したのである。同時に、実験的学習を研究する法律学者は、専門的ノウハウをどのように獲得し伝えるかについて注目することで、法律プロセスにおける学問的分析のための新たなツールを見出した。学習における認知的あるいは感情的障害を分析する理論家は、視覚および口頭の両方の指導ツールを用いたり、活発な活動と熟慮的な活動を組み合わせたりするなど、様々な学生の学習スタイルに合わせて学習経験も多様であるべきことを教育家に論じた。同時に、学習スタイルについての理解から、様々な弁護方法やその効果についての研究が生まれた。

8　批判的思考

　教育理論家は、学生に批判的な思考を与えることが、少なくとも事実や英知を与えるのと同じくらい重要であると考えるようになった。目標へと向かう過程で必要な知識を学生に獲得させ使用させつつ、ある課題について考えさせるという、ヴィゴツキー的な問題解決法に沿うことが批判的思考の指導には適しているように思われた。しかし、批判的に考えることを要求するだけでは、十分な批判的思考の学習であるとは言えなかった。理論家は、学生が新たな批判的思考の課題を行う度に、計画し、評価し、そこから学習するための概念的ツールを持つべきであり、さらに自身が行ったことに対する自覚を持たなければならないと結論付けた。ここでもまた、ヴィゴツキー的概念が有用であった。というのも、概念的ツールは問題解決の話合いを通して語彙の形で提供されたからである。自覚は、学生らの問題解決努力を批評する討論の場を通してもたらされた。そこでは、批評の対象となる作業を行った学生、他の学生、指導教授による建設的評価が奨励された。こうした実行後の批評は、大抵文書やビデオテープに記録された課題の成果を調査する形を取り、法律的な経験学習において中心的かつ有効な役割を担った。それは、作業に関連した概念や過程の調査、建設的で評価的な批評の実践、専門的な経験から学ぶという重要な技術の訓練など、学生の作業に対する全体的な評価を可能にした。こうした状況で、専門家としての責任や卓越性の要素については有効かつ熱心に討論されるべきである。

9　グループプロセス

　学生は、グループプロセスにおいて、人間のグループを複数の発達段階と予測可能な反応パターンを有する有機的組織体として調査する。教育者が、動的かつ対話的な状況においてあるいは実験的な学習形式において、学生の経験を構築し管理しようとするとき、この分野の研究者が彼らに助言を与えている。このように、こうした研究が教育理論へ大きく貢献して

いるのである。作業グループの規模や組織、批判的状況における疑問の性質、学生の共同作業や批評の際に生じる緊張と感情の処理、学生——教授間の階層や感情の転移の処理といったこれら全ての情報が、グループプロセス理論家により、洗練された臨床および法律実務プログラムへ活用されているのである。

10　多重知性

　人文科学の発展において実験的法学教育に最も重要な意味を持ったのは、人間の知性の再概念化であった。人間の知性がいみじくも単独の要素として表される、今なお優勢なこの考えは、精神測定——人間の知的能力を定義するというよりむしろ測定するために考えられた統計的作業——の結果、具象化された。IQ テストは一般因子（g factor）や一般的知能を測定するために考えられたものだが、これらは精神測定者たちの間でさえ常に賛否両論を呼んでいた。チャールズ・スピアマン（Charles Spearman）が論じた通り、一般因子が単体であるのか、またはトンプソン（Thompson）とサーストン（Thurstone）が論じた通り、多様な能力の複合体であるのか決して明確にならなかった。サーストンは、スピアマンの因子分析を用いて、空間の視覚化、知覚速度、計算能力、言葉の流暢さ、言語理解、記憶の関連付け、推理というように知的因子を七つに分類した。ハワード・ガードナー（Howard Gardner）の最近の研究は、神経学的証拠を用いて、個別の知性能力の存在を明らかにすることで精神測定を凌いでいる。神経学的欠損や損傷といった様々な形で損なわれる能力を個別に調べるのである。ガードナーは、人間の知性を論理的・数学的、言語的、空間的、身体的、音楽的、内的、人間関係的の八つに分類した。サーストンとガードナーの知性分類を比較すれば、知性の概念化が新たな局面を迎えていることに気づく。ガードナーをはじめとする近年の知性理論家は、知性の概念を心理的、身体的なものにまで広げているのである。こうした対人間作業の概念化や知的領域の一部として人間の身体と感情を取扱う作業は、専門的訓練の見地から、相互作用的な行動や自己呈示を扱うことの正当化に役立っ

た。さらに、ガードナーら多重知性理論家は、現在、教育現場における知性の全範囲を把握し、さらに知性全体の習熟度を測定するべく、その方法の開発に努めている。こうした作業は全て、法学生に知的な多才さを持たせ、様々な専門実務の要求に見合う能力を付けさせるといった課題へ応用された。法律教授らは、専門的訓練において知的に多才であることの価値を認めるにつれ、彼らの研究におけるより幅広い知的プロセスを考え始めた。例えば、ひとつの結果としての判決を取り上げるにしても、訴訟と訴訟が生み出したテキストの論理的、説明的、演出的、心理的な次元が、その学問的分析にとって重要性をもつようになったため、研究は複雑化した。

11　日本における法学教育への影響

　ポスト現実主義時代、米国のロースクールの教室でいったい何が起こったか。今日の米国における一般的なロースクールでは、ラングデルのソクラテスメソッドに従って授業が行われている。学生は積極的な学習者であることが求められ、教室で教授から発言を求められる際に備え、主要な法律教材を読み分析し、そこから推論する。もちろん、この方法は、法律現実主義の見識を考慮して改良されている。米国の法学教授らは、ソクラテス式授業において科学的問題よりも解釈の問題に関して質問を多く発する。我々の多くは、ある仮定状況で法律がどのように適用されるかについて学生に尋ねる。その際我々は、彼らが論理的に不可避な答えを見つけるのではなく、裁判官の解釈的選択に影響を与えうる人間的、社会的、さらに制度的な要素を予測することを期待している[11]。しかしこの方法は、いまだペスタロッチの洞察やそれに類似したレブ・ヴィゴツキー[12]やジェローム・ブルナー（Jerome Bruner）の洞察を反映している。

　このようにソクラテス式教育法が主流であるにもかかわらず、正式に認可を受けた米国のロースクールは各々、授業の大部分に実際の訴訟を扱った臨床プログラムを採用している。これにより、統制の取れた訓練実習のような状況を提供しているのである。さらには、私の属するロースクールのように、模擬状況での実験的学習への参加を全ての学生に課す学校が増

えている。誇るべきは、ニューヨーク大学の我々のプログラムはその先駆的モデルだということである。第1学年では、ある模擬状況を設定して、法的研究、法的立案、聞き取り、事実確認、相談、交渉、調停、訴訟といった作業に従事する。こうした模擬作業の各段階で、学生は5つの手順を踏む。まず今後の作業を理解するための概念と語彙が与えられる。共同計画の段階で教授の指導を受ける。次に彼らの計画を実行する。そして、自身の計画と実施について——訓練の冒頭に与えられた概念と語彙を全て考慮して——協力して徹底的に批評を行う。例えば聞き取りの訓練では、聞き取りという段階を理解するための概念と議論するための語彙、会見者の質問形式とその効果、そして被会見者を動機付けるであろう目標や希望といった情報が学生に与えられる。学生は、こうした概念や語彙を利用し、監督弁護士の役割を演じる教授の計算された介入から学びつつ、弁護士・顧客間の聞き取りにおける各段階の計画を作成する。次に彼らは、顧客を演じる熟達した俳優（教師）を相手にその計画を実行する。最後に、これが最も重要であるが、学生は、さらなる批評セッションの場で、教授やその同僚——そして時に彼らの顧客を演じる俳優（教師）——と対談する。批評セッションで学生に求められるものは、聞き取りにおける知識である。知識には、質問形式の構造やその効果、聞き取り相手である顧客の動機付けとなる目標や希望といったものが含まれる。顧客の動機が得られない限り、計画、顧客への聞き取りの際に行った選択、これら選択に対する顧客の反応、さらに聞き取りの成功といったことの綿密な分析を行うことができないのである。そしてそのセッションは、効果的に顧客の目標を具体化させているか、効果的に手続上、状況上、そして分配上公正な公共の福祉を具体化させているかといった観点から評価される。

　こうした全ての授業から、どういった訓練を日本の法学教育に適応させることができるか。最も控えめに答えれば、「私には分からない」。法律および文化体系が異なる場合には、法律制度およびその解釈や実施にも異なる手段が必要となるからである。しかし、おそらく日本も米国と同様に、法律の解釈や執行の体験を注意深く評価することによって、法学生は法律実務に対してより注意深く人間的な取り組みをするようになるであろう。

【注】

1 全般は、Luis C. Moll, ed., VYGOTSKY AND EDUCATION: INSTRUCTIONAL IMPLICATIONS AND APPLICATIONS OF SOCIOHISTORICAL PSYCHOLOGY (1990)を参照。
2 Anthony Chase, *The Birth of the Modern Law School*, 23 AM. J. LEGAL HIST. 329, 332 (1979).
3 Anthony Chase, *The Birth of the Modern Law School*, 23 AM. J. LEGAL HIST. 329, 343 (1979).
4 Chase at 334.
5 Chase at 334-336.
6 DENIS LAWTON & PETER GORDON, A HISTORY OF WESTERN EDUCATIONAL IDEAS 204-07 (2002); *Edward Seguin* (1812-1881).
ウエブサイト http://www.people-inc.org/museum/exhibits_pantheon4.asp
7 Charles Eliot, *Langdell and the Law School*, 33 Harv. L. Rev. 518 (1920).
8 Mary Martin Barry, John C. Dubin and Peter A. Joy, *Clinical Education for This Millenkium: The Third Wave*, 7 CLINICAL LAW REVIEW 1, 9 (2000).
9 Robert J. Condlin, Socrates' New Clothes: Substituting Persuasion for Learning in Clinical Practice and Instruction, 40 Maryland L. Rev. 223, 228 n.11, 225 n.3 (1981).
10 Kenneth R. Kreiling, Clinical Education and Lawyer Competency: The Process of Learning to Learn from Experience through Properly Structured Clinical Supervision, 40 Maryland L. Rev 284, 317 (1981).
11 現代のソクラテス的法学教育の取り組みについては、Peggy Cooper Davis and Elizabeth Ehrenfest‒Steinglass, *A Dialogue About Socratic Teaching*, 23 N.Y.U. REV. L. & SOC. CHANGE 249 (1997)を参照。
12 L.S. VYGOTSKY, MIND IN SOCIETY (1978 ed.)、L.S. VYGOTSKY, THOUGHT AND LANGUAGE (1962 ed.).を参照。
13 JEROME BRUNER, ACTUAL MINDS, POSSIBLE WORLDS (1986).

パネリスト報告 4

ロースクールと法曹倫理

石 部 雅 亮

[略歴]
大阪市立大学名誉教授、大阪国際大学教授、桐蔭学園横浜大学大学院法学研究科客員教授。
京都大学法学部卒業、法学博士（京都大学）。独フライブルク大学名誉法学博士。日独法学会、比較法学会、法制史学会、法社会学会、私法学会等会員。専門はドイツ法。日本とドイツにおける法教育に深い関心と造詣を持つ。「サヴィニーの司法試験改革案とその背景」（一）（二・完）（『法学雑誌』第37巻2号、4号、1990/91年)、「第二帝政期ドイツの法学教育」（石村善助古稀記念論文集『法社会学コロキウム』日本評論社、1996年)

はじめに

　Damon先生と本林先生の基調報告を拝聴して、私の報告を始める前に、まず私自身の立場をご理解願わねばなりません。私は、これまで約半世紀にわたって、大学人として過ごし、大学以外の職場を知りません。大学の法学部において、法学を研究し教えてきましたが、それは基礎法学とよばれるものであり、とくにドイツの近代法の歴史およびドイツと日本の法の比較を勉強してきました。法学部の教育のあり方については、1960年代からすでに関心を持ち、折に触れて発言してきましたが、法科大学院の構想が突如として提言され、このように短時日のうちに発足するようになろうとは、正直のところ夢にもおもいませんでした。現在、私の勤務しております大学は、法科大学院を設置しておりませんので、法科大学院の教育にも関係のない、まったく部外者であります。今日のパネリストのなかでは、法曹の職業教育というものには、もっとも距離の遠いところに位置しているのではないかと思います。そのようなことをお断りし、周辺の、遠いところから、法曹養成の問題を考えてみることにまずお許しを得たいと思います。

1 これまでの法学教育

　日本の法曹養成制度と法学部の教育はかならずしも直結してはいませんでした。たしかに法学部は将来法曹になるものを多く送り出してきましたが、法曹になるための関門である司法試験を受けるために、法学部の出身であることは必要ではありませんでしたし、いまもなおそうであります。法学部の学生の大半は、企業や官庁などに入って、ビジネスマンや公務員その他の職業につきます。したがって、われわれは、法学部教育の目的は、法学を中心に社会科学の素養を身につけたジェネラリストの育成であり、スペシャリストの養成ではない、と了解してきました。

　日本経済が第二次世界大戦の疲弊から回復し、高度経済成長を始めるとともに、大学生の数が急速に増加し、大学の大衆化が進みました。当時と比べて、学生の総数は、4 倍以上になっています。そのなかで、法学部は、経済学部とともに、増大する学生をもっとも多く受け入れてきました。それはもっとも低コストで、もっとも大きな収益をあげうる、その意味で経営上効率の高い、安上がりの学部であったからです。経済成長は、また大学の教育に深刻な影響を与えました。企業は、大学教育に期待せず、いわゆる企業内教育をおこなって、企業戦士を養成するという戦略をとり、実行しました。大学入学試験の難関を潜り抜けてきた学生にとっては、学生生活は就職するまでの休養の期間と受け取られました。マスコミは、これをとらえて、大学はレジャーランドであると揶揄したのです。こうして大学の教育はしだいに空洞化してきました。

　90 年代、グローバル化の急速な進展に直面して、文部省もやっと、日本の大学教育が諸外国にくらべていちじるしく劣り、国際的競争力を持ち得ないのではないか、ということに気がついたようにみえます。企業も、経済の低成長が長引き、就業形態が変化するにつれ、企業内教育を実施するのが負担になってきました。この時期になって、大学にも、スペシャリストの養成の要求が求められるようになったのです。

　グローバル化、ネオ・リベラリズムによる市場化、社会全体の複雑化といった状況の中で、法曹界も、内外の社会的需要を満たすのに、法曹人

口があまりにも不足していることを認めざるをえず、ながいやり取りの後やっとその増加に踏み切りました。将来の法曹の数を大幅に増やすとすれば、現在の司法研修所では十分対応しえないことは明らかであります。また、これまで法曹になろうとする者は、異常に競争率の高い司法試験に合格しなければなりませんので、法学部で勉強するよりも、受験用の教育・指導に特化した受験予備校に行くのが早道であると考え、法学部の教育にあまり重点を置かなくなりました。このような法曹養成の危機に対処するため、法科大学院が設置されるようになったのは、一般によくご存知のとおりです。

　法科大学院は専門家としての法曹を養成する特別の教育機関であり、その教育目的は、法理論教育を中心にしながら、理論と実務を架橋することにあります。そして、いくつかの実務関連科目が取り入れられ、実務家が教員に加わることになりました。このなかに、本日論じられる「法曹倫理」という授業もあるわけです。

2　法曹（とくに弁護士）倫理

　法曹倫理は、広い意味では、裁判官や検察官の倫理も含まれていますが、ここでは弁護士倫理を取り上げます。というのは、法曹志望者の大部分は将来弁護士となることでしょうし、弁護士倫理には、他の二者とちがった特色があるからです。

　弁護士法の規定では、「弁護士は、基本的人権を擁護し、社会的正義を実現することを使命とする。弁護士はその職責に基づき、誠実にその職責を行い、社会秩序の維持および法律制度の改善に努力しなければならない」（第一条）とされ、さらに「弁護士はつねに深い教養の保持と高い品性の陶冶に努め、法令および法律事務に精通しなければならない」（第二条）とされています。弁護士が、法律にかんして高いレベルの知識と技術を持ち、深い教養とすぐれた品性を持たなければならない、いうなればプロフェッショナルでなければならないと定められています。その使命の核心は人権擁護と社会正義の実現にあると謳われているのです。

これまで日本の大学の法学部では、このような倫理教育の科目を置いていませんでした。ドイツやその他ヨーロッパの国々にもこのようなものはありません。それは第一に、弁護士の行動に対する規制は、弁護士の自律的な職業団体、弁護士会の規律にゆだねられるべきで、所属する団体の構成員の相互のコントロールによっておこなわれるべきであると考えられるからです。法曹倫理は、実務の現場で、先輩の指導のもとに、自らの修練によって体得されるべきものであります。

　人権の擁護、社会的正義の実現が弁護士の任務とされていますが、そのような理念そのものは憲法を頂点とする実定法秩序のなかに具体化されているわけで、法曹一般の任務は、この実定法規範を具体的な場合に実現することにあります。人権擁護と社会正義は普遍的価値として、大学の基礎法や実定法の科目で繰り返し教えられてきたものであります。もちろん、実定法秩序もその時々の社会状況に応じて変わり、けっして固定的なものではありません。そのような価値の秩序はたえず矛盾を生み出し、その克服を通じて変動をひきおこし、実定法も変化していきます。生命倫理、医療倫理、環境倫理などのような、あたらしい問題は、なかなか既存の実定法のなかに取り込むことが困難であります。人々の間で真剣な議論を繰り返して、できるかぎり広い層が納得できるような、社会的ルールを作り出す努力を重ね、重要なものの明確化、固定化をはかって、実定法のなかに取り込むようにしていかねばなりません。そのような事態に直面するとき、法学を受験のための知識技術として学んできた者は、おそらく途方にくれることになるでしょう。法をじっくりと根底から勉強しなければなりませんが、それはそう簡単なことではありません。また、人間の倫理的な行動の指針であるべき価値規範が、学問・知識によってえられるものかどうか、実践を通じてはじめて思慮や判断力が形成されるのではないかということには、これまでも議論のあるところです。いずれにせよ理論と実践との結びつきにおいて、人間にふさわしいものはなにか、人間性の価値規範はどのようなものか、それを不断に探求することが課題となりますが、これは一生をかけて歩むべきながい道程であり、それこそが教養と人格の陶冶ということになるでしょう。

3　法曹倫理教育の意義

　しかし、法曹倫理をとくに教える必要があるというのは、それが法曹という専門職にとって固有の、そして高度の倫理性が要求されるからです。弁護士の場合は、裁判官や検察官がともに公益の代表であるのとちがって、一方で公益的な役割を持つと同時に、他方では、当事者の利益を代弁する役割をもつという特殊性があり、この二重の役割をはたさねばならないということが、むずかしい問題をひきおこします。たんに弁護士が公益的な事業をおこなえば、それで済むというわけのものではありません。現在、企業と企業、企業と市民の関係、その他あらゆる社会関係が複雑化して、利害関係も錯綜して、見きわめがつかなくなっています。公益を主張して、私益の温存をはかったり、私益を一方的に主張して公益を踏みにじったり、公と私の問題には、思わぬところに陥穽がひそんでいます。弁護士の方も、巨大法律事務所の経営者やそれに雇われている弁護士、企業内の法務担当の弁護士、これまで通りの町医者的な弁護士などさまざまで、階層分化が進み、弁護士として一括してみることが困難になってきています。その活動はますます拡大し、多様化し、専門分化してきております。そのような状況のなかで、この公と私の二重の役割の緊張関係をたえず意識し、そのときどきの具体的な局面において賢慮を働かせて職責を果たさねばなりません。予想しないところで不祥事をおこす危険がないとはいえません。市民的公共へのサーヴィスを適正に果たしえないような場合には、外部からの規制が加えられ、将来それが法化されていく可能性も予測されます（弁護士過誤訴訟のように）。弁護士会の自主的な規律がますます重要度を高めることになるでしょう。

4　法曹倫理教育のあり方

　一般的な倫理をいかに身につけるか、倫理的規範をいかに主体的に内面化するか、ということは、人間の生涯の全過程を通じておいておこなわれる事柄であります。家庭から始まり、小・中学校を経て、大学においても、

そのような努力は続けられるべきであります。わが国の場合、次第に家庭や学校の教化能力が低下しています。大学受験のための勉強というのも、それに拍車をかけています。家庭における過保護のため、自立性を確立することが遅れ、大学の在学期間の4年は、将来のために自己のいろいろの可能性を模索する、「自分探し」で終わるといってよいでしょう。戦前の旧制高校においては、古典教育ないし人文主義的教育が徹底しておこなわれ、教養人としての自覚を促し、友人たちとの議論を通じて将来を考える時間がありました。それを受け継いだはずの新制大学の一般教養は、ご存知のように、いまや完全に風化し、解体されてしまいました。多くの学生は、将来の方向の見定めがつかず、したがって学習についての動機付けは、あまり強くありません。しかし、法科大学院の院生については、見たところ学習の動機付けは非常にはっきりしているようです。それはこれまでの法学教育とは比較にならないほど強いといってよいでしょう。将来の職業として法曹は、自由な職業であり、金銭による報酬も少なくなく、社会的な奉仕をなしうるという点において、きわめて魅力的であります。企業法務弁護士にせよ、社会生活の面での医師にせよ、それぞれ明確に理想とする職業のイメージを持って勉強しているように思われます。けれども、リアリスティックにみるならば、法曹の将来もそれほど楽観的にみることはできないのであって、むしろ理想と現実の乖離が大きくなるかもしれません。それにもかかわらず、この選択した職業において、理想と現実の狭間にあって、悩みながら理想の実現に向けて粘り強く地道な努力を続けることが求められます。

　弁護士倫理は、すでに述べたように、実務における経験を通して身につけていくべきことですが、法科大学院の段階でこれを教えるとすれば、どのような内容になるのか、ということを考えてみて、つぎの4点を挙げたいと思います。

　第一に、弁護士の比較・歴史を明らかにすること。

　日本の弁護士制度の歴史や外国の弁護士制度との比較のみならず、弁護士という専門家集団が、また個々の弁護士たちがどのような活動をしたかということをも取り上げる。

第二に、現在の弁護士のあり方と活動の実態を示す。
　この二つの点は、総論的部分に当たりますが、どちらかといえば、基礎法の授業に譲るか、あるいは基礎法の研究者の協力を求めることも考えられる。法科大学院における授業時間数の不足や、実務家担当教員の負担を考慮した場合、このようなことを考慮してもよいのではないか。
　第三に、弁護士倫理のようなものは、講義形式ではなく、優れた模範に刺激を受け、見習っていくことが大事である。経験豊かな、人格的に優れた、有能な弁護士の経験談を聞き、弁護士階層の築き上げたよき伝統を受け継ぎ、職業の誇りを持たせるようにすること。
　第四に、弁護士に対する法的倫理的規制を示したうえで、それに関する具体例を前にして、そのクリティカルな局面にどのように対処すべきかを、擬似的に体験させること。
　最後の二つの点は、きわめて重要であって、まさに実務家教員の独壇場になるところであります。

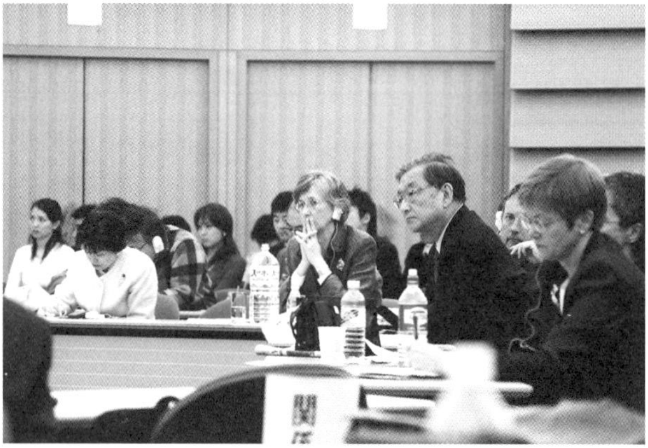

パネルディスカッション
Q&A セッション

パネリスト　　　　ウィリアム・デーモン（米スタンフォード大学教授）
　　　　　　　　　本林徹（前日本弁護士連合会会長）
　　　　　　　　　アン・コルビー（米カーネギー教育振興財団シニアスカラー）
　　　　　　　　　ペギー・クーパー・デービス（米ニューヨーク大学教授）
　　　　　　　　　キム・エコノミディス（英エクセター大学教授）
　　　　　　　　　石部雅亮（大阪市立大学名誉教授）

コーディネーター　シルビア・ブラウン（関西学院大学司法研究科教授）
司　　会　　　　　松井幸夫（関西学院大学司法研究科教授）

2005年3月19日（土）13：15 ～ 17：30
於：大阪国際会議場 12F　特別会議場

ブラウン　これからは、パネリスト間でお互いのコメント、質問などをしていきたいと思います。もちろんここではデーモン先生、そして本林先生のご参加もお願いしたいと思います。

　パネリスト間で、まずそれぞれの発表の間につながりをもたせるような議論をしていただきたいと思います。その後、皆さんからの質問をいただきたいと思います。

エコノミディス　デーモン先生が発表の中でおっしゃった大変興味深い点から取り上げたいと思います。先生は、教育のみがグッドワークを強化する唯一の方法だとおっしゃっています。しかし、法曹におきましては、もう一つの手段があります。規制です。実際、政府は、これも法曹サービスの利害関係者ですが、法曹がグッドワークを提供することができるようにコントロールしようという意図のもとに規制を行いたがります。法曹教育者は、法律の取り扱い方の教育に関して全体的にはかなりいい仕事をやっています。また、有能な法曹は、自分たちの足かせになるようなルー

ル・規則を避けるのにたけている。ですから、私たちが「教育」に焦点を当てるというデーモン先生がおっしゃったことは大事なことで、賛成します。しかし、忘れてはいけないのは規制、特に、政府による規制です。私の国では、法曹に関して、12月にクレメンテ報告書というものが出まして、それにより専門職に関しての自治を排除して、自己規制権限を剥奪しました。ですから、「教育」と「規則」との間にはおもしろい緊張関係があると思います。

それから、もう一つ取り上げたいことは、これはディスカッションしてほしいのですが、アメリカにおける団体の規制に新しい動きがあることです。すなわち集団的に法曹を行動規範や規則によって規制するのではなくて、法律事務所での教育に焦点を当てる動きです。デービス先生の勤めておられるNYUのエリザベス・チャンブリスは、アメリカの団体規制に関しておもしろい論文を発表しています。これは、日本にも関係があると思いますが、ここで強く示唆されているのは、法律事務所というのは、いわば家族みたいなもので、そこで法的価値観を育成することができるからです。取り組むべき大きな問題は、どうやって価値観を明確に打ち出していくかということです。

ここでデーモン先生に対する質問です。法曹において、ほかの自由な職業とは明確に区別される特定の倫理観というものがありますか。

デーモン　2つの非常におもしろく重要かつ複雑な問題を取り上げられたと思います。

まず、規則に関してですが、私が思うに、どんな専門職であろうと自分たちの職業の自治の能力を失うということは難しいことです。専門職というのは、その本質からいって、自分たちの社会に対して尊敬心がある。これは自分たちの内部の規範をつくっており、それからまた自己規制の手段をつくっているからです。その中には、資格を認定する方法や非倫理的な行動をとった人を会員から排除する方法、また、プラスのインセンティブをもって、いい仕事をすることで表彰したり高い地位を与えたりすることが含まれます。そしてまた、専門職が自分たちの利益のために機能する場

合、公共の利益と合致した形で自己を規律しようとします。

　そこで、政府の規制がある専門職業に対してなされる場合、もちろん最小限の政府の規制というのは絶えずあるわけですが、政府もしくは当局が、その専門職が自己自身をきちんと規律していないから、政府の方で規制するということになると、これは専門職にとって少し困った兆候だと思います。専門職の監事や理事たちが本当に尊敬されている人たちであるならば、この任務を、外部の機関よりもうまく遂行していくはずです。というのは、自分たちの仕事のことは、彼らの方がよっぽどよく知っているからというのが私の見解です。

　しかし、私は極端な意見を言うつもりはありませんが、基本的なところで、法曹に関しても、またほかの職業に関しても、政府による最小限の規制は必要です。

　しかしながら、倫理や、高水準のよい仕事「グッドワーク」ということになりますと、専門職の責職の問題であり、法的に規制することは非常に難しく、そこで、教育こそが最も有望な方法となるわけです。というのは、若い人たちがいい仕事をしたいと思うようになってそれを実行し、そして、ベストな仕事を最も倫理的な形で行なうように養成することができれば、彼らは、生涯その価値観を持ち続けていくでしょう。そんな若い人たちに、外から中に入り込んで、外的な規則を押しつける必要はありません。彼らがやっていることを支援することが望ましく、グッドワークモデルにおいても、外からの社会的な力がグッドワークを支援している場合は、グッドワークが実現しやすいということがいえます。しかし、究極的には、若い人たちが、教えられる基準を自己のものにしてもらう、これこそが教育の目的であると確信いたします。

　法律の分野においては、ほかの専門職の倫理観とは違う特有のものがあるかということに関しては、「イエス」と答えます。どの専門職も、それぞれのやり方で人間の生活の向上のために貢献しています。医学の場合、焦点が当たっているのは、もちろん身体的な健康です。保健に関する価値に医学は一番の関心があります。法曹の場合、大きな責任があるのは、社会秩序において、正義を推進したり、人権を擁護したり、そして、調和を

推進したり、正当な権威という考え方を推進したりすることです。これは、特に、民主主義において大事なコンセプトです。すなわち、権威の制度であっても正当性がなければならず、その権威に関して限界を決めていかなければいけません。そして、これを治められる人々の権利との関係で決定していかなければいけない。これが法曹の場合の特別な項目ということであり、このことを深く考え正当に実践することが必要です。そして、よりよく制度が機能するようになっていかなくてはいけません。そのためには社会秩序や権威を尊重することと正義、人権を配慮することとの間にバランスがとられるようにしなければいけません。

ブラウン　本林先生、今の時点で何かコメントがありますか。今、話しているのは、仕事の面でさまざまな変化がみられるとか、法実務において組織面での変化があるということですが、規制の限界、どこまで規制をするか、ということは日本でも問題になっていないでしょうか。

本林　弁護士になるための法曹教育という観点からしますと、政府からの規制というのは、私どもとしては、最も嫌うものであります。それで、先ほど申し上げたように、弁護士の使命というのは、「人権の擁護と社会正義の実現」、特に、「人権の擁護」というところが我々の魂でありまして、人権というのは、先ほど申し上げたように日本では行政を含めた公権力が非常に強いですから、一種の抵抗的な観点から弱者を守らなければならないという場面が多くて、いわば権力とか大企業との関係では対抗軸になる役割を歴史的に担ってきているという部分があると思います。

　我々はそういう意味で、できるだけ弁護士の歴史あるいは活動というものを踏まえて、これをどんどん自主的にも広げていきたいと思っております。しかし弁護士の活動に対して最近いろいろ政府の方から動きが出ています。例えばマネーローンダリングで依頼者が疑わしい行為をしているのではないかという場合には、金融庁などに弁護士が依頼者に黙って通告する義務を課すというようなことが、弁護士会で話題になっています。このような政府のさまざまな我々の活動に対する制約の動きということについ

ては、基本的にアメリカの ABA とか、ヨーロッパの CCB という弁護士の協議会などと連帯を組んで、依頼者の守秘義務というものはやはり大事にしなければいけませんし、それが活動のベースにもなっているわけですから、きちんとした反論をしています。法曹教育、あるいは、特に、弁護士の活動というものに対して政府サイドからの規制の動きは、合理的な理由のないものは、できるだけ排除していきたいというのが我々の考えですね。

ブラウン 「規制」にもいろいろなレベルの規制があるということをご指摘いただきました。グローバル化という過程を法的サービスに関して見ますと、新しい、かつ難しい調整課題というものが日本の弁護士の方にも出てくるわけです。日本の弁護士が、自分たちの法曹倫理をもって、倫理基準が相反するほかの分野の法曹と協力することになるかもしれない。しかし、それでも、一緒に協力していい仕事をしなければいけません。ですから、ますます複雑になっているということです。

　弁護士会自治が、その責務を正当に果たしていないと感じられるのは、規制が欠けているだけの問題ではありません。デーモン先生もおっしゃったのですが、経済的な要因が押しかかってきて、異なった分野の法曹が同じ事件で仕事をしなければいけないということがふえています。すなわち、規制が何段階にも重なって、いろいろと制約とか、また矛盾などが出てきています。私はだんだん年をとってきたので、こういったことを取り扱わなくていいので大変幸いだと思います。しかし、これからの若い人たちは、複雑なことを取り扱わなければいけません。

　デービス先生、この点について何かありますか。

デービス 私たちは、正義の探求者としての法曹という形で「正義」について話しているわけですが、正義は完全に法曹の仕事のすべての側面に組み込まれています。そして、これは単純に規制をかけるというようなことはできません。しかし、専門職の倫理や、専門職の責任ということを考えますと、だましたり、盗んだり、うそを言ってはいけないということと、

正義の探求者になるということとの間の区別をすることが必要です。

コルビー　それに補足いたします。専門職の倫理に含まれるものを非常に広く見ていきますと、他の専門職の研究から言えることですが、かなり多くのものが見えてきます。日常の依頼人に対する接し方、個々の依頼者がいる場合ですが、思慮深く対応するとか、仕事をきちんと遂行するという責任感とか生涯教育みたいなこともあるわけです。ですから、どの専門職においても、できるだけ幅広い形で何が含まれるかということを考える必要があります。特に、デービス先生がおっしゃっていたような専門職の教育に応用しますと、模擬法律事務所ということになりましょう。そこで学生が実際に経験することができ、またそれを反省することができます。生きた形で学ぶことができます。

　ものによっては、非常に複雑なものもあります。とても難しいものとしては、石部先生がおっしゃっていた、弁護人としての法律家と法廷における役人としての役割、この２つの役割です。これはその他のほかの職業においても同様です。例えば、医者は患者を治療していると同時に、公衆衛生のことを幅広く考えなければいけません。例えば、検査を行なう場合にも、その患者にとっての費用を考えると、それだけの価値がないというようなこともあります。もっと明瞭な例を挙げると、抗生剤を使いすぎるとかえって耐性菌が出てきます。他の専門職でも二重の役割があって相互に衝突することがあります。ですから、「裁判所に行ってまで、依頼人と協力する用意がありますか」とか、「本当に周到に準備できましたか」とかいった単純なことではなく、はるかに難しい問題だということです。

石部　ちょっと薬のことが出ましたので触れたいと思いますが、最近、日本の新聞では、肺がんの抗ガン剤「イレッサ」というものが問題になっています。これは分子標的薬です。非常に効果があるそうでして、患者の方々も医師の方も使わせてほしいということで、厚生労働省も、それではということで手続きを簡略して承認したわけです。ところが、それを実施いたしますと、次々に間質性肺炎で死亡者が出てくる。その辺の利益のバ

ランスが非常に難しい。これは一つの例ですが、弁護士の場合でも、そういう局面において、バランスをとって判断するということが難しい時代になってきているのではないかと思うわけです。

本林 おっしゃるとおりで、具体的な事件を扱ったときに、私どもの事務所でよくやっているのですが、若手も含めて一緒に合議をするときに、一番強いといいますか、どこまでやれるのかということと、最悪の場合、ワーストケースでどういうことまで考えなければいけないのかということを、一種のロールプレーイングみたいな形で議論をしていくと、今、石部先生がおっしゃったように、こういう場合はどうなる、こういう場合はどうなるということで議論をし、し尽くしますと、大体その両方からうまく話がでて、真ん中辺でおさまってくる。

学生には、実際に仕事をすることを念頭に置いて、いろんな考え方や視点を徹底的にぶつけ合い、議論を尽くすということをしてもらいたい。単なるディベーティング能力を養うというのではなくて、いろんな役割を担いながら、問題の核心というものを徹底的に議論する中で、重大な問題点が出てくるし、また大事な問題を見落とさないですむということになる。いろんな議論をする中で、バランスのとれた一つの結論なり、戦略が出てくるので、そういう議論の尽くし方というのが非常に大事なのではないかなと思います。

ブラウン 弁護士が直面しうる問題に、依頼人の目下の要望にどう応えるかといことがあります。法律事務所や弁護士で特定の分野に特化・専門していらっしゃる方は、中長期的に視点を持って、その法分野で形成されようとしているルールを考えていると思います。依頼人は、正当な理由があってサービスを要求する、そして、その依頼人に対して弁護士は直接的な義務を負うわけですが、依頼人と弁護士は、制度の中で 10 年、15 年、20 年、例えば独禁法絡みのような場合には、お互いに関係を継続する場合もあります。そして、その場合に、弁護士がその直接的な依頼人に対して、このルールあるいはこのような法解釈を提唱することが、その法律の

分野の将来にどのような影響を及ぼすかということまで話合うべきかどうかということに関してはどうでしょうか。これは、今、石部先生からもお話があった点に絡むと思いますが。

デービス　熟練した弁護士にとっては、それは常に直面する問題だと思います。ローヤリングの中で生じる可能性が大きいと思います。ビジネスの観点でいうならば、相手にする人たちというのは、中長期的な相談を持ち込んでくる人たちが多いと思います。特定の法解釈に関してこの先どうなるのだろうかという相談を持ってこられます。それは、例えば、のれん代、営業権に関して、あるいは、将来規制が厳しくなったときにはどうなるのかという具体的な見通しを持って話をしてこられるわけです。そこで、企業が、よき企業市民であるかどうかということの判断にもかかわってくると思うわけです。並行した問題として、個人の代理人を務めるときにも同じような問題が出てくると思います。個人の場合は、もっと難しい局面もあるかと思います。例えば、その人にとっては余り有利とは思えないような場合に、代理人を務めなければいけないということもあるでしょう。中長期の法律面での影響、それはどんなクライアントにとっても重要だと思います。

ブラウン　事件が起きている歴史的な瞬間がどういう文脈にあるかを理解することが重要だと思います。

デービス　そうですね。なぜならば、どの依頼人の事件も、そのルールの推論や意味を作り出す場だからです。依頼人や相手方の利害と関係するからです。

エコノミディス　私は、実は実務ともクリニックとも余り関係を持っていないせいかもしれませんが、これまでの議論は実務を強調しており、そこにウエートをかけすぎなのではないかと思います。一つ、未開発の分野というのは、法曹倫理における倫理を真剣にとらえることで、これは応用

倫理の一環としてとらえる必要があるのではないかと思います。私は、法実務の中での「闘いの経験談」を聞かせることをもって若手の法律家が倫理を学ぶ唯一の基礎とする考えに懐疑的です。修習課程の中で、あるいは実務研修の中でもその倫理観を育成していく機会はあると思いますが、大学においても、倫理の理論や倫理的なジレンマとして直面しうることについて語る語彙を教えることが必要だと思います。何らかの理論を提示しないでデーモン先生の投げかけた問いに答えることはできないと思います。良いローヤリングというのは何なのかということに答える場合に、ある瞬間に弁護士事務所で何が起こっているのかを学ぶだけでは不十分です。悪いローヤリングでないとしても、あまり良くないローヤリングを再現してしまう危険があります。大学という場において、近代的なローヤリングの中核的な価値とは一体何なのかということを明らかにし、教えることが重要だと思います。学者だけでそれを成し遂げることはできないので、実務家の支援も必要だと思います。大学という場において、理論について論じていくということが重要だと思います。それは、ブラウン先生が先ほど提起した長期的視点にとっても有用です。そうでなければ、近視眼的な見方に陥ってしまうと思います。

コルビー　これは、私が学部生の教育に倫理をどう取り込んでいくのかということについて書いた本にも関連していますが、倫理や社会責任を盛り込もうというときには、3つの大きな分野を考えなければいけません。一つが、知的な理解です。すなわち、概念的な枠組み、明確な思考、判断力です。それは理論的な基礎をもちますが非常に知的な基礎です。しかし、それに加えて重要なのは、卒業するときに、何らかの倫理的あるいは社会的なスキルを身につけているべきであるということです。例えば、問題解決、問題回避というような能力です。これもまた倫理的なスキルということができると思います。3つ目の分野は、動機づけです。これも既に話がありましたが、アイデンティティがそこにかかわってきますし、また、習慣ということも挙げられると思います。デービス先生がおっしゃいましたが、いい習慣を身につけさせること、これは単に頭で理解するだけでなく、

いい仕事をするということは何を意味するのかということをみずからの行動で示せるようにしていくことです。そのためには習慣化が必要だと思います。

完璧を目指すためには、こういった3つのコンポーネントが必要です。知的なコンポーネント、スキルのコンポーネント、動機づけのコンポーネントです。そして、それぞれが多面的であり、相互に関連しています。

デービス　両方ともとても役に立つコメントだと思います。なぜならば、私は、自分の中で、私が問題として抱えてきたものを今、整理できたような気がします。我々は、批判的な思考を促そうとするばかりに学生にはモデルを、例えば、ヒーローやハウツーパッケージのようなものを提示せずやろうとしてきました。概念的な枠組みを与えることによって、批判的な思考が育つと思ってきたわけですが、しかし、今日聞いておりまして、とても引かれた考え方があります。模範的な人というのは、インスピレーションにもつながり、そしてまた、よいプラクティスにもつながるということであり、会議の前に私はある意味で抵抗を感じていたことに対して、むしろ魅力があるのではないかというふうに思えてきました。デーモン先生がおっしゃいましたように、模範的な人を研究対象として勉強し、それによって、グッドワークとはこういうものであるということを学生に提示するということもできるのではないかと思います。

デーモン　そうですね。学生たちを実世界の実例にさらす。触れてもらう。そして、本当の意味で自分たちが教えようとしていることを体現している人を示すということも重要だと思います。

エコノミディス先生は、統合化が必要だとおっしゃいました。コルビー先生もそうおっしゃいました。やはり強力な理念を教えていかなければいけない。それによって、学生がより効果的に理論を学ぶことができるようにしなければいけない。実世界のストーリーだけを伝えるだけではいけないと言われたのも、そのとおりだと思います。我々のプロジェクトでは、アメリカでの、幾つかのプロフェッショナル・スクールのタイプを検討し

てきました。例えば、法学、ジャーナリズム、医学、教育等です。そして、それぞれのプロフェッショナル・スクールにおいて、理論と実践の統合という点が常に大きな課題とされてきました。これはなかなか成し遂げるのが難しいことであり、どちらかに偏りがちであるというのが通常です。しかし、目標として理論と実践の統合を進めるということは、エコノミディス先生がおっしゃったとおりだと思います。

本林　皆さん方のお話は大変示唆に富むものです。アメリカでは、ロースクールは100年の歴史を既にお持ちです。日本で法曹倫理というものをどういうふうに教えてきたかといいますと、先ほど石部先生がおっしゃったように、大学では、ほとんどそれが法学部でも教えられることがなかった。ただ、ごく例外ですけれども、大学法学部で、弁護士が教授とか講師になったケースで、いろいろ人権関係でおもしろい事件をやった人を学校に呼んできて、あるいは自分の体験を語るという形で散発的にではありますが、教えた方も何人かはいらっしゃるのですけれども、基本的には、法学部ではそういう倫理を教えていなかった。

　それでは、日本ではその倫理をどこで教えてきたかというと、司法試験を受かった後、legal apprentice、要するに、司法修習というのを私どものときは2年間やっていました。民事・刑事の裁判所に4カ月ずつ、それから検察庁に4カ月、それから法律事務所に4カ月、そういうところで実地に具体的な案件に携わる中で、例えば裁判官や弁護士等とディスカッションをしたり、いろいろ話をする中で、「こういうことが、やはり大事なんだ」「こういうことをしたら、やっぱり大変なことになる」というようなことを、その修習の中で暗黙に体得してきたと思うんですね。日本の弁護士は数が少ないから何か悪いことをしたら目立つということももちろんあったかもしれません。integrity が比較的、倫理の面で、高い水準を維持してきたと思います。

　ロースクールができて、修習制度は残りますけれども、従来の2年ではなくて1年半に短くなり、これからは1年ということになります。ですから、司法修習の時代に従来僕らが体得したような、そういういろんな先輩

のプロフェッショナルと肩をつき合わせながら多くのことを学ぶというのがちょっと難しくなったので、その分がロースクールに次第にシフトされてきます。そういう意味で、ロースクールで非常に身近な形で法曹倫理というものを教えていくというのは、これからの大きなチャレンジだと思います。

　私も、一番いいのは、やはり倫理教育というのは、抽象的に、観念的に教えても、これほどつまらないものはないと思うので、やはり、先ほど石部先生がおっしゃったように、具体的な事例で、例えば、お兄さんが真犯人なんだけれども、弟が身代わりで出てきたというようなときに、弁護人として一体どういう対応をとったらいいのかというような具体事例がよく挙げられますけれども、そういうことをディスカッションしながらやるという方法もあるでしょう。いろんな分野で活躍した人を、目の当たりで話をしてもらい、自分が啓発される中で、あるべき姿というのを学んでいく、そういうこともやはり非常に大事だと思います。これから相当いろんな意味でロースクールの教員が、アメリカでの教訓等をきちんと吸収しながら、やはり日本独自のものも考えていかないといけないだろうと思っています。

ブラウン　　私からも申し上げたいことがございます。ちょっと区別をしたいと思います。つまり、倫理的な具体例を示した教育、これは本林先生が今、非常に具体的に示されましたが、若い学生あるいは弁護士に具体的な問題を提起して教育をするということと、それから、それとは別に、実際に弁護士という役割の中で何かを果たすということ、これがシミュレーション教育の核となるアプローチだと思います。例えば、ある役割を果たすときに、いろいろなことが起こり得ると思うんです。情緒をいかに活用するか。これは今日の議論の中でも出入りしているテーマだと思います。

　私の同僚にはもう既に申し上げましたが、皆様の前でもお話したいのですが、このプロジェクトのおかげで経験をしたものが一つあります。ハーバード大学の医学部でシミュレーションのプログラムを視察しました。そこで彼らが強く言ってたのは、これはデーモン先生のお話にもかかわりま

すが、知識の吸収と維持が高まるのは、体が部分的に励起されている場合だということです。ただ、余り感情にとらわれすぎている場合にはそうはいかない。スウィート・スポットをつくといいます。強すぎてもいけないので、ちょうどよい加減が必要です。ハーバードメディカルスクールでのシミュレーションといいますのは、診査室あるいは病院の病棟などがきちんと模擬の形でつくられていて、トレーニング中の若い医師がいろいろな手技を行います。そのうちの一つ、これは倫理の側面でですが、模擬手術をし、手術の途中で、先輩の医師が間違ったことをやれといいます。周りに見学者もおり、ダミーの血圧が上がって、応答が上がり、モニターがビービーと音を出すというように、模擬手術がリアルタイムで進んでいきます。そして、権威ある先輩医師が間違ったことをしろと言った場合、自分の知識では、10ミリグラムではない5ミリグラムだ、10ミリグラムだと何か悪いことが起こるということがわかっています。ダミーの体は開腹されていて、手術台に乗っている。そして、先輩には「本当は5ミリグラムですよね、先生、10ミリグラムじゃないですよね」と言わなければいけない。このように実際のリアルタイムのシミュレーションでロールプレイをする中で、倫理的な問題に立ち向かわせるようにしています。間違うと、そのダミーの手術台に乗っている人は死んでしまいます。そうなったときにどうするか。それをもう一度繰り返して何度も何度も同じ場面をやっていくわけです。

　いろいろなことを考えながら演習をしますが、その一つのやり方としては、知識の統合ということを先ほど言いました。理論的な知識と、それから実践したじかに得たスキル、それから社会的なスキル、さらに倫理的なスキル、それをいかに全部統合していくかということです。これは石部先生も指摘されたことで、シミュレーション化、擬似的な経験ということだと思いますが、どのように、若い弁護士が厳しい問題に直面し、ミスを犯し、例えば、患者さんを殺してしまう場合、もちろんこれは仮想の状況ですが、それでもう一度やり直させるということを体験させるか、持っている知識をいかに動員して、そして責任を果たしていくかということを実務上考えることが必要だと思います。ダミーの人形は「スタン」と呼ばれて

います。これはスタンダードの人間ということで「スタン」と呼ばれており、何度も何度も死んでいますが、大丈夫です。彼らは、例えば、脳の中のエピネフリンがどうなるかとか、私には理解できないいろいろなことを言います。しかし、教育を効果的に行う場合に、抽象的な知識にとっても倫理的な訓練にとっても、情緒が重要な役割を果たしていることを教えてくれます。

デービス　効果的なシミュレーションを行うというのは、やはり絶対的に必要だと思います。専門職大学院に来る若い人たちというのは、往々にして自分たちが情緒的な問題や個人的な問題を処理したり、役割を演じたりすることはないだろうと思っています。

　文化的にも例えばアメリカと日本とは違うと思いますが、アメリカにおいては、こうした考え方も導入していますが、そのシミュレーションの背景となっている理論を十分理解すれば、それがなぜ必要かということも理解できますし、それを教育の場に持ってくることも必要です。真剣に本格的にシミュレーションの中に入って、そして、そこで学習をするということもできると思います。

ブラウン　修習について少し述べたいと思います。ウィリアム＆メアリー大学では、学生がいろいろなシミュレーションをやっています。俳優たちが依頼人に扮し、一般的な企業の契約をしたりします。そこでは俳優から、午前2時に、学生に「助けてくれ」と電話がかかってきます。「私はテキサス州で工場を経営している者だが、移民帰化局の方が今、工場に入ってきて、工場の労働者を不法外国人として逮捕しているから助けてくれ」と言われます。そこで、法学部の学生が、「弁護士が必要ですね」と答えると俳優役で電話をかけてきた人は「あなたが私の弁護士です」と午前2時に電話で言われるわけです。そこで学生は大慌てになってしまう。チームを集めてきて、何とかしなければいけないということです。

　つまり、ここでも感情が活用されています。楽しいことでもあります。終わってしまった後は、学生たちは依頼人のことが好きになります。学生

たちは自分たちにも誇りを持つし、非常に楽しかったと語ります。ただ、本当に危機のシミュレーションが出てくるので、いつ何が起こるかわからない。電話がいつか鳴るというものです。ここに座っている私たちのロースクールの学生にとっても一つの脅威になるでしょう。

Q&A セッション

ブラウン　　では、どなたからか、質問のある方いらっしゃいますでしょうか。質問をされる方は、お名前とご所属をまずおっしゃってください。

会場発言（久保井一匡：弁護士）　　大阪弁護士会の弁護士の久保井一匡と申します。

　今日は、大変すばらしいシンポジウムに出席の機会を与えていただき、本当にありがとうございます。大変有益な情報の提供、その他ご意見をいただき勉強になりました。その中で最も驚いたのは、アメリカでは、弁護士の5分の1だけが自分の仕事に生きがいを感じていて、また、社会から尊敬されていないということです。アル中とか、うつ病、といったものにかかっている者が他の専門職に比べて圧倒的に多いという状況を、コルビーさんにご報告いただきましたが、それは、法曹倫理教育ができていないために、そういう現象が生じているのではなくて、アメリカの社会の本来必要とする弁護士の数をはるかに超える弁護士が存在している、100万人を超えると聞いておりますが、そのことに原因があるのではないでしょうか。やはり必要な数に抑えることが必要ではないか。日本でも、最近、弁護士の数を3倍増にすることに踏み切りましたが、アメリカのような失敗を決して繰り返してはならないなということを痛切に感じました。

　そこで、質問です。日本の場合は、毎年の司法試験の合格者を法務省がコントロールしています。いくら成績がよくても、年間、今であれば1,500人、近い将来は3,000人という一応の枠を決めまして、それ以上は合格させないという方法をとっております。アメリカでは、弁護士の適正量についてのコントロールを全くしていないのかどうか、また、今後もする意思

がないのかどうかをお尋ねしたいと思います。

ブラウン　　充実した討議のきっかけになるように思われますが、どなたかお応え下さい。

デービス　　もちろん司法試験はアメリカにもあります。しかし、何パーセントしか通さないとか、そうした決まりはありません。私の知る限り、現在、そうした計画も将来的にはありません。

　職業に対する不満と心理的な疾病が弁護士の中で多いということと弁護士の数との関連は非常に複雑な問題です。比較をするのは、なかなか難しいと思います。というのは、日本のローヤリングとアメリカのそれとの類似点あるいは差異を今やっと私も学びつつあるからです。一つの違いは、アメリカの弁護士のやっている多くの事柄が、日本では弁護士以外の人でなされているということです。弁護士の数が多いということも、そこに何か関連があるのではないでしょうか。例えば、商取引や信託や土地建物にかかわる仕事もアメリカでは弁護士がやっていますが、日本の場合、弁護士以外の人によってなされることが多いというふうに聞いています。

　したがって、十分な仕事がないからストレスを受けているということはアメリカの弁護士にはないと思います。なぜ弁護士がストレスを受けているか、いろいろなことが言われていますが、一つ明らかな点として、大きな弁護士事務所で仕事をするということの形態が、どんどん不健全になってきたことです。ビジネス化・商業化が、以前にも増して進んでおり、若い弁護士は非常に機械的な作業を押しつけられ、そして、パートナーシップを得るために、若い弁護士を競争させて、なかば強制的に何時間も何時間も仕事をさせるということになるわけです。ですから、特に大都市の大きな法律事務所で、パートナーになりたいと思うような弁護士は、大いに不満を抱いていると言われています。日本で普通に弁護士がされているような仕事の方が、よりやりがいのある、満足感の得られるものではないかと思います。それから、私達は弁護士として一括りにしていますが、日本では裁判官、検事、弁護士とが区別されているようです。

なぜ私達の仲間の多くが不満を感じて、やりがいのなさを感じているかについて、まだ頭の中の整理がついていませんが、少なくともこれまで合格者の数を制限することは考えられてきませんでした。

ブラウン　弁護士の数に関して注目されるのは、アメリカでは検察官は弁護士に数えられているということの他にも、弁護士の資格をもちながら他の職業に就くという人もいるということです。弁護士の資格を取り、数年弁護士として活動した後に、ビジネスマンになるといった例もあり、実際にも多く見られます。こういった人達も資格を持っていますから、「弁護士」として数えられています。弁護士会費を払っていますし、継続教育の義務があればそれを受けますが、現実にはただのビジネスマンなのです。

デービス　一つのいい例ですが、私のロースクール時代の友人は、依頼人になる方法を学ぶためにロースクールに来ているのだと常々言っていましたが、今ではニューヨークで非常に優れたビジネスマンとして活躍しています。

コルビー　ロースクールがこういった問題に対して対応できるかはわかりませんが、問題を一つ提起したいと思います。ほかの職業でもそうだと思いますが、看護の場合を取り上げます。看護も非常にストレスがかかり、大変な仕事です。看護学校において、イノキュレーション、接種するといいますか、医学用語が使われているのが看護らしいですが、要するに、大変難しい状況におかれるとうまく行動できず、やる気がなくなってしまい、そして、ほかの人を傷つけるという悪循環を目の前にすることがあります。

　社会心理学者はこういう方法を使うことにより、人の行動や経験をコントロールするのは状況の力であり、個人が状況に及ぼすものは重要ではないということを指摘しています。しかしながら、事前にちゃんと準備しておいて、何が起こるかということを予期させておけば、誤ったことをやるというそのプレッシャーに対してもきちんと抵抗ができ、そして、もっとその防衛力を強めることができます。完全でなくてもかなりの防衛力がつ

くと思います。ですから、悪用されることもなく、また働きすぎることもないということになるわけです。

本林 今の久保井先生の質問と関連しますが、イギリスでは、どんな状況になっているのでしょうか。イギリスには約10万人近く弁護士がいらっしゃると聞きますが、イギリスでの弁護士のメンタリティーや、弁護士を取りまく状況がアメリカと比べてどんなふうになっているのか、大変興味があるので、ちょっとお聞かせください。

エコノミディス イギリスの状況はアメリカとちょっと違っていると思います。大事なのは、法的サービスの市場における競争が熾烈になってきているということで、このことを念頭に置いておく必要があります。この競争というのは、法曹による産出を巡る闘いです。法曹の産出については、部分的であっても専門職が大学へコントロールを及ぼすことができなくなった領域といえます。そして、法曹による産出に対してのコントロールについては、政府や社会全体が非常に気にしているところです。なぜならそこには専門職が十分にそれ自体をコントロールできないという自信の欠如が現れているからです。この問題の背後には、疾患――それが実際にひどいものかどうかを問わず――を直すのは大学の倫理教育の役割だとする興味深い指摘があります。ただし、ここでの疾患は病的なものというよりもっと広いものです。イギリスにおける倫理教育の目的は、ロースクールの学生に対して、どれが正しいのかを考えさせようとすること、そして、学生に意味のある仕事をできるように準備させることにあります。

　そして、石部先生から指摘があった日本での法学の学位については、4万人の法学部の卒業生――私の知っているデータは旧く、最近ではもっと増えていると思います――が、毎年輩出されるようですが、厳格な規制があるために法学部出身の人たちは、みんな専門職に就くわけではなさそうです。

　石部先生がおっしゃった、このような状況というのは、ヨーロッパ大陸でも見られます。すなわち、この法学の学位というのは、目的としては、

法律をどう取り扱ったらいいかということを理解するというもので、しかも、これは応用でき、その他様々な職業で使えます。例えば、政府、公的部門、また企業で使えるということで、ただ単に法学部を出たからといって法曹になるわけではありません。

　イギリスの場合ですが、法曹にならなければ、やはり成功者ではないという感覚は今でもあります。イギリスでのこのプレッシャーは非常に強いと思います。そして私は元学部長として言わざるを得ないのですが、こういったプレッシャーがロースクールでも非倫理的な行動を生み出しています。例えば、論文の盗用といった問題です。私は大学で規律委員会に参画していましたが、この委員会は法学部の学生だけでなく、他の学科を学んだ後で法を学びに来た人達にも関係し、特に後者の人達が困った状況にあります。このように倫理基準が法のサービスをめぐる市場での競争激化の結果としてプレッシャーにさらされていると言えます。いい成績をとらなければいけない、そして専門職につかなければならないというプレッシャーが、非常に深刻な問題であり、だからこそ、倫理というものがすごく大事になってきています。

ブラウン　　どうもありがとうございました。皆さんの方から何かほかに質問がありますか。

会場発言（田中紘三：弁護士）　　田中紘三と申します。東京で弁護士をやっており、また、ロースクールで法曹倫理の授業を担当しております。

　デーモン先生にあらかじめ回答をお願いするということで、私の質問を始めます。

　シンポジウムでは、私は毎回同じような質問をしておりますので、出席者の皆さんは、私がどういう質問をするか大体予想できるかと思います。

　デーモン先生のお話の中で、グッドワークのためにはパーソナルアイデンティティを確立、成熟させることが必要であるということをおっしゃいました。「パーソナルアイデンティティ」というのは、非常にインディビジュアリスティックというか、ステレオタイプ化することのできない、個性の

あるものだと思いますし、それをいいとか悪いとかいう評価をすることは非常に困難だと思います。

そこで、私のそういう考えが間違っているのかどうかわかりませんが、法曹倫理の授業をするに際して一番の問題は、セメスターの一番最後に成績の評価をしなければいけないということです。法曹倫理というのは個性のあるものですから、「こういう倫理的な行動が正しい」ということを決めつけて、それに従いなさい、それに従えない者は成績が悪いということはできないと私は思っています。したがって、法曹倫理での授業の成績評価というのは非常に難しいと思うのです。アメリカでは、あるいは先生がご担当されている授業では、成績評価にあたって、そういう個性を一体どのような成績評価の中で位置づけられているのかを教えていただきたいと思います。

デーモン　大変重要で、しかし、大変難しい質問であり、私にも完璧な答えがあるわけではありません。この問題に関しては、日々格闘しています。といいますのは、私自身、やはり学生に対して成績評価をしなくてはならないからです。

完璧な答えはできませんが、しかし、私個人でのベストな判断だと考えている評価方法について申し上げます。唯一私が学生をフェアな形で評価できるものは何かといいますと、倫理的な問題に関していろいろと学生に資料などを提供し、その内容について学生がどれ程認識・理解しているかを計ることです。それは情報であったり、事実であったりし、時にはケースも取り上げます。アリストテレスとか、心理学の文献もあります。生きた人間の生活の中から理論を読み取ることもします。そして私が期待しているのは、学生たちがそれを学び理解し、その結果として、コースに入る以前より深く考えることができるかどうかということです。学生たちの理解度によって評価が可能だと考えています。そして、私が提供した教材の理解に対して評価をするということは、あなたがおっしゃった個人的な倫理的な責任感を評価すること、倫理的なアイデンティティを評価することとはイコールではありません。この後者の方は私としては決してできませ

ん。私ができるのは、私が知的な状況を学生たちに提供し、そして、そのことによって、学生たちが問題を真剣に取り上げる方向に持っていくということです。

　ですから、コースの教材として提供したものでもって評価できますが、個人の倫理観などは評価できません。教材に関してどれだけ理解したか、そしてまた、それらのアイデアをマスターすることがどれだけできたかということを評価します。ですから、おっしゃった問題に対して完全な、完璧な解決策ではありませんが、私が知る限り、これがベストなやり方です。

デービス　私たちのシミュレーションコースでは、今のところ学生評価をプログラムに組み込んでいませんが、評価制度を開発しようとしています。

　これは倫理のコースではなくて、学生たちが幾つかのその専門職としての判断とか、実際に自分がその場ならばどういう選択をとるかということを考えてもらうコースです。実社会における専門職としての判断として、絶対正しいとか絶対誤った答えはありません。だから評価ができないのです。

　ですから、今までの戦略としては、実際にガードナー先生と、これはマルチプルインテリジェンスのレベルでもって、学部レベルでのやり方ですが、コースの一番最初の段階で、学生に対して一連の基準をつくるわけです。この基準というのは、幾つかの次元において一定の理解度を要請していくことです。ですから、学生としては、自分たちがこういった次元に対して、セメスターを通じて理解を深めていかなければならないということがわかっていき、そして、自分たちの理解度を深めて、また能力を向上させていくことが期待されているということを理解していくのです。

　私の報告の中でも言いましたが、学生に対する概念的な情報の提供、計画立案、計画の実施、そして批評・批判の段階があります。私たちがやるのは、この評価の段階のものでありまして、学生たちが自分たちの仕事、また仲間の仕事を見る能力、そして、それを知性をもって分析するということをコースの最初の段階で、また事例ごとに提供した概念に基づいて評

価するということです。どういった選択肢をとったかということ自体は判断せず、その分析の質を判断するわけです。それでもやはり難しいですが。

ブラウン　反省の能力、そして自己自身を自分の職業の基準に照して評価するということで、実際のパフォーマンス、何をやったかということを評価するわけではないということですね。

会場発言（飯田隆：弁護士）　飯田隆と申します。私は、日弁連法務研究財団常務理事をしておりまして、ロースクールの第三者評価事業に取り組んでおります。その中で、法曹に必要な資質と能力、マインドとスキルは何かということが非常に重要な検討テーマになっておりまして、本日のシンポジウムは非常に参考になりました。ありがたく思っています。

　そういう中で、最近非常に興味深い経験をしました。ロースクール1年生にアンケートをとったのですが、そのアンケートには、「法曹に必要な資質・能力について考える機会がありましたか、どういう機会でしたか」、そして、「法曹の使命・責任について考える機会がありましたか、どういう機会でしたか」という質問項目がありました。

　あるロースクールでは、それについて多くの学生から回答が返ってまいりましたが、あるロースクールでは、ほとんど回答が返ってこないという、大きな違いがありました。そのロースクール2つを比べますと、カリキュラムはほとんど一緒です。アンケート実施時期は、同じく1年生の半年がたった段階です。にもかかわらず大きな違いがあったのはどうしてかなと、今、検討している最中です。

　そこで、質問ですが、先ほどethical missionということがございましたが、法曹の責任あるいは使命、倫理、こういうものを学生にしっかり考えさせるために、ロースクールでどういうような工夫、対策、努力をしておられるのか、特に、その中で有効だったものについてお教えいただければと思います。デービス先生に、NYUでのご経験等をお話いただければと思います。

デービス　ローヤリングのプログラムを最初に取り上げて、そして、その後、ロースクール全体について語りたいと思います。

ローヤリングのプログラムですが、これが始まるときには、ローヤーになることはどういう意味があるかや、法曹として批判的な評価ができるように学生に、教育をします。すなわち、コースにおいて、学生に対し、ローヤリングを実際に経験することを強要し、その経験を反省してもらい、そしてどういった専門職業人になりたいと思っているかということをよく学生に考えてもらうということです。このテーマというのは、どの批評段階でも出てくるものであり、ですから、実際こういうシミュレーションをやってくださいといっていますので、学生たちは、いろいろ本を読んだり、計画を立てたり、そして実施という段階に入っていくことになります。そして、その評価・批判の段階において必ずする質問というのがあります。それは何かといいますと、あなたが要求されたこの事案において、職業人の役割をどう思ったか、どういったコンフリクトがあったか、そして、どういったことが難しい問題であったかということを聞くのです。

要するに、私たちは、学生に対して特定の姿勢を取ってほしいということを、こちらからは押しつけたくないし、押しつけないことです。ただ単に、学生たちに対して、自分で十分にローヤーとしての選択をとらなければならないということを十分に意識して、そして批判的な対話をその選択に関してとるように、と言うだけで十分であり、「こうしなさい」というようなことは、こっちから押しつけない。これが第一番目の次元です。

2番目の次元、ローヤリング・プログラムですが、まずは、解釈に関しての演習から始まります。初めは正義を求めていき、そしてまた職業人としての責任という方向になっていきます。プロフェッショナリズムということでしょうか。最初から法曹に理解してほしいのは、彼らはこの法文化を形づくっていくことについて重要な役割を担っているということです。そして、クライアントに対して、弁護士として、法を解釈する際、また法の解釈に関して法廷で弁論をする際にも、彼らは非常に重大な権限を行使しているということです。すなわち、これは法の形成に対して影響力を与えていくことができる権力ということ、それを十分に本人に理解してもら

うということ、このことによって、彼らに対して使命感を与えることになるということです。そして、コルビー先生がおっしゃっていたところの、法曹というのが法廷における番人というイメージ、役割ということであり、私たちが言ったように二重の役割がある。すなわち依頼人に対して、そしてまた社会に対しての責任を負うという、この2つの二重の役割があるということです。ですから、ローヤリングのプログラムにおいては、学生たちが、この役割に二重性があるということ、そしてまた、彼らの法文化を形成していくにあたって重要な役割がある、責任があるということを理解してもらう。そして、自分たちの専門職業人としての役割を十分に考えてもらい、それに対して責任を持った形でもって行動してもらうということを要求しているわけです。

　さらに補足いたしますと、私たちは、アメリカのほかのロースクールと同じように、専門職責任を教えるということは必須だと考えており、その中にはローヤリングに関するルールを教えるということも含まれており、またそのためのコースもきちんとあります。そして、このコースの枠組みにおいて、教員は、学生たちに対し、その法律の文言そのものに沿うのではなく、法の精神を理解するようにということを教えていくわけです。ここには、やはり法律家の使命ということも入ってきます。

　それから、最後に、私たちが考えているのは、専門職責任のコースを、専門職のローヤリング・プログラムにはっきりと組み入れることです。ですから、どのコースにおいても、学生が専門職責任をそのコースの状況や事例に応じて考えてもらう時間を設けるようにしています。これも非常に議論のあるところであります。ほかのロースクールでもそうだと思いますが、こういった方法でも使命感を植えつけることはできない、みんなほかの人に押しつけてしまうからというようなことも言われています。そして、この方法をとっているロースクールに行った人の中には、決してそれではその専門職としての責任感とか、使命感を育成することにはならなかったという人もいます。しかし、真剣にやれば、これはコルビー先生が勧めていることですが、コースを設計する際に、各教科が専門職の使命というものを入れ込んでいくことができます。これは役に立つと思います。

会場発言（池田直樹：関西学院大学司法研究科教授・弁護士）　関西学院大学の実務家教員の池田でございます。

　「正義は教えられるか」という今日のテーマに対する答えの一つでもあり、今日のデーモン先生の基調講演をもとにした方向というのは、エシックスや法曹のモラルというものに結びつけられ、しかも、それをクライアントオリエンテッド、依頼者とか、そういう具体的なケースに結びつけて考えていくという方法があります。それを個々人で内面化をしていく、モラルを内面化していくという方向があることは非常によくわかりますが、もう少し違うアプローチも同時に考えられるのではないかと思い、少し問題提起をしたいと思います。

　プロフェッションの中で、弁護士あるいは法曹という世界において、他の職業と違う「正義」の考え方というのはないのだろうかと、どなたかがおっしゃいました。いわば法曹という中で、立場が仮に違っても共通に語れる「正義」というのはないのだろうか、そこから学生に切り込んでいく、その「正義」の中身というのを避けずに切り込んでいく切り口はないのだろうかということです。

　それは、今日そういうキーワードは出てこなかったんですけれども、恐らく法曹の世界で「正義」というときに、手続的正義（プロシージャル・ジャスティス）というか、要するに、立場は違っても、弁護士あるいは法曹として共通に尊重できる正義という部分があるのではないかというふうに思います。例えば、「どうして悪い人を弁護するんですか」という問いが弁護士に対してあるわけですが、そのときに、やはり弁護士というのは、普通はまずその人が悪いかどうかということをきっちり調べないといけない、そういう手続が重要なんだということは、恐らくみんな同意できるはずです。と同時に、仮に悪い人だったとしても、その人の言い分を全部聞くこと自体に大きな価値があるのだというような共通の認識があると私は信じたいんですけれども、そういった手続的正義から入ると、例えば、私は環境問題をやっているので、環境保護か開発かということにおいて、何が本当の正義かというと、その地域の経済的な向上かもしれないし、その

地域の経済的なインプルーブメントかもしれないし、あるいは自然保護が正義かもしれない。しかし、そこで、法曹として立場が違っても共通の言語としてあるのは、すべて将来の世代も含めた、その立場も含めたファクターをできるだけ抽出して、きっちり議論をし、そういう手続を重視して判断をしましょうという、そういった要素が恐らくあるのではなかろうかと思うわけです。

　ところが、今のロースクールの教育の現状を少し批判的に見ると、そういったいろんな利害の対立があるときに、日本語で「利益衡量」といいますが、利益のバランスを考えるときのファクターを並べて、どっちの立場になっても、そのファクターを、うまく組み合わせを使えるように、論理としてうまく組み合わせできるような訓練が非常に多くなされ、本当にそのファクターの中身まで問いかけをする時間的な余裕もないというところがあるのではないかと思います。もちろん、どちらが正しいかを決めるわけではないですが、そういったファクターの中の重要な部分を徹底して議論するというふうな教育がなかなかなされないという現状があります。

　そういった、「正義」の中身に踏み込んだ教育ということについて、問題意識とか試みをされているかどうかをそれぞれのパネリストの皆さんに、少しお尋ねしたいと思います。

デービス　　まず、申し上げます。もし質問を誤解していると思われたときには中断していただいて結構ですが、とりあえず答えさせていただきます。

　私の感触としては、先生のおっしゃることは全く正しいと思います。手続上の正義ということ、これがやはり法曹の教育においては非常に重要であるということは、おっしゃるとおりです。アメリカに、ジェームス・ボイド・ホワイトという法学者がいますが、彼は、非常に雄弁な形で法が形成されるプロセスについて語っております。そのプロセスの中でまず重要なことは、それぞれの対立する側がお互いに言いたいことをすべて言うことができ、そして意思決定者によりそれが十分に評価されることです。そのうえで意思決定がなされるということの重要性を唱えています。私達が

もし異なったシステムの下にいたとしてもその価値を理解しなければならないと思います。そして「悪い人間をどのように弁護すべきか」という問題は信頼と誠実さをもって応えられうるものだと思うのです。

さらに、この二重の役割論は取り入れられるべきだと思います。つまり、交渉や仲介ですべての問題を裁判所や相手方に提示したり、クライアントが紛争や話合いで持ち出す問題をできる限り公正かつ十分に主張すべき義務があるとしても、私の支持している結果のもつ社会的作用を同時に考慮することも、私自身にとってもクライアントに対しても義務だと思うのです。例えば、開発のメリットを宣伝している会社を考えてみましょう。弁護士は、社会的責任やコンプライアンス（特に環境法があげられますが）について、しかもできるだけ逃避するのではなく、むしろ積極的に責任を果すのだという姿勢でもって、それらを実行すべきことを、助言という形であれ、その会社の役員と話合うべきだろうと思うのです。もちろんそれに反対する意見もあるでしょうが、私はそうすべきだと思うのです。それと同時に、自然保護論者の側に立ったり、環境問題を取り上げるときでも、（これには立法運動や交渉あるいは訴訟といった場面が考えられますが）、当の弁護士とクライアントは開発利益をも真剣に考慮しないと成功しないでしょう。

したがって、ロースクールの学生にとって重要なことは、依頼人の弁護者として義務を考えると同時に、カウンセラーとして法文化の創造者としての義務を理解することだろうと思います。

会場発言（池田直樹）　　think like a lawyer というときに、ローヤーというのが、単に目の前の法的な短期的な結論ということ以外に、より大きな社会的コンセプトあるいは歴史的なコンセプトまで考える、そういうローヤーの考え方を身につけてほしいと思いますし、判決の結果、結論だけを考えるのではなくて、それのインパクトだとか、それが本当にどういう影響を与えるんだとか、そういうことまで本当にロースクールで教えられるのか、教えないといけないんですけれども、教えるとしたら、それはどういう場面をつくればいいのだろうか、どういう方法がいいのだろうか、そ

れが一番の悩みです。

エコノミディス　ごく簡単にお答えしてみたいと思います。非常にすばらしいご質問だと思います。我々が今、話をしようとしているところの核心をついていると思います。実は、かなりのリサーチが行われており、私が編集しているジャーナルにおいても、ロースクールの学生の価値ということに関して長期的に調査が行われております。また、アメリカにおいては、特に、中核的な価値（弁護士業務の基本的価値）ということで、「マクレイト・バリュー」という形で知られているものがありますが、これがやはり参考となるのではないかと思います。ただ、ここで重要なことは、こういった価値というものを異文化の観点からも捉えてみるということでしょう。コーヒーブレイクのときに、異なる環境のもとでその法的サービスが行われているというその背景的な違いについて話していましたが、日本でも、イギリスでも、やはりその実務のあり方、スタイルというのは、都市部においてのやり方と、農村部とでははかなり違うでしょう。でも実際に関心があるのは、弁護士はどこで活動しようともいくつかの共通の指標があるのではないか、また、ロースクール生に伝えることのできる重要な思想があるのではないかということです。今日の午後は、彼らが何をしているのかということをインタビューして、そして、調査しているということについて話をいたしました。確かに規制をされる業種でありますけれども、また歴史を考えるならば、そういった業種であるということは明らかですが、しかし、そんな中でも、中心的なローヤリングの価値はどこにあるのかということを探求し続けなければいけないと思います。

　そして、それは異なる文化の比較をしてみても、共通点を見出すことはできると思います。いろんな形で、例えば、イギリスではどういう状況で、どういう形で倫理を教えているのかということ、例えば、マルチプルチョイスを使うとか、あるいは記録をつけるとか、経験を日誌に残すとか、そういった形の教え方もありますが、クーパーとトルーベックが編集をしております『Educating for Justice』という本がありますが、これはエッセー集で、世界中からのものを集めて、2巻に分けていますが、これは公益の

アドボカシーとか、クリニックの使い方、アメリカでの状況などについて多く書かれています。これはまた、インドとか第三世界の国も含めて、どういう形で正義を教えることができるかという世界各国の状況を比較することができる本になっているわけですが、まず、こういった議論を一つ上のレベルに上げていくべきではないかと思っております。どうすれば最善の形で教えることができるのかということです。

石部　池田さんのご質問に対して私の考えを述べますと、これは法曹倫理、弁護士倫理だけの問題ではなく、つまり、法学全体の、ロースクールも、法学部も含めまして、大学における法学教育という問題になってくると思います。例えば、利益衡量論などを引き合いに出されましたけれども、現在問題になっている多くの重要な問題というのは、環境問題にしても、医療問題にしても、例えば、開発利益と自然保護の利益という、要するに、これは利益衡量または価値判断の問題になるわけですが、そういう問題に直面した場合に、今までの法学教育でいいのだろうかと。単なる利益衡量をやりなさいと、それぞれが直感的な価値判断というのは、これはカント的な言葉を使いますと、実践理性の問題であって、理論理性ではない。認識ではなくて、判断の問題になるわけですね。ですから、そういう判断といえば、これは、一つは既存のルールをどう適用していくか、逆に新しいルールをどう帰納し形成していくかということになるわけですが、多くの問題は、既存のルールがもはやないところで問題になってくるわけです。そういうところは、私は報告の際に、「法律学、あるいは、それ以外の人文社会科学、自然科学の英知を結集して」などと抽象的な言い方をいたしましたけれども、法学の中だけで申しましても、やはり法社会学者、法史学者、法哲学者、みんな加わって解決に立ち向かわなければならないのですが、従来は、そういう基礎法学者というのは、法学の中でかなり疎外された立場にあるといってよろしいかと思います。ですから、そういう価値判断をする前提は、科学的に見てどうなのかということをできる限り出さなければならない。それでも決定はできないと思います。その際には、いろんな人たちの議論を踏まえて理性的な判断をしたらどうなるか。それも

最終的に正しいということにはならないと思いますが、ドイツの連邦憲法裁判所の判決なんかを読んでみますと、一つの例は、いろんな団体の、例えば教会であるとか、あるいは労働組合であるとか、学者の意見であるとか、女性団体の意見であるとか、そういう意見をみんな聞いた上で、そして、どういう判断をするかというところが率直に書いてあることがあるんですね。日本の判決は、余りそういうようなことがないわけですけれども、実際にその判断をする場合に、そういうようなことが必要なのではなかろうか。これは、やはり法科大学院のというより、法学全体の問題だというので、そういう点では、実務家の方と理論家の方、理論家の中でも実定法学者と基礎法学者ももっとオープンに議論しなければならないのではないかというふうに私は思っています。

デービス 今の発言を、私もいまいちど強調したいと思います。そして、それと同時に、もう少し、ご質問のあったところの狭いところにお答えしたいと思います。どうすれば学生たちに中長期的な見方を教えることができるのかという意味で質問を理解させていただきました。学生たちに法を使わせるということに答えがあると思います。法を使うということは、状況としては、第三者の意思決定者、例えば、判事が選択を迫られるという場合に法を使う、あるいは、ある特定の人が一定の行動をとるよう説得する際に法を使うことが考えられます。後者の場合には、その人（達）はさまざまな形で利害を一致させることになります。したがって、意思決定者、判決を下す者あるいはその当事者の間で何らかの解決策を模索しなければなりません。訴訟を考えてみましょう。判事が判決を下す場合、学生には、最終的にその意思決定者が考えるのは中長期的な判決の影響であるだろうということは明らかになると思います。そして、おっしゃったとおりに、社会的な政策に絡んだ決定がそこにはあるということです。私は、道徳性よりも社会的な政策に絡めて話をしてきましたが、政策判断をする場合には、確かにすべての分野を取り込んで判断をしていきたいと思うでしょう。したがって、いまお話がありましたように、すべての関連当事者の視点を判断する能力を持つということ、それは我々が何を知っているのか、社会

科学の分野で何がわかっているのか、こういう形で決定が出ることによって相手方の当事者がどういう影響を受けるのかを考えることが必要です。また、意思決定者がそのような状況のもとで最善の決定ができるように仕向けていくということも重要です。やはり何かを提唱するためには、中長期的な影響を無視することはできません。意思決定者もそれを考慮に入れるからです。

デーモン　もともとの質問に立ち戻って、「手続上の正義」という話をしたいのですが、これは非常に興味深い点だと思います。やはりおっしゃったように、共通に議論すべき、そして教えるべき根本的なことで、そのとおりだと思います。それに加えてもう一つ申し上げるとするならば、手続を理解し、そうした手続がどういう形で法体系に、あるいは法の実務に関連づけられるかを学ぶということで、その中で特に重要なのは、学生たちにその手続の根拠を教えることです。どういう形で形成されてきたか、歴史的な内容あるいは比較法的な内容を伝えるということが重要です。石部先生は、歴史を教えることが重要、さまざまな法体系の比較も重要とおっしゃいました。私も同じ意見です。なぜそれが必要と感じるかという理由の一つとして、学生たちに「なぜ」という問いかけができるからです。そこが往々にして欠けているということが、教育の中でどのような領域においてもあると思います。学生は概してルールを学び、手続も学ぶ。そして、それを丸暗記して実践しようとします。そこで何が危険かというと、間違って手続を実践すると、それは手続上の正義といっても結果的に不正義になってしまうことです。学生が、その法の精神や、なぜそういうものができたかを理解していなければなりません。一つ希望として我々が願うのは、学生たちに常に問いかけてほしいということです。そして、改革を続けてそのシステム、体系の進化を促してほしい。唯一それを可能にするためには、やはり「なぜ」ということを学んで、「なぜ」という問いかけを身につけてほしいのです。

本林　大変にいいご質問で、「正義とは何か」ということをその本でひ

もとくと、一つは、手続的な正義、それからもう一つは、その人に値する配分といいますか、権利を与えるということ、もう一つは、その内容の公正さというようなことが普通言われます。後者の2つはいろんな実質論が入りますが、一番最初の手続的なものはわりとニュートラルで、両方に対等の関与のさせ方ができるということで、そこでは「正義」というものが一致できるのではないかというお話だと思います。私は、2年間日弁連会長として司法改革をやっていたときに、この問題で一番悩んだのは、弁護士報酬を負けた方に負担させることにすべきだという法案が出てきたときです。そうするのか、それとも、今、日本で行われているように、勝っても負けてもそれぞれの依頼者が負担するのかという、この議論のときに、その新しい法案の立場というのは、原告、被告、いわば民事訴訟では対等に扱うのだと、だから、勝っても負けても、負けた方が相手方の費用を負担するのはニュートラルだからいいじゃないかといわれました。ヨーロッパでは、負けた場合には相手方の弁護士の報酬も負担します。要するに、両方の当事者を対等に扱えばいいという発想でできているわけです。ところが、実際によく考えてみると、負けた方が負担するということになると、さっき申し上げたように、社会的な弱者が訴えを起こそうと思ったときに、いろいろ世の中を改革するために、いろんな訴訟を起こそうとするときに、もし負けたら相手方の弁護士の費用まで負担しなければならないということになると、それは萎縮するだろうと考えました。そうすると、両当事者を対等に扱う、形式的に対等に扱うということではやはりすまない。手続の立て方自体にかなり弱者を保護する、そういう発想で手続をつくっていかなければならないのではないかと。だから、手続そのものをつくるときにも、かなり実質的な判断で、その不平等を本当に実質的な意味での平等にするための手続を念頭に置きながらやっていかなくてはいけないのだというふうに思ったわけです。

そういうことからすると、例えば、ヨーロッパでは、形式的に両方の当事者を民事訴訟では対等に扱いますが、訴えを起こすときに、社会的な弱者であっても、例えば、リーガルエイドあるいは、権利保護保険というようなことがかなり完備されていて、普段から保険料を支払い、いざ訴訟を

起こすとき、あるいは負けたときに、相手方の弁護士費用を負担するという段になっても、アウトポケット、要するに自分のポケットから出さなくてすむという福祉的な制度がいわばバックアップでついています。だから、形式的に平等に扱ってもいいのだと思いました。

　一方アメリカでは、それぞれの弁護士の費用はそれぞれが負担するというのが原則で、例えば、相手が行政等の、公権力の場合に、そういうところで不法、違法が行われていたというときに、もし原告が勝った場合には、自分たちの弁護士の費用も相手方に負担させることができるというような、かなり実質的な平等を図るための手続設定をしているわけです。手続そのものにかなり実質的なものを入れています。

　ヨーロッパとアメリカのものの考え方の違いという点において、私もかなり考えるところがあったのですが、日本には、そういう福祉的なものがまだ全然整っておらず、弱者が訴えを起しにくい。その両面から、裸の弱者にとってはよるすべもなく、弱者への配慮が不十分な制度になっているということで、結果的にはこれは廃案というところに持っていけたわけです。

　そういう意味で、その手続的な正義というのも、もう一歩入ると、手続の組み立て方にかなり重要な配慮というものがそれぞれ必要になってくる部分があるのではないかと思います。

ブラウン　ありがとうございます。経済的、政治的な側面ということで、ルールを適用する前の段階についてお話いただきました。

会場発言（関西学院大学司法研究科入学予定者）　法学未修者としてこれら法学を学んでいきますが、その法学を学ぶ以前に学んできたこと、例えば、経済学の博士号を持っているとか、社会学で勉学を積んできた者が、法学の分野に入っていき、これまで学んできたものとこれから学んでいくものを融合させていく際に、どういった形で融合させていったらいいのかということと、学生側から、学生はどういった形で融合させていけばいいのかということと、その融合を助けるために、現在、アメリカやイギリス等で

ロースクールのカリキュラムが工夫されていたりとか、教授方法とかで気をつけられている部分などがあれば、教えていただきたいと思います。

エコノミディス　イギリスでは通常、ロースクールに入る前に別の科目を学ぶことがなく、まず、18歳からいきなりロースクールに入るというのがほとんどです。ところが、10年前に、大きな弁護士事務所ははっきりと次のようなことを言っています。法学以外の学位、例えば文学、政治学、人文科学、あるいは理学部系の学位をとった人が法律を学んできた方がいいと、これは、アカデミックな法律家の間で大きな問題になりました。教育の中身、つまり今までの価値観が問われたからです。

　さらに議論が進みまして、イギリスの法教育での改革の一環として言われたのは、次のようなことです。法学部の学生は、ルールすべてを修得しなければなければいけない。ローヤーとしての考え方を身につけなければいけない。それに加えて、法律の内容を理解する。脈絡を理解する。これは社会、経済、倫理、いろいろな脈絡があるわけですが、それを理解する。ただルールだけの知識ではいけないということです。

　さらに、今日の午後我々が取り組んできたテーマとしては、法教育の成果としての理解が十分なものなのかどうかということでした。そこで、皆さんにもお尋ねしたいわけですが、皆さんとしても、こうした基本的な価値観、正義であるとか、法の支配というのを法教育の一環として学生に身につけさせたいと考えるのか、そして、その場合、どのような形でローヤリングの価値観にコミットメントしようとしているのかを問いたいと思います。

　イギリスの場合、経済的な問題から、それから倫理的な問題もあるので、簡単に申し上げますが、法教育の期間は、イギリスでは短くなりました。もう少しドイツのシステムのように長期化すべきだとの意見もあります。ドイツはまた逆の方向に進んでいるように聞いています。教育期間を短くしたいと、そうすることで、ヨーロッパの諸国との競争力を上げられるのではないかと……。

　なぜイギリスにおいて法学教育の期間を延長したくないといったかとい

いますと、期間延長は法教育への参加を狭き門にするからということです。すなわち、より貧しい人は法律の勉強をしにくくなる。そうなりますと、社会的な背景が変わってくるということが、弁護士に関して言えるわけです。最近では、高等教育全体で女性、エスニック・マイノリティ、あるいは貧困層の人を増やすべきだという意見では、特に、学部学生、法学部の学生が注目されています。したがって、法教育の期間を長くするということになれば、よりお金がかかり、エリートだけが入るようになってしまうということで抵抗があったわけです。このように、法学部やロースクールでは、より長くという法学教員の要請と社会経済的な要求との間のジレンマに直面しています。これは法学教員に限られませんが。

ブラウン　私の方からも今のご質問に答えたいと思います。私が30歳代前半に、古代ギリシア・ラテン語の教鞭をとっていたときに、ロースクールに入学しました。私の教授たちは、そういうのは法律から一番離れたところにいたものだというふうに捉えていましたが、私は、古代の修辞学を学んでいたことは、私にとって議論を組み立てる際に非常に役に立ったと思いました。ロースクールの進化は非常に遅いのが残念ですが、80年代初頭の私の経験からいいますと、当時の教授陣たちは、私が持っていたスキルの価値観をよく理解していませんでした。ただ、私が夏休みに仕事についたときに、非常に仕事がうまくできるようになっていました。いろいろなトレーニングを過去に受けていたことが成果につながりました。

　私が個人的な形でそのプロセスを見たり、取り入れることができたわけですが、幸いなことに、アメリカのロースクールにも進歩が見られまして、レトリック、特に古代のレトリック、説得、弁論術、あるいは説話の使い方であるとか、情緒的な適切な使い方、あるいは注意深い使い方、こうしたものがアメリカの法律のカリキュラムの中心になっています。その教科書もありますし、コースもありますし、そのようなスキルについて真剣に議論がされ、テクニックとして重視されてます。

本林　今のお話ですが、例えば、経済学でPh.D.をお持ちになっていれ

ば、もうあなたの将来はバラ色だと思うんですよね。といいますのは、私どもの時代は、法学部で学び、そして弁護士になっており、教養科目はありましたけれども、要するに、法学のルートでしか、ある特定の教養科目をつめて学んだということはありませんでした。弁護士になってから、その仕事ごとにできるだけの勉強をしてきたということであって、例えば、工学部あるいは物理学、数学科を出た人が、これから一番発展の可能性のある分野の一つである、例えば知的財産権とか、ITとかいった分野にいかれるときに、そういう技術的なバックグランドを4年間きちんとやっておられたというのが、どれだけあなたの将来に生きるかということです。

　だから、得意な分野を強いバックグランドとして持っているというのは、これは融合云々という前に、これからそういうものをベースとして法学を学ばれれば、その接点というのはたくさんあるわけです。例えば、経済学だったら、恐らく一番生きるのは、独占禁止法のその市場というものをどうやってとらえるかとか、経済的にインパクトがどうかとか、そういうようなときに、法学部しか出ていない人には到底持ち得ない能力がそこで発揮される。だから、弁護士というのは、法律以外のことをやっていたことが生きる仕事であり、そういう意味では、非常にエキサイティングだと思います。何も心配することはありません。

会場発言（関西学院大学司法研究科1年生）　　あえて英語で質問をさせていただきたいと思います。これほど愚かな質問はないと思うんですが、「正義は教えられるか」という質問を問いたいのですが、つまり教えられたことは、すべて学んで、初めて教育の効果を上げるわけですが、そういう意味で、正義は教えられ、学ぶことができるのかというのが質問です。

デーモン　　では、あえて私がそれに答えたいと思います。今日は、その問いに対していろいろ楽観的なお話を聞いてきたと思います。特に、私が嬉しいと思ったのは、いろいろなことを学ぶことができただけでなく、コンセンサスを得られたことも非常に多かったことです。意見の一致が多々ありました。何が教えられるか、正義について何を教えるべきか、どこに

境界線があるのか、どういう形で正義が教えられるのか、その方法、また、実践面での意見の一致もあったと思います。法律家が大学を出てから実際に何ができるかという実践面についても、崇高な正義の探求においていろいろと意見の一致がありました。だから、この質問に対する明るい展望や確言を、あなたはすでに今日得ていると思います。

会場発言（村上博一：関西学院大学司法研究科助教授・弁護士）　非常に長時間の議論にわたってお疲れのところを申しわけないのですが、教育方法との関連について、関西学院大学でバーチャル・ローファームをつくるために、このようなシンポジウムを開いておりますので、それに関連して１点だけご意見を聞きたいところがございます。

　私は現在、修習生の担当委員をしており、来年から、弁護士とか裁判官になる修習生を私の事務所に受け入れて、そこで研修させるという作業をしております。私は、修習委員が初めてなので、できるだけ模範的な弁護士になろうということで日々苦労しているところです。今回、バーチャル・ローファームをつくるというプロジェクトにあたって、バーチャル・ローファームで予定されているのは、各教員たちがボス弁になり、ロースクール生をイソ弁にし、法律事務所をつくっていこうという作業です。そこの中で、先ほどメディカル・クリニックのお話が出ましたが、ボス弁が例えば間違った指示をして、それに対する関係での学生の反応を見まして、その中で法曹倫理教育を行っていくということは教育のあり方として相当なのかどうなのかということと、もしそれが相当であるならば、例えば、「間違いだらけの法律事務所」とか、「問題のある法律事務所」、それを仮想的なものとしてつくり、そこにロースクール生を押し込んで法曹倫理教育を反面教師として実現していくということは望まれるべきなのか、それともやめるべきなのかということについて簡単にご意見をいただければありがたいと思います。明日に続く議論かもしれませんが、よろしくお願いします。

コルビー　大変いい質問です。このことは私も随分考えてきました。倫

理、また職業に対しての責任を教える場合、学生たちがクリニック等で、悪い実践モデルを見た場合、前向きのいい学びということができるか、それとも悪いことを学ぶのかということですが、最近、看護教育でこういった例を見ました。看護学生が病院に来て、経験のある看護師の監督のもとで仕事をし、夕方には、みんな集まってミーティングをします。私がインタビューをしたところ、多くの人たちが非常に記憶に残る経験を話しました。看護師がきちんとやるべきことをしていなかったとか、配慮を持って患者に対して十分なケアを提供してなかったとか、また技術的な能力が十分ではなかったこともあるとか。看護師として積極的学習のあったことを非常に印象深く感じました。すなわち、看護師として正しく行動をするということはどういうことかを考えるある程度の準備も必要で、それがわかって、初めてマイナスの悪い行動を、いいやり方は何であるかと対照して見ることができる。そのように悪い例を見れば、非常に印象深いということです。

　他方におきまして、人々をかなり圧力ある状態に置いてしまい、倫理的にもちょっと近道をとり、悪い行動をするような場が増すと、悪い例を見て、「これでもいいんだな」と思ってしまうという危険性もあります。

　ですから、悪い例によって、悪い行動を増長させてしまうということにもなりうるし、また、いい行動を引き起こすことにもなりうるということです。シミュレーションを使う方法、それからまた実践という形でやっている教員側においては、いろいろとそのコースの準備の仕方も注意深く行ない、そして、悪い例からもいいことを学ぶという方向に持っていかなくてはなりません。

ブラウン　これをもちまして終了にしたいと思います。まず、皆様方、同時通訳の人たちに感謝してください。今日は随分国境を越える話がありましたが、そのことが通訳によって可能になったということです。

　長い1日でありましたけれど、6人のスピーカーの方々をはじめとして、皆さん方にとっても、非常に実りの多い1日であったのではないかと思います。本当にありがとうございました。

180　第一部　シンポジウムと討議

松井　密度の濃いシンポジウム、ありがとうございました。
　基調報告者のお二人及びパネリストの方々に心からお礼申し上げます。
　参加者の皆様も長時間ありがとうございました。また明日よろしくお願いいたします。
　（拍手）

論点についての自由討議

パネリスト　　ウィリアム・デーモン（米スタンフォード大学教授）
　　　　　　　本林徹（前日本弁護士連合会会長）
　　　　　　　アン・コルビー（米カーネギー教育振興財団シニアスカラー）
　　　　　　　ペギー・クーパー・デービス（米ニューヨーク大学教授）
　　　　　　　キム・エコノミディス（英エクセター大学教授）
　　　　　　　石部雅亮（大阪市立大学名誉教授）
コーディネーター　豊川義明（関西学院大学司法研究科教授・弁護士）
司　会　　　　松井幸夫（関西学院大学司法研究科教授）

2005年3月20日（日）10：00～13：00
於：大阪国際会議場 12F　特別会議場

豊川　おはようございます。昨日のシンポジウムに続きまして、自由討論という形で進めていきたいと思います。

　実行委員会の方で、「論点」（P227 参照）という形で既に準備をし、お配りもしていると思います。この論点に従って進めていきたいと思います。パネリストの皆さん方、本日もよろしくお願いします。

　昨日のパネリスト、また会場からの発言で、我々が準備いたしました論点のほとんどが、既に問題提示されております。そういう状況ですので、それらを私たちの方で3つの柱に分けましたけれども、相互に関連し合います。第一の柱は「法曹のモラル・アイデンティティの教育」、第二の柱は「多角的な法教育」、第三の柱は「法教育における教育理論」ですが、この第三の柱は、倫理教育のロースクールにおける具体化ということになろうかと思います。ですので、本日全体の論議の中では、第三の柱を中心にしていけたらなというふうに考えております。

　既に昨日、パネリストの方々から非常に刺激的な問題提起がありましたし、また、すばらしい経験が示されました。それらに関して、参加者の中

からも、発言通告がなされております。

　昨日は実務家の教員からの発言が多くありましたが、日本の法学教育あるいは司法試験という点から言うならば、研究者の方々を中心として法学教育がなされてきたわけであります。当ロースクールにおける研究者の方々も、教育についての長い経験をお持ちなわけですから、ぜひ今日の討論の中では積極的なご発言もお願いしたいと思います。

会場発言（西尾幸夫：関西学院大学司法研究科教授）　　西尾と申します。
　2つ質問といいますか、ご意見をお聞きしたいと思っています。
　昨日、池田先生が、「手続的正義、procedural justice」ということを指摘されましたが、それとの関係で質問させてください。池田先生は、次のように言われたと思います。「手続的正義は、紛争当事者が、権力や強制のない状態のもとで討議を尽くして、合意または妥協に達することにあり、弁護士は、その実現に寄与するもの」として位置づけられたと思われます。この「手続的正義」は、ハーバマスの討議倫理といいますか、ディスコース・エシックスあるいはディスコース・セオリーに通じるものだというふうに思います。
　ただ、この手続的正義は、単なる弁護士倫理の問題としてではなく、裁判官あるいは検察官にも妥当するものではないかと思われます。つまり、公平でかつ客観的に予断を廃して、当事者──「当事者」という場合、民事も刑事もすべての紛争における当事者ということですが──の主張を聞いて、また丁寧な事実認定をするということにも通じるのではないかと思うのです。この意味では、手続的正義は、法曹倫理一般に通じるものだと言えるのではないでしょうか。したがって、「正義」の問題を考える場合でも、弁護士倫理ともっと広い意味での法曹倫理とを区別して考える必要はないのかという問いです。
　この点は、特に、アメリカ及びイギリスのような法曹一元化の社会では、むしろ法曹全体の倫理として、その重要性が指摘されているのではないかと想像しているわけですが、その辺のところを、意見なり、あるいは実態なりを知らせていただいたらと思います。

豊川 アメリカ、イギリスではどうかと質問が出ておりますので、アメリカの方につきましては、デービス先生、どうでしょうか。

デービス まず初めに、もう少し確認をさせていただきたいと思います。質問を正しく理解したかどうかということの確認ですが、確かに、全くおっしゃるように、弁護士倫理とリーガルエシックスとの間には違いがあるのではないでしょうか。すなわち、システム全体として誠実性（integrity）にかかわる問題だと思うんですが、確かに「手続的な正義」という場合には、システム全体として本当にフェアであるかということは重要視すべきだと思います。そのことは、弁護士自身がコミットする倫理とは区別すべき問題だと思います。

エコノミディス 私の方からイギリスの観点でお話をいたしますと、確かに弁護士の倫理と法的なシステムの倫理を区別することは重要だと思います。ただ、興味深い点は、果たして、特に、その法曹倫理が、何かほかのリベラルプロフェッションの倫理と違うところがあるのかどうかということです。もしそうであるならば、それは弁護士の特定の手続に対する把握、理解に関わっていると思います。そして、質問はさらにそれを深く問いかけていると思いますが、ここではフェアネスの問題、そしてまた、相手方の意見も十分聞くこと、あるいは偏見ということに関わっています。「ナチュラル・ジャスティス」というのがイギリスの行政法の中に使われていますが、それがフェアな手続というものを語っています。そして、これはイギリスだけでなく、ほかの法体系の中でも見られることです。したがって、どこであれ、弁護士は、自分たちがやっていることの手続的な重要性ということを理解しなければいけません。

しかしながら、このアドバーサリアル・モデル、すなわち裁判が中心となっているということが、他の法的な仕事によって取ってかわられているというふうに思います。そこで様々なその他の形態として、紛争解決の手段が登場してきているわけです。これは、単なる正式な法廷の中の手続だ

けではなく、インフォーマルな手続というものが、裁判所の域を超えて現実の世界にもあるわけです。弁護士には、「倫理」を考えるときに、このアドバーサリアル・モデルというのが依然として意味があるのかどうか、新しい形態というものがどんどん出てきている中で、意味を持つものなのかということが問いかけられていると思います。例えば、このアドバーサリアル・エシックスというのが、倫理的にいえば、相手側を忘れるということ、いわば党派的な立場を弁護士がとってしまって、相手方があたかもいないかのように振る舞ってしまうということは問題だと思います。日本では、調停、また、もっとソフトな形で紛争解決をする手段というものが出てきているのもそのためだと思います。しかし、もし本当に何か弁護士の価値観、倫理観というものがその他の職業とは違うということがあるとするならば、それは、やはり「公正な手続」というところに主眼を置いているというところにあると思います。

デービス　もう少し私の方からもつけ加えたいと思います。その点に関して私はアメリカとイギリスは反対方向を向いて走っているとは思いません。実は、アメリカの法教育において見られる一番劇的な変化は、やはり調停、また交渉の重要性が語られるようになったということです。そして、基準としては、紛争を調停で解決することの意味はどういうものなのかということにも重点が置かれるようになっています。エコノミディス先生がおっしゃったことは、弁護士にとってもチャレンジを投げかけます。すなわち、アドバーサリアル・システム、当事者主義の中で生きてきた弁護士にとって、課題を提起するものであります。

　そして、こういった新しいモデルが導入される中で、我々自身を再考しなければいけないということが迫られています。我々は、みずからをもっと問題解決者としてとらえ、依頼人のプロジェクトの解決を目指してのファシリテーターとなるべきであり、多様な対応ができるようにしなければいけないと思います。アドバーサリアル・コンテキストでいくのが必要であれば、それを取り入れ、そうでない場合には、別の手段もとりうるような柔軟性がなければいけません。

よくあることは、台頭している新しい機会、すなわち調停のような場でのコンテキストというのはゼロ・サム的な考え方をするのではなくて、むしろすべての当事者にとっての利益というものを最大化できる手段というものを考えるものです。目的は、後ろを振り返って判断するのではなく、前向きに紛争を解決するというところに置かれているわけです。

そして、そのようなシステムにもどんどん入り込んでいきますと、確かにより懐疑的になってきますし、アドバーサリアル・モデルの正当性について疑問を持つようになるということもあると思います。

エコノミディス　私もデービス先生のコメントにもう一度つけ加えたいと思いますが、このアドバーサリアル・モデルの裁判というものを、倫理の観点から考えますと、やはりそれは、意味があるわけです。裁判には相対する当事者がいるということ、そして、それぞれに代理人がいるわけで、これを「倫理論」という観点から見ますと、やはり美徳、倫理観ということで弁護士の人格を問おうとしている人たちはこう言うかもしれません。最終的に、弁護士が自分たちが信じないようなケースの代理人として、あるいは同調もできないような事件を担当して弁護していくということは、弁護士の人格にどのような影響を及ぼすのだろうかと言う人たちもいます。そして、専門職としての役割ではそうですが、専門職に対する影響だけでなく、弁護士の個人の人格に対してどのような影響を及ぼすのかということまで問われ始めているということです。弁護士たちに関する皮肉ということも言われましたが、それは、やはり弁護士が果たしてきたこのような役割に関連してのことではないかと思います。裁判という現場の中では、今までのような形で弁護士たちはやってきたわけで、そうでないような状況が今、問われています。そして、その中で、やはり相手方も重要なのだということを認識するような倫理観ということが語られているのではないかと思います。

豊川　昨日のパネルの延長で、非常に本質的な部分に関する問題提起です。本林先生、日本の弁護士の側から見てどうでしょうか。

本林 　西尾先生のおっしゃったことは、非常に大事なことだと思います。我々日本の弁護士は、どちらかというと従来は法廷活動に中心を置いていたので、この手続的保障、デュープロセスというのは、特に刑事事件等について、被告人が十分適正な手続のもとで十分な審理を受けて、有罪・無罪を決めてもらうという意味で、これは弁護士倫理以前に刑事手続のシステムとして当然尊重する対象であったわけです。しかし、今、エコノミディス先生、デービス先生がおっしゃったように、これからの日本の弁護士の活動の範囲というのは、法廷のみに留まりませんので、例えば、行政でのいろんな手続、審問手続とか、聴聞手続とかもありますし、昨日、池田先生がおっしゃったように、例えば、何か大きな建物をつくったり、施設をつくったりするというとき、環境にどれだけ影響があるのかと、そういうアセスメントの手続を適正にくみ上げていくというようなところにも、やはりむしろ弁護士の倫理の問題が拡大されてくるでしょう。昨日、弁護士報酬の敗訴者負担の問題で申し上げましたが、ああいう何か新しいものをつくるというときに、手続そのものがまた実質的に見て平等というものが確保されているのかどうかということも、やはりこれから我々は考えていかなくてはいけないと思います。

　ですから、アドバーサリアル・システムとおっしゃったのは、基本的には法廷のことだと思いますけれども、法廷、訴訟における手続的な正義というものを、弁護士の活動分野の拡大に応じて、それをどういうふうに弁護士の基本的な考え方として公平性を保っていくことにするか、どういう役目をつくっていくか、これが我々の今後の課題だろうと思っています。

豊川 　本林先生からお話がありましたように、恐らく日本の弁護士は、ADRにおいても、たとえ相手が弁護士がつかない市民であったとしても、そういう手続的な正義というものを確保した中で解決をしていこうという方向性をかなり共通にしてきたのではないかなと考えております。

会場発言（池田直樹） 　今、一つ日本で起こっている大変おもしろい現象

は、ADR 機関がたくさん増えてくると、そこに、弁護士以外の資格を持った人たちが、代理人として入ってくることです。そのときに、むしろ手続の公平性を保てるのは弁護士であり、だから、弁護士のような倫理を持った人間でないと、そういう手続を主宰あるいは手続の代理人として関与する資格がないのではないかといった議論もあります。そういう意味では、それが本当に正しいのかどうかという点では、弁護士のいわば職域を守ろうとしていることなのか、それとも、ある意味では、弁護士の魂というか、そういった手続的正義を信じる職業倫理をより広げようとしているのか、せめぎ合いになっているところではないかと思います。

豊川 日本の弁護士が今、直面している問題、特に隣接業種の皆さん、税理士とか、司法書士とか、行政書士とか、縦割りのさまざまな職種が日本の場合にはご承知のようにあるわけで、そういう状況の中で、今、池田先生が提起された問題は、日本の弁護士が、社会の中で自分たちのアイデンティティの一つとしてそういうものを守っていこうということであろうと思います。

飯田先生の方から、質問が出ておりますので、お願いしたいと思います。

会場発言（飯田隆） 昨日に続いて恐縮です。

昨日、デーモン先生から、「グッドワークとは、エクレセント・アンド・エシカル」という言葉と「ザ・バランス・ビトウィーン・マスタリー・アンド・ミッション」という言葉を伺いまして、大変感銘を受けました。それに関して、意見と質問をしたいと思います。

法科大学院は、法曹養成の中核的な教育機関でありますので、法曹に必要な資質能力の養成が中心的な教育内容になっていると考えております。私ども日弁連法務研究財団では、それにつき、ABA のマクレイト・レポート等も参考にしながら、「2 つのマインドと 7 つのスキル」という形で提言いたしました。2 つのマインドとは、法曹としての使命・責任の自覚と法曹倫理であります。7 つのスキルとは、問題解決能力、法的知識（法情報調査）、事実調査・事実認定能力、法的分析・推論能力、創造的・批判

的検討能力、法的議論・表現・説得能力、コミュニケーション能力であります。

　デーモン先生が、グッドワークとは、エクセレント・アンド・エシカルとおっしゃいましたが、エクセレントとはスキルに、エシカルとはマインドに対応しているのではないかというふうに理解させていただきました。

　そして、この2つのマインドの教育は、我が国では法曹倫理でされているわけですが、2単位科目の法曹倫理だけで行うのは、全く足りないと考えて、いわゆる法律実務基礎科目だけではなく、法律基本科目を含めた科目横断的な取り組みが必要ではないかと思います。さらに、科目外での取り組み、すなわち学習環境の提供あるいは法曹的雰囲気の提供、これが必要ではないかと考えているところです。特に、柔らかい心をもって法曹としての将来を考えるべき1年次の教育で、このマインドの教育が重要ではないかと思いますし、3年間そういうことをしっかり考えてきた学生かどうかで、仕上がりの状態に相当差が出るのではないかと考えている次第です。

　現状では、1年生に法律基本科目に大きなウエートがかかっており、マインドの教育がもっとなされる必要があるのではないかと思いますし、ここでも、デーモン先生がおっしゃったように、「ザ・バランス・ビトウィーン・マスタリー・アンド・ミッション」という言葉が妥当するのではないかと考えている次第です。ぜひともこれに関して、デーモン先生のご意見を伺いたいと思いますし、昨日に引き続いて恐縮ですが、デービス先生からもご意見をいただければと思っております。どうぞよろしくお願いします。

デーモン　　ありがとうございます。飯田先生には御礼申し上げます。日弁連法務研究財団のプログラムについて、今お話をいただきましたが、これには非常に感銘を受けました。今おっしゃいました7つのスキルは、我々がスキルとして、ジャーナリズムを含む専門教育の幾つかの領域で非常に高度に練り上げられ確立したものとよく類似しています。問題解決であるとか、事実調査であるとか、批判的思考であるとか、創造的な思考、あるいは説得能力、表現といったもの、これはすべて専門職がジャーナリズム

で仕事をするにあたって、ジャーナリストとして必要な技能・スキルとも合致しているわけです。おっしゃるとおり、これらのスキルは、やはりエクセレントであるかどうかの定義になります。その専門職としてのマスタリーのエクセレンスを調べるにあたって重要だと思いますし、その中にこのような定義をされていらっしゃることは、すばらしいと思います。

　それから、スキルをマスターするというような、使命感との間のバランスですが、先生もご指摘されて、私も全く同感な点として、まず何が重要かというと、1年生から始めるという点です。学生が学生として入ってきた早い段階から始めることが必要です。そこに方向性というものが出てき、どういうスキルが育成されるかという方向性がそこで定まると思います。例えば、先生が今おっしゃったようなスキルは、非常に強力で、ツールとしても強力なものです、それらはグッドワークに使うこともできますが、残念ながら、これらの多くは、逆に非倫理的な形でも使うことができるわけで、それらを避けるために学生は奉仕・使命感をきちんと高いレベルで持っていなければいけません。ですから、バランスが重要です。なぜなら、ツールは重要ですが、倫理的にはツールというのは中立なものだからです。その中で重要なのは、法教育の中で、はっきりと学生に対して方向性を示すことです。スキルの正しい使い方を示すことが重要なのです。正義を推し進めるため、そして公益に対して、さらに依頼者の最善の利益に供するために使うということを示さなければなりません。

　今、先生がおっしゃったバランス、これはやはりこのプログラムを展開する最初の段階に確立することが必要です。大学であれ、研究財団であれ、研究機関であれ、一番最初にこれが重要だということを示さなければなりませんし、あらゆるコースや指導の中にこれが統合化されて、その中に浸透していることが必要です。この点も先ほどご指摘されたわけで、私が、今、先生がおっしゃったこと以外の新しいことを余り言ってはいませんが、いずれにしても、この点が非常に重要だと思います。特別な努力がこの方向性に対しては必要です。大学でこれをどう達成するかを考え得る、バランスをいかにとるかというのはそれほど容易なことではありませんが、先生が今、示された内容、教育内容というのは非常に価値があるものであり、

すぐれたミッションとマスタリーの内容を構築するにあたって重要だと思います。情報をありがとうございます。

デービス　議論の今のこの段階で、コルビー先生が示された三者モデルというものが良いのではないかと思います。「スキル」と「使命感」だけではなく、「知識」の3つが、マスタリーとつながると考えられるからです。

　まず知識に注目しますが、頭の中で使命感、そしてマスタリーを分けてしまうというリスクがあります。それを分けるというのは当然のこととしてあり得るわけですが、その中で、私としては、デーモン先生が今まさにおっしゃったように、それを統合する必要があると思います。そこでは二極分化的に考えてしまう危険があります。一方に使命、もう一方にマスタリーがあるということです。すなわち知識とスキルを組み合わせたものがもう一方、もう反対側の極に別のものが存在しているという二極観です。そして、知識ベースを考えた場合に、弁護士が身近に持っていなければいけない知識ベースというのは、解釈をするための原理・原則そのものだと思うのです。そして、弁護士がどのようなスキルを必要としているかといえば、それはデーモン先生がおっしゃったように、当然、善悪どちらにも使えるスキルだと言えます。

　学生を教育する中で同じく重要なのは、こうしたスキルがしばしば無意識に使われていることです。ローヤリングの中で、我々はそこに力を入れています。知的なローヤリングの作業の中で意識されていない領域として、そこに光を当てるようにしているわけです。例えば、説得や弁論を考えた場合、私の経験からいえば、より危険なのは、弁論を注意深く使わないということです。意図的に悪い意思を持って、悪意を持って使うよりも、十分に配慮しない方が危険だと思います。例えば、学生が、法的議論を構築する中でレトリック的なツールを使い、それがその事件の結果にも影響を及ぼすわけです。このように意図的にそのツールの選択について考えることが重要です。私は楽観的すぎるのかもしれませんが、もしこれらの問題について学生がちゃんと意識を持つならば、非倫理的でない、より良い方向に進み、非倫理的なことは減るのではないかと思っています。

したがって、我々としては、学生が法的問題に取り組むときに意識を持って複雑な多種多様の活動に自分たちが従事していることを理解してもらうことが必要だと思います。もちろん、ロースクールでは基礎的な知識を学ぶことも必要であり、またスキルを習得することも必要であって、その次に、一歩下がった形でそれらを倫理的に使うことを考えなければならないと思います。

その中で、スキルの使い方や知識のあいまいさを十分に考えることはより価値があるように思えます。そうすることによって、意図しない形であるいは否定的な形でスキルを不適切に使わないようになっていくからです。

豊川 我々の論点の中でも、第三の柱「法教育における教育理論」の(3)で「技能と倫理の関連（相関的）」という形で整理しています。それが二項的というか、スキルそのものが中立的なものなのか、むしろ法教育、ロースクール教育において、互いに相関的な形で高め合っていくのではないかと思います。石部先生から手が挙がっておりますので、今のことに関連して、よろしくお願いします。

石部 今ご質問がありました「スキル」の問題でありますが、「スキル」という言葉で、問題発見能力とか、問題の分析能力、調査能力というふうなことを挙げられましたが、そのこと自体に、私は異論を申し上げるつもりはありません。しかし、一般に、「スキル」という言葉ですね、あるいは「ツール」という言葉はよく使われるわけです。例えば、情報科学の最近の発達の中で、コンピュータのスキルとか、そういうことを言われるわけです。これはまさに道具的なものとして理解されるということに対しては、そういう言葉の使い方に対しては、私はいささか不満があります。

私は、これまでも繰り返し書いたり言ったりしたことですが、実定法学者で優れた学者になるためには、やはり基礎法学的な素養をちゃんと踏まえなければならない。事実そういう素養のある人がエクセレントな実定法学者になっていると、こういうようなことを言ってきましたが、ちょっと

ドイツの例を申しますが、19世紀のドイツ法学というものは何を理想としたかというと、やはり教養ある法律家をつくるということが主眼であったわけです。大学で法律家を養成するということは、そういう教養ある法律家を養成するということが、大学の教育の使命だろうと思うんですね。大学以外で法律家を養成するということも、これは可能であります。なぜ大学でやらなければならないのかというと、そこのところにあるのではないかと思います。

ですから、法律学を学ぶというときに、ドイツの例でいいますならば、「グリュントリッヒ」という言葉を使うわけです。グリュントリッヒな勉強をするかしないかというところは何かというと、手前みそになりますけれども、基礎法学ですね、これがやはりスキルとミッションの二項体制になって、それをつなぐものになるのではないか、媒体項となるのではないかと私は思うわけです。例えば、民法のいろいろな概念、原理、ルールの根底に何があるのかというようなことをじっくりとロースクールの教育でも考える、そういうことが私は大事なのではないかと思います。単にそれを現にあるところの概念なりルールなりを前提にしてどう使うかというのではなくて、もう一遍その前に根底において考えて、問い直していただきたいというのが私の意見です。

豊川　石部先生からは、法律学あるいは法の実践におけるスキルというものは、単なるスキルではないという問題提起でありまして、第二の柱の「多角的教育」につながると思います。川崎先生の方から発言の希望が出ております。

会場発言（川崎英明：関西学院大学司法研究科教授）　関西学院大学の川崎と申します。専門は刑事訴訟法です。

今せっかく高尚な話に行きそうになったのに、現実的な話に引き戻してしまうようで申しわけないのですが、第一の柱に関して意見を述べてみたいと思っております。

先ほど、法曹倫理、日本のロースクールでやっている法曹倫理の教育の

話が出ました。現在、ロースクールでやっている法曹倫理の教育というのは、昨日の議論の中でエコノミディス先生が言われた、レギュレーションの領域の問題を議論していると思います。本林先生が、その例として、刑事弁護の中で登場する身代わり犯人の問題を出されました。これは刑事弁護をやっていると、よく登場する問題で、弁護人はクライアントに対して誠実義務だけを負っていれば足りるのか、そうではなくて、その刑事司法の制度に対する信頼としての真実義務をも担わなければいけないのかという問題です。もしその解決に失敗すると、弁護人は懲戒処分、法的サンクションを受ける危険性があります。そういうレギュレーション、法的サンクションと密接にかかわる領域の問題が、現在の日本のロースクールの法曹倫理教育の中では、メインテーマとして取り上げられているという状況があります。

そういう状況を前提として考えると、デーモン先生が昨日言われたグッドワークを支える一つの条件としての「モラル・アイデンティティ」というのは、日本で検討している法曹倫理の問題よりももっと広い領域の問題を含んでいると理解いたしました。レギュレーションの問題だけではなくて、美徳であるとか、あるいは人権感覚であるとか、あるいは弱者への共感であるとか、そういうより広いものを含んでいる。それが「モラル・アイデンティティ」という概念なのではないかというふうに理解しました。

そうだとすると、我が国の法曹倫理で欠けている部分というのは、我が国ではレギュレーションの問題だけを扱っていて、もっと広い領域を扱ってはいないというところに大きな問題があって、そこにイギリスやアメリカの状況と日本の問題、関心との違いが出ているのかもしれないと考えました。

長くなって恐縮ですが、もう少し言わせていただくと、アイデンティティというのは、ほかのだれのものでもなくて、私が決めるものですので、そういうモラル・アイデンティティをロースクールという教育の場で「育成する」ということはアイデンティティについてはあり得ないことなのではないか、育成するのではなくて、学生に、「あなたのアイデンティティを鍛えるために、私たちは、あなたにこういう素材を提供します」。これま

でのローヤーがぶつかってきた問題を出して、「こういう問題がこれまで起こりました。あなたは、この問題をどう考えますか」。「過去にはこういう解決が行われてきましたけれども、私たち教師は、このように考えます。あなたはどう考えますか」、そういう意味での考える機会を提供するというのがロースクールの役割なのではないか。モラル・アイデンティティを養うという場合に、ロースクールが果たすべき役割というのは、情報、素材、議論の場を提供し、考えを深める場を提供する、そういうことなのではないかというふうに思います。

　そのことを前提として、もう一度レギュレーションの問題に戻りますと、レギュレーションの問題もやはり、モラル・アイデンティティの領域とは少し違いますが、考え方としては、モラル・アイデンティティについての考え方、教育についての考え方と同じことが当てはまるのではないか。つまり、レギュレーションとして検討されている問題についても、ロースクールでの教育というのは、考える機会を与えることであって、「あなたは、こういう問題が出たときにこうしなさい」というふうに教えるということなのではありません。ローヤーというのは、あくまでも自立性・独立性を持たなければいけないのであって、そういう観点から考えると、モラル・アイデンティティを育てる場面と同じように、レギュレーションが問題となる領域でも、学生に考える機会を提供するという形での教育をやっていかなければいけないのではないか、そのように考えました。

　ついつい話していると早口になって、同時通訳の方に申しわけなかったなと思うのですが、そのような意見を述べておきたいと思います。

豊川　今の川崎教授の提起されたことに対応するかどうかわかりませんが、今年の４月から関西学院のロースクールに入学予定の学生さんから、第一の柱について発言通告が出ております。

会場発言（関西学院大学司法研究科入学予定者）　テーマである「正義は教えられるか」ということですが、この「正義」とか、「倫理」とかいう言葉が一般によく使われるんですが、果たしてその内容というのが一体どうな

のか、みんな共通の認識があるのかという点が、昨日も参加しまして、ずっと疑問に思っている部分です。例えば、こういう「正義」や「倫理」というのは、社会形態でも多く異なってくると思います。例えば、中国は共産主義国家ですから、当然共産主義の思想に合致したものが、正義であり、倫理観、社会的正義ということになるでしょうし、イスラム社会においては、やはりイスラム教というものが、中心をなしますので、イスラム法典そのものが正義であり、倫理でしょう。そしてまた、欧米においては、やはりこれは長い歴史の中で、カトリックとプロテスタントの差があっても、キリスト教の影響を強く受けているでしょう。戦前の日本では明治憲法でしたので、神道思想、天皇制ということで、それを支えるようなものが、やはり正義であり、倫理と考えてこられたのではないでしょうか。

　そうしますと、社会形態が異なることによって、「正義」や「倫理」という意義もまた違ってくる。しかし、逆にいえば、そういう社会形態の中では、その「正義」や「倫理」というものの持つ意味が普遍的、絶対的なものだということもまた言えるのではないか。イスラム世界においては、イスラム教が絶対で、ほかの概念が存在しないはずです。

　であれば、今の日本はどうなのか。戦後60年、憲法も「個人の尊厳」ということを命題にして、政治色も、宗教性も全くありません。であれば、今の日本で考えるのは、この「正義」、「倫理」というのは、結局、個人の尊厳という観点から把握すべきなのか。そうしますと、ここでは絶対的・普遍的な意味内容というものが、やはり出てこない。抽象的にならざるを得ないのではないか。といいますのは、その「個人の尊厳」というものをどういうふうにとらえるかということで、やはり幅が出るからです。

　昨日も「利益衡量論」というものが出ましたが、結局は、その時々の最大公約数的な意見が、そのときの正義であり、倫理というふうに解され得るのではないか。逆にいえば、そういう「正義」、「理念」というものの絶対的、普遍的な概念というものはないのではないか。そうであれば、私は、「正義」、「倫理」というものは、結局、各個人が自己の良心に基づいて形成すべき絶対的な価値観ではないのかと思うわけです。

　とすれば、このロースクールにおいて、先ほど川崎先生がおっしゃい

ましたが、まさに法曹になろうとする者に対して、そういう絶対的な価値観を形成できるようないろいろな素材を提供して、教育し、指導していく。ただし、どういう結果をもたらすかということに導くのではなくて、あくまで個人の考え方、そういったものを受けとめながら、その中で咀嚼して、みずからの価値観を形成する、それをサポートするのがロースクールの役割なのではないかと、こういうふうに考えます。

　昨日、本林先生がお話されましたが、学生のころ足立区で法律相談をやられた際、触れた弱者の気持ち等が、結局、本林先生の正義、倫理の萌芽になっているのではないかなと思いましたので、皆さんほとんどがプロフェッショナルの方で、こういう素人が言うのもなんですけれども、意見を出させていただきました。

豊川　これから入学し、プロフェッショナルになろうとする方からすばらしい意見がありました。
　茂木先生から、少し今の意見に共通する発言通告が出ております。

会場発言（茂木鉄平：関西学院大学司法研究科教授・弁護士）　　弁護士の茂木です。関西学院大学で実務家教員をやっております。
　今の意見と少し違う方向からで、ある意味で同じことを言うのかなと思うのですが、今日は、ずっと手続的正義あるいは手続的な公平さというものと倫理の関係を議論してきました。ただ、社会等によって違うのではないかという議論もあります。私自身、若干国際的なこともやっており、日本の弁護士でありながら、アメリカの訴訟にかかわることもあるのですが、そういう中を通じても、やはり制度とか文化によって、一般的な正義というよりも、弁護士の倫理観はやはり少し違うと感じることがあります。
　典型的には、これも今日既に川崎先生から出ましたが、実務の中で弁護士が直面する倫理の問題で代表的な問題というのは、真実義務、どこまで真実を尊重すべき義務かということで、例えば、これは実務で実際にあるわけですが、民事の事件で、たまたまクライアントが自分に不利な重要な証拠を隠している、あるいは偽造しているということを知ってしまった時、

どのように対応するかは、非常に困難な、答えは簡単ではない問題です。

　このことに関して、アメリカでも、イギリスでもある制度だと思いますが、ディスカバリーの制度があって、ディスカバリーの中で自分の不利な書類も出さなければなりません。これは倫理の問題なのか、プロフェッショナリズムの問題なのかはわかりませんが、今アメリカ、イギリスの弁護士は、当然のことだと思っていると思います。ただ、日本の弁護士は決してそういうことはありません。日本の弁護士にも、一応ルールとしては真実を尊重しなければいけないという根本概念はありますが、具体論として、自分たちに不利な証拠を積極的に相手に開示しないといけないという、少なくとも現在の民事訴訟制度の中ではそういうふうになっていないと思いますし、恐らく日本の弁護士の多くはこのことに合意していただけるであろうと、今の実務の中ではそうだろうと思います。各個別の判断において、「いや、そうであっても、これは開示した方がいい」という判断をすることはあると思いますが、少なくとも倫理の世界ではそこは問題になることはないだろうと思います。

　そうすると、やはり制度によって少しは違う。制度によって、先ほど手続的な公平さという問題があったのですが、それも手続に沿っていればいいという意味であれば、その制度によって大分その中身が変わってきてしまう。倫理というのはその程度のものなのか、あるいは、それよりファンダメンタルな、グローバルなものがあり得るのかということを少し疑問に思っており、それは教育論にも関係していると思います。デーモン先生に、学生から「なぜ」と聞かれたとき、「いや、制度がそうなっているから、そんなものだよ」と、その程度のものでよいのかどうか、あるいは、もっとファンダメンタルなものがあるのか、その辺についてちょっとご意見をいただきたいと思います。

デーモン　私が思うに、これは非常に深い哲学的、理念的な問題であり、できればこの問題を少し戻って先ほどのコメントと、すなわち、倫理的アイデンティティ、倫理の問題につなげて話をしたいと思います。

　というのは、私たちが「倫理」と呼んでいるものには、非常に幅広い感

覚があり、特定の手続・規則の一連のものであり、そして、これが倫理的な視点、考え方、見方の始まりになるものです。そして、これは普遍的に定義できるものであり、はっきりと規定された規則・規範・原則、その核となっているものです。いろいろな制度にかかわりなくこれは必須のものであって、そして広い合意を得ることができるもの、そして、それは手続上の正義とか、それからまた行動規範というようなものになるわけです。

しかし、これはただ人が実際に道徳的にグッドワークを実践するための始まりでしかないということです。それ以上に必要なものは、モラル・アイデンティティなのです。先ほども述べたように、モラル・アイデンティティというのは、もっと幅広い概念であり、目標に対する前向きな姿勢、すなわち、依頼人の利益、社会の利益、また公共の利益を達成しようと努力する目的意識を含みます。

これは教えたり、強制したりすることはできません。なぜなら、これは個人が決定することであり、教師が一人一人の学生に対して、「あなたの目的はこうであるべきだ」などと言うことはできないからです。この点に関して一つ例を引くと、別の分野の例なので類推が必要ですが、ただ幅狭い意味での倫理観だけを持っていて、それに対して、道義的なコミットメントや責任感がないということになりますと、ある分野において倫理的な行動を避けることがより容易になってしまうのです。ですから、倫理的な行動をするためには、規則だけでは決して十分ではないのです。例として、企業会計の話を引きます。

アメリカで非常に大型の不祥事がありました。アンダーセン会計事務所やエンロン社の不祥事をお聞きになったことがあると思います。この不祥事が起こってからたくさんの面接調査がありました。多くの人たちが自分の職務に反した行動をとり、誠実さを持って行動しませんでしたが、そういった人たちは、その規範や規則だけならば、それを遵守した、と言うわけです。倫理的基準、狭い意味ですけれども、それをきちんとみんな遵守したというわけです。しかし、実際の行動は、外から見れば、依頼人にとって、悪いことをし、いわばだました形になっているのです。本来会計士のやるべきことの反対のことをしたことになります。会計士の職務は、

会社の財務実態を透明にし、明らかにすることが公的な使命です。ですから、そういう意味で、非常にレベルの高い職業であり、アーサー・アンダーセンがそもそもアメリカでこういった仕事を20世紀初頭に始めたのです。この会社は彼の名前をとってつくられましたが、そもそものミッションからかけ離れてしまい、そして、会計のツール、手段を使って人々をだまし、数字を隠したのです。

　ですから、規則との関連で言いたいこと、またエコノミデス先生が昨日お聞きになった質問とも関連しますが、規則だけで問題を解決することができるかということです。専門職の方々にも申し上げたいことですが、ある職業の人たちが自分の職業を規制することができなくなり、そして、政府が乗り込んで規制しなければいけないというのは大変悪い兆候です。アメリカではまさにそうなったのであり、アーサー・アンダーセンの不祥事があってから政府が「サーベンス・オクスリレー法」という新しい法律を制定しました。これは会計を外から規制するもので、こういったことが起こると、市民たちは、不信感を持ち、会計士にとっては、一段と仕事がやりにくくなったわけです。自分たち自身で自分の職業を規制していたならば、状態はずっとよかったわけで、倫理的アイデンティティ、エシックスの問題に立ち戻りますと、必要だったのは、実際その職業についている個々人が、倫理的なコミットメントを持っているべきであるということです。専門職業人としてのアイデンティティを持っていて、公共の利益のためにという意識があったならば、喜んで倫理基準を遵守したでしょう。しかし、それがなかったので、倫理規範を使って、不正直に行動したことにより、その職業に対しての国民の不信を買ってしまったのです。これは皆にとっての警告になっていると思います。

デービス　いろいろ今お話いただいた事例を含めて、私の方からも、教える立場からの事例を出してお話していきたいと思います。

　私は、先ほど発言された感覚として、我々は、やはり道徳観というものを学生に押しつけることはできないだろうと思います。何かできるとすれば、彼らが深く議論できるようにするということしかないと思います。道

徳的な対立点というものを明らかにして、そして、職業人として、それに対面したときどうするのかということを深く考えさせるという機会を提供することはできると思います。職業の歴史、使命というものを明らかにすることによって、彼らに選択をさせることはできると思いますが、教員の側からそれを学生に押しつけるということはできないと思います。ただ、重要なことは、そういった会話を持つということ、そして、しかもそれを非常に開かれた形で持つということが重要であり、そのことによって、多くの学生の中に責任感を生み出すことができ、そして、それに我々は誇りを持つことができると思います。

　そこで、そのような対話を我々がどう推進しようとしているかの事例として、まず、ファクト・ディベロプメントがあります。我々はファクト・ディベロプメントを教えています。多くのロースクールでは、これは重要であるにもかかわらず、余り重要視されておりません。どう教え始めるかといいますと、学生の3分の1ぐらいがビデオで事件を見ます。そして、残りの3分の2の学生を2グループに分けて、両当事者の代理人をさせます。最初の3分の1の学生が見たものを残りの3分の2で議論するわけです。そしてインタビューをさせます。その事件を証人として見た人たちと面談をさせるわけです。したがって、1時間ぐらいたちますと、3つのグループの学生が生まれます。一つは証人グループ、一つは片方の当事者と面談したグループ、もう一つはもう片方の当事者と面談したグループです。そして、面談者からの報告があります。もちろんだれをインタビューしたかによって、結果はかなり違います。そこで、インターアクティブな、双方向のプロセスについて教え始めるわけです。すなわち、認識あるいは記憶のプロセスというものが、いろいろな意味でゆがみをもたらし、そして、記憶想起というのもまた操作の対象にもなり得るのだということがわかってきます。

　そこで、まず初めに、彼らに認識してほしいことは、無意識ながらも操作するであろうということです。そして、彼らに2つのことを伝えたいのです。それを意識的に行ったのであれば、もう少しうまく操作することができるということ、また他方で、何らかの操作に対する責任はと

らないといけないということを伝えるわけです。「操作」というのが今どういうふうに通訳されているかわかりませんが、「マニピュレーション（manipulation）」というのは、いろいろな意味を持ちうる言葉です。最終的にどうなるかといいますと、やはり記憶想起と報告のプロセスで、依頼人の立場に立ったものを得るということはもちろんそれ自体悪いことではありませんが、しかし、何が起こったかということに関して誘導するということもできるわけですね。そして、彼らにとっては重要と思わなかったことも引き出すこともできるかもしれず、それは助けになると思います。逆にそれがよくない方向にいくこともあります。起こったことの印象をゆがめてしまう可能性があり、これは間違っています。そして、証人というのは、やはり反対尋問等においては、引っかけなどがあって、なかなか難しい立場に置かれ脆弱な立場にあります。彼らとの話は、ローヤースキルを高めることに寄与すると同時に、また、弁護士が行うべき倫理的な選択に関しての意識を高めることにもなります。何が許されて、何が許されないのかに関して、かなりホットで感情的な論争が展開されます。そういったディベートをすることによって、学生は、さらに責任感を増すことにつながるのではないかと思います。極端な例を除き、そこで線を引くべきだということは明確に言えるわけではありませんが。

　学生に、ある問題に対してリサーチをしてきなさいと言った時にも、同じような現象が起こります。彼らに役割を与えます。まず最初に、ある立場を弁論するために、学生は判例法あるいは制定法をリサーチしますが、学生の法律解釈は、彼らがどちらの側に立っているかによって異なってきます。したがって、そこでもまた会話が必要となります。そこで、まずあなたたちがやらなければいけないことは、相手方の立場に立ってみることで、そうすることによって、何に自分たちが直面しているのかわかるでしょうと言います。そして、もう一つ、このリサーチを行うというプロセスは、あなたが考えているほど簡単なことではなく、もっと強い動機づけというものがなければいけないということをわからせます。その結果によって、責任をとらなければいけないのだということを伝えます。すなわち、自らの動機づけによって、結果も左右されるのだということを伝えたいわけで

す。こういったことはすべて学生がより責任感を持った弁護士、あるいは法律家になるために必要なのです。

　法律家は、すべての法域において、例えば、意図的に法廷において法律のミスプレゼンテーションをしてはいけないというふうにいいます。しかし、その禁止領域に当てはまらない部分において、かなりあいまいな部分があり、本当に両者が与えられた情報が公平で、対等なものであるのか、そして、本当に弁論をする価値のある問題であるのかどうか等をいろいろ考えなければいけません。会話の中から、こういったことについて考えられるようになるわけです。そして、これは事実問題、法律問題に関しても同じだと思います。

　こういった困難なあるいは難しい会話の中から、学生は、やはり特定の道徳観を持つようになります。我々は舞台づくりをしてあげるのであり、何かを押しつけるのではありません。

エコノミディス　私からも、今までの質問とそれに対する回答から生まれてきたテーマに関連して話をしたいと思います。

　アイデンティティというのは個人のものであって、ロースクールが説教をして、どうだこうだというようなものではないということは、イギリスでもいろいろ言われてきたことです。そこで、その議論がどう展開されたかについてお話をしておきたいと思います。

　イギリスでは、今日、多くの人たちが厳格な実証主義的な方向から離れていこうとしています。少なくとも200年来とられていた立場から離れようとしているわけです。何を考えるかではなくて、自らが道徳について考えているということを理解するのが重要なのであり、したがって、ロースクールの教員に必要とされることは、倫理を理解するためのいろいろな選択肢を与えるということです。

　そして、これはほぼ不可避な質問で、石部先生が昨日、「ルールがなくなってしまい、もうそれが当てはまらないような状況になったときどうするのか」ということをお話されていましたが、例えば、裁量を行使しないといけないときに、ルールというのはあくまでも出発点であって、いわば憲法

のようなものだと思います。私は、職業倫理というのは、やはりその職業人にとっての憲法のようなもので、紛争解決のスターティングポイントではありますが、主たる問題は解釈です。したがって、ロースクールの教員として、まずしなければいけないことは、難しい問題に対してアプローチの仕方を教えるということです。そして、ロースクールの教員として、やはり我々が考えている問題は、正直言いますと、はっきりとした合意というものが倫理学者の間にもないということなのです。義務論の人たちは、一つの見方をし、アリストテレス的な理論家は、また別の見方をし、コンセクエンシャリストな人たちは、また別の見方をする。その中間の人たちももちろんいます。したがって、非常に混乱した状態で、合意などそこにはありません。

　実世界と呼ばれる、我々の回りにある特定の倫理的なジレンマをどう扱っていくのかということについてさまざまなアプローチがあります。にもかかわらず、我々は学生たちに対してその準備をさせていません。実世界に彼らが入っていったときに、倫理的なジレンマの解決手段というものを彼らは与えられていないのです。例えば、さまざまな概念のボキャブラリー、一連の考え方、いろいろなアプローチというものを彼らに示しておく必要があると思うわけです。それがまず一つのレベルです。

　イギリスに関しては、一つのコンセンサスとして、従来よりもっと我々は一生懸命やらなければいけないというのがあります。何もせず中立的なポジションであるというのは、問題だと思います。倫理的な実証主義というのは、倫理において特定な立場をとっています。弁護士の中立性というのは道徳的なポジションにおいてということであって、倫理というのは、理論と同じで、いろいろなところに当てはまりますが、一番重要なのは、果たして我々が明確に明示的に価値観、カリキュラムの中にある価値観あるいは考えというものを示していくのか、それとも全くそれに触れずにいていいのかということです。以前、我々は法律を科学として教えてきました。日本、ドイツの伝統では、法学教育を科学として教えてきたということだと思います。しかし、コモンローの伝統のもとでは、今日の重点・焦点というのは、先ほど、デービス先生のアメリカでの状況のお話にありま

したが、いわば法律的な仕事の技巧性といいますか、そういったアートとしての理解は技術であるというふうに思います。

そこで、欧米のルーツをたどっていきますと、ギリシア・ローマに行きつき、そこではレトリックというものを教えておりました。それは法律的なテキストがなかったからです。法典化はもっと後の段階になってからです。そして、いろいろな判例が書かれるようになり、リーガルサイエンスというものが可能になってきたわけです。我々が今日ある時点というのは、もっと学生の準備のために、我々は仕事をしなければいけないということだと思います。

ただ、もう一つのレベルも考え得ると思います。プロフェッショナル・アイデンティティというものを明確にするということ、それによって、パーソナル・アイデンティティもわかりやすくなるかもしれないということです。これはまた弁護士たることはどういう意味があるのかということを理解する手段にもなると思います。この点について、ほかの先生方は、いろいろお話できるのではないかと思いますが、弁護士というのは、あるいは法律家というのは、自分のことを特別だ、ユニークだと思っていると思います。そしてまた、ほかの職業人の倫理とか価値観とは違うと思いがちだと思いますが、私は、それほどはっきり違うとは思っていません。中核的な、基礎的な価値観というのは、ほかのリベラルプロフェッションと共通点があると思っています。そうであるならば、ロースクールが、もっとグッドワークをしなければならないのではないでしょうか。そこで本当の意味で次の世代の人たちを養成する、教育する、そういった基本的価値観に関して教育をしていくということが重要だと思います。正義だけでなく、一連の形でグッドプラクティスというものが何を意味するのかを理解させる必要があると思います。そのためには、コミュニケーションが必要で、いろいろなアプローチも必要です。余り処方せんを描いて、「法学生が、こうするべきだ」というようなことをやはり言うべきではないと思います。クリニカルなコースというのはその手段であるわけで、本当の意味で原理原則を教えるということが重要であって、その点に関しては、過去、余りいい仕事をしてこなかったのではないかという反省があります。

コルビー　簡単に、エコノミディス先生のコメントに追加で申し上げますと、相対的な価値観とか、普遍的な中核的価値とか、あるいは文化観の違いというのは、学部レベルのどの分野でも、あるいは大学院レベルにおいても難しい問題だと思います。しかし、見失ってはならないことは、こういった非常に難しい問題と並んで、具体的に特定の事件における価値観を考えた場合、解決策を必ず提示できるわけではないですが、しかし、すべての職業において、常に何らかの倫理規程であるとか、あるいは行動規範であるとか、議論の余地のないものもあるはずだということです。

　こういったのは、職業倫理という観点からいいますと、知的なジレンマを提示されるというようなものではないので、余りおもしろくないと思われるかもしれません。しかし、職業人を養成するためには、やはり伝えなければいけないものであると思います。したがって、一生懸命やるということ、これはすべての職業人に共通のことであって、だからといって、何も伝えないで、当然みんな一生懸命やるということを期待することはできないと思います。

　したがって、学生を教育するときに、こういったことを頭に置きながら、様々なアプローチをとって教えるということも考える必要があるでしょう。教室での講義の形式もあれば、実務演習等もあるでしょう。また、高等教育機関、学校の中では、いろんな儀式あるいはシンボル、学生が教員をどう見ているのかというようなこともあるでしょう。したがって、必要な環境、文化というものを高等教育機関の中につくり出すということ、醸成するということがやはり必要だと思います。そのことはそれほど難しいことではないと思います。そして、そのときに、学生たちに、そのような環境の中で、一つ以上の見方や視点があるような問題に取り組んでもらうということが重要だと思います。

本林　先ほど川崎先生が提起された法曹倫理が現実に教えられる姿より、倫理というのは本来もう少し広くて、公益的なことも含めて社会に役立つためにどういうことをやっていくのかということが、法曹としてある

べき姿ではないのかということも倫理の中身に入れると、かなり広いものになりますよね。今まで、私どもは、法曹倫理というと、事例を研究しながら、こういうことをやると法曹の倫理に違反して、懲戒処分になるかもしれないとか、あるいは、先ほどの身代わりの事件のように、本人は身代わりだということを弁護士もわかっていて、無罪を主張するのか、本人はどうしても兄貴にかわって自分が罰せられたいという、それを尊重するのかというようなことを学んできました。そういう事例研究ももちろん重要ですが、そういう何を守るべきかや、懲戒にもつながるといった勉強だけにとどまらず、もう少しモラリティといいますか、社会に役立つ法曹になるためにはどういうことを心がけるのかということも、やはり私はやるべきだろうと思います。

　そうすると、私はいろいろなやり方があると思うのですが、やはり学生に、あるべき姿、現実にいいことをやっている人たちから話を聞かせ、そういう姿を見させ、そこから刺激を受けて自分で啓発をしていく。そしてまた自分で試すということもあわせてやっていかなければいけないのではないかなと思っています。ほかの法科大学院での具体的な話になりますが、そこの学生たちは、法曹として社会的な使命を果たしたいというミッションや、モチベーションが非常に高く、そういう人たちのためにどういうことをやったらいいかということを考えた結果、過疎地へ送る若手の弁護士の養成を記録したビデオを見せています。昨日も紹介しましたが、東京の桜井弁護士は、若手の弁護士を育て、過疎地へどんどん送り出していますが、そういう人たちを採用するときから含めて、どういうふうに鍛えて、例えば、弁護士になって、初めて国選弁護人になり、被告人と向き合い、いろいろ苦労する様子だとか、そういう若手がどういうふうに先輩弁護士と合議をするのかとか、そういうものを全部ビデオにとって、最終的に、1年半ぐらい後に過疎地に行って、今まで学んだことをもとに、ほとんど弁護士がいなかった地域で奮闘するという姿を描いた「弁護士たちの街角」という民放で放映された番組らしいのですが、それを見せながら、弁護士が公益的な役割を果たすということを非常にリアルに説明し、大変好評だったというんです。そういう市民の中に入って仕事をするという様

子を、何かの形で見てもらい、話をするのも有効だと思います。

　それから、実務家の教員は、長年弁護士をしていらっしゃるわけですから、市民法曹としていろんな経験がおありになるはずです。どういうことをやったときに、生きがいも含めて、依頼者が一番喜んでくれたかということを、やはりリアルにお話になることも非常に大事だと思います。それから、社会に役立つさまざまな人権の問題だとか、法の支配も含めて、いろんなところで活躍された人の話を聞くということを昨日申し上げましたが、そういうことを幾つか組み合わせながら、このモラル・アイデンティティというものを刺激して何かきっかけをつくっていってもらう。僕も自分の経験を見てみますと、自分よりすぐれている人、「こういうふうに自分もなりたいな」と思う人の話を聞いたり、その人の炯眼(けいがん)に触れる、そこから刺激を受けて、ということの繰り返しで自分が成長してきたような気がします。そういう意味で、法曹倫理というものを守るべきものと、もっと積極的に自分が開かれていくための刺激を与える倫理と、その両方をやはり考えていく必要があるのではないかなと思います。

豊川　皆さんも既にご理解いただきましたように、「論点」の中からいいますと、第一の柱にとどまらず、第二の柱の「法曹の社会的使命についての教育」、そして、第三の柱、「法教育における教育理論」──倫理教育の具体化というところまで入っております。

　参加者の方々から質問、意見等も多々出ており、皆さん全員に発言していただけるという形にならない点はお許し願いたいと思います。パネリストの先生方にも、恐らくそれぞれこのときにというご意見も持っておられると思いますが、その点深めていきたいとはもちろん考えておりますし、ご容赦願える部分はご容赦願いたいと思います。

　池田先生の方から、モデルの関係で質問も出ております。第三の柱にもつながると思います。

会場発言（池田直樹）　昨日、デービス先生が、モデル、より効果的な教育でモデルというものをどういうふうに取り入れるかということで、サウ

スカロライナ大学の試みというものを少し紹介されたと思います。今、本林先生からも、日本での桜井弁護士の取り組みが紹介されましたが、もう一つ、歴史的にやはり非常に有名なケースだとか、あるいは歴史的な高名な、ディスティングイッシュ・ローヤーというものを紹介するような、そういう取り組みというのは有効なのかどうか、また、そういう取り組みをされている例があるのかどうか。イギリスあるいはアメリカで、そういうモデル教育というものは、どういうふうに、どの程度のことがされているのかということを教えていただければと思います。

デービス　お話を伺いながらいろいろ考えていましたが、どの程度教育の中でモデリングが重要かということですが、モデリングはエクストラカリキュラム的な形で、外でやることが多く、ほとんどの場合、例えば、公益であるとか、そうした領域で見られると思います。ほかの実務との比較においてこれがいかにうまく実践されているかということもありますが、NYU のロースクールにおいて、特に力を入れているのが、公益のための試みという意味で、公益法あるいはそうしたものをサポートするための教育です。授業料などもほかとは違うわけですが、商法なんかよりも公益の仕事をする人の方が、やはり報酬も少ないということもあるかもしれませんが、公益の仕事をしたい人が仕事を探すためのスタッフもいたりして、いろいろな支援がなされています。

　その関連において、例えば、公益の領域で有名な弁護士をコミュニティ全体で招いて、話を聞くということは、これは学生たちにとっても非常にいい場となります。最近行ったプログラムの中で、毎月ロースクールの卒業生で模範となった人、例えば、社会のために何か貢献をした、そうした模範的な人たち、直接学生たちがその人を知っているわけではなくても、間接的にそうした人のことを学ぶというのは役に立つと思います。

　そういった人々に、我々の教育活動に参加をしてもらうことも重要ですが、ここで一つつけ加えなければならないことは、すぐれた業績を上げた人であったとしても、必ずしも教鞭をとる中で同じだけの成果をあげられないということです。我々の教育方法というのは、細心の注意を払い、様々

なトレーニングに大きな努力をしなければならないようにつくりあげられ、そこで、実際の教育に関しても、かなりの時間や努力を割いて教授法を学び、膨大な時間を教育に投資することができる人にゆだねているわけで、高名な、優秀な実務家が必ずしもそれができるとは限らないからです。

エコノミディス　ちょっと短くお答えしたいのですが、日本でよい行動を次世代の若い人々にどういう形で伝えるかということを考えた場合に、議論の中で階層的なモデルもあるかと思います。すなわち、先輩の先生が、知識、経験などを次世代に伝えるということがその根幹となるのではと思います。実務のビジネスでは違うかもしれませんが、日本の家元制度も、まだ法制度の中や大学では、残っているのではないでしょうか。イギリスの場合、私も法の研修にかかわっていますが、日本での基本的な考え方とはちょっと違うということもあります。今から申し上げるのは、私の意見ではありませんが、法学会に集まる実務家と政策決定者などの大半は、若い法曹に問題があるわけではないといいます。若い人は、倫理意識ということでは、かなりすぐれた感覚を持っています。いろいろな国にまたがった調査をしても、例えば、皮肉的な考え方を植えつけるのはロースクールであり、だから、法を学ぶ人は、正義に対しても信念を持っていますが、ロースクールで学ぶことは、悲しいながらも、まずルールに取り組んで、そして情緒を抑えることであり、情緒を持って情熱的に法的な問題に取り組むといったものではないということが言われるわけです。依頼者は、弁護士の答えを求めるのではなくて、自分の問題を自分中心に考えてほしいと考えるからです。

　そこで、ロースクールでは、そうした正義感を全く抜本的に取ってしまうのではなくて、コントロールするというところもある程度教えることも効果的であると思います。しかし、正義や倫理へのコミットメントというのは、まず、実務を始めた早い段階では非常に強いわけで、そこで、イギリスでは、より経験を積んだ実務家や、弁護士が、どうやって皮肉主義ではなく、根本的な職業人としての価値観を日々きちんと取り戻していけるか、日々の活動でそこからかけ離れていきがちですが、どうやってそこに

立ち戻れるかということを考えるべきです。他の職業でもそうではないでしょうか。すなわち、無感覚になってしまっているとか、表面上のスキルであるとか、能力、例えば、ビジネスや法を扱う上での経営面に目が行き過ぎてしまって、結果として、実務家が、根本的なローヤリングの価値観からかけ離れてしまうという危険があるのではないかということです。

　そこで、継続的な教育ということを考えますと、キャリアの半ばあるいは後半で問題が出てきがちです。例えば、ロースクールで何が起こっているか、何がなされていないかという議論をしていますけれども、コルビー先生も昨日おっしゃいましたが、ロースクールあるいは法学部が、若い法学部の学生に手本を示すわけです。リーガルエシックスの雑誌で、オーストラリアで行った調査の発表をしましたが、１年生の法学部の学生に関する価値観調査でして、興味深い内容としては、法律に対するイメージ・理解は、ロースクールによって形成されるのではなくて、テレビであるとか一般大衆文化から植えつけられるというものです。日本のテレビ番組は知りませんが、日本でも弁護士を描いたテレビ番組があるかと思います、それによってこうしたイメージが植えつけられ、そして、学生たちは、「なぜ法学部に入るか」の動機を形成します。カリフォルニアで「L.A.Law」の番組が放映されたときには、入学率が急に上がったということが言われました。オーストラリアの弁護士に関連した番組も、１年生に影響を及ぼしたということです。弁護士の役割への理解にもいろいろ影響があったのは、興味深い点ですが、多くのロースクールでは、明示的な形でローヤリングが何であるかを教えていない、どうすべきかということが本当に教えられていないと思います。

デーモン　　非常に興味深い議論が今、展開していると思います。いろいろな職業で今の問題について検討をしてきたわけで、エコノミディス先生もおっしゃいましたが、やはり専門職についている人が、しばらくたってからビジネスの部分だけに目を向けてしまい、自分たちの事業を中心にしてしまう。そこで、次第にもっと理想主義に燃えていた頃や、自分がなぜその職業に就いたかというところから離れていく。これは教育の部分でも、

ジャーナリズムでも、もちろん医学でも、法律でもそうでしょう。そうしたあらゆる職業でこうした傾向が見られます。

先ほどデービス先生がおっしゃった興味深い点に戻りたいのですが、脈絡は違っておっしゃったのですが、こうしたことがなぜ起こるかというと、それは意図が誤っているということではなく、動機が悪いとか自己中心的だからではなく、往々にして十分に人はよいキャリアをどうやって維持するかを理解していないということがあるからです。つまり、どうやったら成功するか、そして社会にどう貢献できるかや、責任の果たし方がよくわかっていないのです。そして、いろいろなことでクリエーティビティというものが必要になります。あるキャリアにおいて生き残りたければ、いかなるキャリアでも多くのプレッシャーがあるのです。

そこで我々として理解しなければいけないのは、より理想的な目標から外れてしまいがちだということです。そこで模範という話に戻りたいと思いますが、本林先生もおっしゃいましたが、グッドワークのモデルということで、若い学生が早い段階でやはり学べるものがそこにあるのではないかと思います。どうすれば成功した意味のあるキャリアを持てるかということを、実際の実務家から学ぶ、実際それを実現した人から学ぶという経験が得られるのではないでしょうか。

デービス先生がこれに関して少し控えめに考えてコメントしていらっしゃいましたが、専門の実務家がいつもいい教師たることには時間的にも無理な面があるということをおっしゃいました。一つのモデルを考えた場合、大学では、我々自身がクリエィティブであることが必要で、成功している実務家と接する機会を、例えば、教鞭をとる以外の形で学生との接触の場を示すということも重要だと思います。もちろん教えることができれば、それにこしたことはありませんが、それが不可能であれば、例えば、1週間なり1カ月なり、特別のフォーラムや特別のイベントで学生に対してアドバイスを与える場を設けるということも考えられるのではないでしょうか。

大学がカリキュラムの枠を越えていく。標準的なコースであるとか必修に加えて、意味ある形で対面式に模範となる実務家として成功した例を見

ることができる機会を与えるということになれば、学生たちは、自分たちの生活の中でアイデンティティを確立し、それがあることによって、将来皮肉主義に移行してしまっても、エコノミディス先生がまさしくおっしゃった、多くの職業で起こるような逸脱からも、アイデンティティが確立されていれば回避できるのではないかと思います。

豊川 ありがとうございました。今の後の方で提起された部分は、関西学院のロースクールの中では具体化していきたいと思っています。次に第三の柱に入っていきたいと思います。第三の柱に関し、コルビー先生の紹介された点にも関連して、亀井先生の方から発言と質問が出ておりますので、お願いします。

会場発言（亀井尚也：関西学院大学司法研究科教授・弁護士） 関西学院の亀井です。

先ほどから発言をしたくてずっとうずうずしており、やっと発言の機会を与えていただき、ありがとうございました。

私自身は実務家教員として実務的な科目を幾つか担当しており、昨日からのいわゆるグッドワークを行う法律家を育てるお話に強い問題意識を持っております。関西学院の模擬法律事務所（Virtual Law Firm）構想を強力に推進しようとしている者の一人であります。

先ほどからの議論というのは、倫理や正義というのは押しつけるものではなくて、要するに、倫理や意識について学生にいかに考えさせるのか、そういう意識をいかに持たせるのか、ということについての議論だったと思います。倫理を体現する模範的な法律家というものを提示するということの重要性も強調されていたわけですが、私は、このモデルは、倫理に関する無意味な説教をするということに対するアンチテーゼとして示されたのであろうというふうに受け取りました。

確かに断片的な知識を暗記することに明け暮れる、あるいは社会的経験の少ない若者に対して職業的理想を追求する法律家の生の姿を押しつけない形で示すことは大変有意義なことであると思います。しかし、それは、

先ほどからの発言にたくさんありましたが、彼らにあくまでも「正義」や「倫理」を心で感じるきっかけを与えることに過ぎないのであり、それによって、本当に彼らにパーソナルスタンダードというものが構築できるのかどうかということについては、私は若干懐疑的に思っています。といいますのは、「モラル」や「正義」というのは一般論として教えられたりするものではありません。模範例というものを具体的に示されたりするということですが、これはどうしても学ぶ側の意識を素通りしていくということが多いのではないかというふうにも思うわけです。

ポイントとして何を言いたいかといいますと、「正義」とか、「倫理」というものは、その人が、今日や明日にどう行動するのかを突きつけられる中で自分でつかみ取っていくものとしてとらえることが重要なのではないかと思うわけです。先ほど、デービス先生が例を挙げて議論されました。その中で非常に重要だと思いましたのは、やはり学生に役割を与えることである、あるいは、自分のしたことには責任をとらなければいけない、そういうことを彼ら／彼女らに伝えることが必要であるという点です。つまり、「正義」というのは教養として教えられるのではなくて、自分の行動基準としてつくり出していくことが大事だということです。

そのためには、もちろん模範的な人に触れるということも大事ですが、やはりクリニックであるとか、あるいは、関西学院で目指している模擬法律事務所というようなところで扱うケースにいやが応でもモラルや正義を考えて行動を決めるしかないというような要素を取り入れて、学生に自分で行動しながら考えさせ、そして自分でつかみ取っていく、そういう方法が最も有効な方法、あるいは、私はある意味でそれが唯一の方法ではないかというふうに考えています。それが今回のシンポジウムのテーマになっているというわけです。それが、今までの議論を聞いていて、特に申し上げたかった点です。

長くなって恐縮ですが、それに続いて第三の柱に関連した質問をさせていただきます。昨日、コルビー先生が紹介されていました、Pervasive Method（浸透法）というものです。その浸透法が教育方法としてどの程度可能なのかということについて質問したいと思います。

講演の中では、カナダの環境法のコースを例に挙げておられたのですが、環境法というのは、社会との接点が意識しやすい科目であり、そのために、法の使命や目的、さらに倫理問題といったものを提起しやすい科目であると思うわけです。しかし、実定法の基本的な科目、例えば、契約法や不法行為法ではそのさまざまな法原則を正しく理解する、規則を理解するというふうに先ほども出ていましたが、法原則を正しく理解すること自体に大変な労力を要するので、それが授業の中心テーマになりがちなんです。あるいは、ローヤリングに関する実務的な科目においても、例えば、事実をどういうふうに調査するかとか、交渉をどのように効果的に進めるのか、それから、どのように法文書を作成するのかといったスキルの鍛錬ということがどうしても中心になりがちで、学生もそのようなことに興味を示すという状況があるわけです。そういったことが原因で、私たちは、「正義」とか、「法律家の使命」とかいったことを、やはりその上に学生に説教をすることのように考えて、授業の中で後回しになってしまいがちだと思うのです。
　私のここでの問題意識というのは、ロースクールでの大部分の科目である実定法の基本科目や、実務のスキルを磨く科目で、倫理教育の浸透法というのが果たしてどのぐらい可能なのかということです。そこにはやはり大きな限界があるのではないかとも思うわけで、特別の倫理についてのコースやクリニックや、また、関学では模擬法律事務所というようなところで「倫理」というものを自分でつかむということを考えないといけないのではないか思った次第です。お聞きしたいのは、そういうほかの科目や、実定法の科目等で「倫理」や「正義」をつかませる、そういう浸透法というのが可能なのか、どのぐらい可能なのかについてです。

豊川　　今の質問に関連しまして、本学教員の徳岡宏一朗先生から、民法あるいは商法などで具体的に正義を教えられるのかという質問も出てきております。その点、コルビー先生の方からお願いいたします。

コルビー　　簡単にこの浸透法に関してお答えいたします。

アメリカでは、いくつかのケースブックが開発されており、倫理の問題も多くの実体法や教義のコースで盛り込まれているという形をとっています。しかし、まだ十分に徹底的な形ではできていませんが、多くの教材がそのために開発されているところです。

　大事なのは、これを推し進めることです。なぜなら、先ほども話したように、法律にはいろいろな分野、また法曹にはいろいろな役割があり、具体的な倫理的な問題がそれぞれの各場面で出てくるということだからです。それぞれの分野において固有の個別の倫理的な問題があるということです。ですから、学生にとっては、どういった倫理的な問題が例えば不法行為法とか契約法で出てくるかを考え始め、準備するのが大事なのです。しかしながらそれらのコースはデービス先生から話がありましたが、例えば、模擬法律事務所や、その他シミュレーションでの経験にとってかわることができません。ですから、学生に対して一番強力な影響を与えるためには、こういったことすべてをやるということが必要です。そして、実体法の中にも必ず倫理問題を取り入れていくということにより、もっと本物らしく、そして、忘れないということになるわけです。また、学生が学ぶということを考えますと、学生がそのコースをとり、理解して、そして試験に受かるというだけではなくて、5年、10年、15年後に実際にその知識を活用できることが大事であります。ですから、もっと本当らしくすることによって、学生が積極的に関わり、そうすれば、よく覚えて、忘れることなく、実践に移すことができるのです。

エコノミディス　今のことに関してちょっと簡単に申し上げたいと思います。すべてのものが重要だということに私も賛成です。イギリスでは、皆さんご存知の通り、私は、『Journal of Legal Ethics』のエディターでありまして、その使命というのは、学会において意識を促進し、法倫理のコースに専門化されるベースの蓄積を促していくことです。私のジャーナルはちょっと特殊なものでありますが、イギリスの主流なジャーナルやますます増えている刊行物、ペーパーなどでは、契約法、刑法、憲法などにおいて、かなりいろいろな論文において倫理的な問題を取り上げ、また、弁護

士・法曹倫理というものを直にとらえているわけであります。例えば、会社法において、会社の取締役の責務は何であるかというような問題でも倫理を取り上げています。

　これは興味深い傾向であり、まさにますますいろいろなカリキュラム全体を通して、倫理の問題意識が高くなっているということです。それからまた、イギリスにおいても、この浸透的な方法を取り込める基盤になっているということであります。イギリスでは、その法律と倫理が切り離されたという歴史があります。ですから、すべての法学部やロースクールの先生が、このような浸透的な方法に参加できないかもしれません。しかし、これは変わることを願っています。私の観点からは歓迎すべき徴候があるわけで、以前は周辺的関心事であったものが、これからはまさに中心に、またその論文などにおいても中核を占め始めているということであり、非常に興味深いことであります。日本でもそうなるかどうかはわかりませんが、明らかに法学研究のほとんどすべての分野において、ただ法律、規則を説明したりするだけでは十分ではなく、倫理的な問題を取り上げるのが大事という傾向になっていると思います。

豊川　今の論点に関係して、山田到史子先生から、「法と倫理科目の統合、当事者法曹としての教育の有効性」についての発言通告が出ております。よろしくお願いします。

会場発言（山田到史子：関西学院大学司法研究科助教授）　民法をやっております山田です。今日は、とてもいい議論を聞かせていただき、どうもありがとうございます。

　今のお話を伺い、これから実務家を目指す学生は、スキルと使命というものを体得していかなければいけないということで、その学生さんの教育ということを、実際に教材をつくる立場としてお伺いしたいと思います。

　そういう目的を達成するためには、複合的な視点というのが必要になると思います。一つは、事件の理論的な意味というものと、その事件を通して社会的な意義というものも考えていかないといけないと思いますし、そ

れから、当事者の立場に立って、その依頼人の権利や利益を保護していくということも考えていかなければならないと思います。そのためには、ある仮説事例を通して、それは極端に良い、悪いというような事例ではなくて、むしろ、今も議論がありましたが、考えるきっかけとなるような限界事例を通して、そういう使命というものを会得するように考えていくことが必要ではないかと思っております。

それが「Virtual Law Firm」というものを、私たちが、考える所以になりました。そういう意味で、それらを考えさせるきっかけとなるよい教材を実際に体験させるにはどういう有効な方法があるのかというのを次に考えないといけないと思います。つまり、問題は、よい教材をいかにつくるかということにあるかと思います。

今の議論の中では、どのように教育していくかという、いわば抽象的な議論があったかと思いますが、スキルと使命の両方を体験することができる事例を、これから学生さんたちに提供していかなければいけないということで、例えば、私が具体的に思いますのは、先ほどデーモン先生が、成功している実務家を招いて、そのお話を聞くのもいいのではないかというお話をされましたが、社会的に大きな問題になったような事件を実際に担当した経験者の経験とか、その実績といったものから学ぶ、例えば、公害訴訟とか、今、新しい金融市場等で活躍なさっている方を招いて、検討会を開き、それを教材づくりに反映させていくというのも有効な方法ではないかと考えているのですが、特にその教材づくりという面から何かアドバイスがありましたら、教えていただければと思います。

豊川　教材づくりということについて、パネリストの方々どうでしょうか。

デービス　実体法のコースにおいてはいろいろな分類があると思います。これまでアメリカ、イギリスでの状況に関しての説明があったわけですが、司法の判断に潜在していた規範的な判断に注目が集まっていたと思います。例えば、ケースブック、事例集、判例集でいろいろと判例を取り

上げ、そして、その中には、規範的な判断において興味深いものが入っており、そして、ディスカッションを取り上げている、そういった事例集があるわけです。

　ここで区別したいのは、規範的な選択、どういった形で裁判官が規範を選び判決を出しているかと、そして、それに対して、法がとるべきもの、とるべきではないもの、という倫理的判断の2つです。これはコルビー先生が取り上げた2番目の例えにもありました。私は両方やる必要があると思います。すなわち、事例の判断においては、もちろん規範的な判断もあるわけですが、それを見るだけではなくて、一歩下がって倫理的な判断をし、法律の方で決してそれを強制してはいけないということです。ですから、その種の教材を例えば実体法のコースに関して作っていくというようなことが必要であります。

　それから、経験型のコースに関しては、教材開発がやはりここでも非常に重要であり、また複雑です。ケースを設計する際、いろいろな種類の倫理問題が入っているものをつくるということ、例えば、ただ単に法律でも倫理的に道徳的におもしろい問題点が入っている法律関係のものではなくて、ケースのシナリオとして、法曹がローヤリングの倫理という観点から考えなければいけないような問題を取り入れるということです。大事なのは、ケースや教材を学生に対してつくる際、演習を始める前に、蓋然的なツール・手段を学生に対して与えて、これから対面するいろいろな問題に対して学生に準備をさせるようにつくることです。

　この段階において、エコノミディス先生の提案である、理論的な教材や、倫理に関しての教材は非常に有益であると思います。ですから、私たちは、そういった教材を提供して、学生に対してその演習をしている最中でもいろいろとアドバイスを与え、そして、その理論的な教材における倫理的な規範というものを活用します。そして、批評、批判する際、理論的な教材からのボキャブラリー、語彙などをどう使うかというようなことも身につけていってもらえるようにします。

エコノミディス　　イギリスではどういう形をとったかということです

が、私たちの経験ですが、その経験というのは、深さにしても長さにしてもアメリカほどではありませんが、しかし、これは非常に価値があると思います。というのも、いままさにイギリスにおいては、学生に対して倫理的な次元が大事だということを伝え始めたからです。

1998年ごろには、そういった教材はありませんでした。その年に私が編集しているジャーナルが刊行され始めました。現在では、学部学生に対しての非常にいい教科書もありますし、また、もっと哲学的な理念的な教科書で法曹の倫理、これを批判的な観点から見ているものもあります。そして、法学部の学生にとってはちょっと難しいのですが、そういうものがあれば参照することができます。それからまた、判例集の教材もあるわけで、そういったものも出版されています。しかし、それらはそれほど満足のいくものではありません。なぜなら、その内容は、ほとんどすべてアメリカの法律のものであり、イギリスにおいて、強く私たちが思っているのは、もっとイギリスの文献や経験から出たものが必要だということであり、アメリカによって支配されてはいけないということです。その判例集は、誰かがデボラ・ロード（Deborah Rhode）という有名な倫理学者に師事し、スタンフォード・ロースクールで学んでいる間に書かれたものということです。

しかしイギリスにおいても、判例や教材は整備されはじめています。私はオーストラリア、ニュージーランドで仕事をしていた関係上、こういった資料をたくさんもっていましたが、今は手元になくて残念です。しかし、皆さんにこういった教材をつくった人と連絡をとってもらうことは可能です。

また、オーストラリア、ニュージーランドにおいては、マクロ的なアプローチをとっています。すなわち、法曹がその社会においてどういった役割をしているかということを聞き、そして、学生に法曹の社会学やまた歴史、この職業がどうやった形でもって発展したかを紹介し、また法曹の役割は何であるかということを聞きます。そして、これらの課題にはかなりのライティングがついてきます。

そして、今度は、真ん中のレベルまで下がっていき、法曹がどうやった

形で規制されているか、弁護士会とそれぞれの弁護士の関係は何であるか、また、その弁護士に対しての苦情の統計内容はどうなっているか、消費者の観点から、依頼人の観点からこの弁護士はどう見られているかというような内容を考察します。

最終的には、もっと個別の詳しい問題として、法曹の役割が行動規範を解釈するにあたってどういうものであるかということ、ミクロなこの職業人の規範、例えば、利益相反、秘密保持といったようなものを考えます。オーストラリア、ニュージーランドにおいては、その法曹の役割という一般的な問題から、もっと具体的に実際の実務において法曹がその活性的な問題に対してどういうふうに対応するか、そして、答えは何であるといった教材があるわけで、簡単に手に入れることができます。

日本での問題としては、日本用の教材をつくらなければいけないことです。ある程度文献や本などもあるかもしれません。ニュージーランドにいたとき、大変有名なアメリカの法曹倫理の先生が基調講演をしていました。スティーブン・ペッパー（Stephen Pepper）先生、デンバーロースクールの先生です。彼が言うには、彼の論文の3つ、4つぐらいが既に日本語に翻訳されているということです。2000年に中央大学の法学部において翻訳されています。ジェフリー・ハザード、この人も非常に有名なアメリカの法曹倫理の先生ですが、先生も日本語での文献を出しています。ですから、既に日本語の文献も多々あり、それらがコースをサポートすることができると思います。こういったいろいろなレベルでもって仕事を進める必要があり、学者の出したペーパーなどがいい出発点になると私は思っています。

豊川　ありがとうございました。第三の柱に関連しまして、広島弁護士会、広島大学で教員をしておられる佐藤崇文先生から、リーガルクリニック、それから法曹倫理のテスト問題についての質問が出ております。

会場発言（佐藤崇文：弁護士）　広島からまいりました佐藤です。
リーガルクリニックのことでご質問したいと思います。アメリカの各州

では、裁判所の規則で「スチューデント・アトーニー」というものが認められており、学生が実際に身柄拘束中の被疑者や被告人と面会したり、裁判所の法廷に直接指導教官と一緒に立つことがあります。それから、相手方と交渉するときには、学生の名前も指導教授と一緒に代理人という形で出ることもあります。このように極めて生の事件を実際にやることによって、実体法や訴訟法、そして法曹倫理というものが同時に身につくわけです。司法研修所があるということにもかかわるかもしれませんが、残念ながら、日本ではそこまでいっておりません。

アメリカで、そういうことが実現できたのは、非常に簡単な形ですぐに実現できたのか、または非常に難しい過程を経て、やっとできたのかという点をデービス先生にお尋ねします。

またあわせてアメリカでは、Bar Exam のほかに、択一式のテストで、州によってその要求されるスコアが違うという法曹倫理のテストがありますが、そもそも法曹倫理というような科目について、択一式のようなテストで本当に倫理観というのが養え、測れるのだろうかという疑問を持っております。この点についても、デービス先生のお考えをお聞きしたいと思います。

デービス　それでは、まず2つ目の質問からお答えいたします。

私の理解で、アメリカのさまざまな司法試験制度を十分にわかっているとも言えないところもありますが、ただ、そこでは、学生に弁護士の行動規範だけをテストしていると思います。したがって、学生が法律についてわかっているかどうかということを試験するのと同じように、契約法をわかっているかとかいうようなことを試験し、今ここで話したようなグレーエリアについてはテストはしていません。

学生が依頼人の代理人を務めるということに関しては、アメリカでは大きな抵抗は当初から余りなかったと思います。それには2つの理由が考えられます。まず第一が、アメリカでの伝統で、ちょっと残念なことですが、スチューデント・クリニックは、やはり困っている人たちの代理人を務めるということで、報酬というものが発生しないことが多かったのです。で

すから、学生がそういったところを負担してくれるというのは、弁護士のサイドからいってもありがたかったのです。そして第二が、学生は、政府が当事者となっているようなケースにも参加し、政府に、追加的にその資源、財源がないような場合に、彼らは歓迎されました。リーガルサービス・プログラムの財源をカットして、弁護士がやるところの財源が減らされたということも影響していると思いますが、しかし、政府の側が、そのような刑事事件にしても、あるいは例えば貧しい原告が政府を訴えるというような場合には、特に躊躇なく学生の参加を認めてきたところがあるかと思います。

豊川 ここで、本学ロースクールの１年生から、発言通告が出ております。学生が、少なくとも未修の１年生は、正義というものを学びにくい状況にあるが、エクスターン、インターンと言いますか、法律事務所を見学することによって、実務の世界を垣間見ることができ、また丸田先生がされた模擬陪審裁判を経験し、実践的な教育に触れることができ、非常に勉強の励みになり、モチベーションも上がったという意見が出ておりますが、時間の関係上、紹介することでお許しいただきたいと思います。

　最後の質問となりますが、池田先生から、「科目の統合」ということに関して発言通告が出ております。

会場発言（池田直樹）　私の質問は、今後より有効な正義を教えるための教育方法というものをロースクールに導入していくためには、日本のカリキュラムを見直す必要があり、そのときに、基本的な観点として、経験上アドバイスがあればいただきたいと、こういうことであります。

　日本のロースクールは、非常に性急に、３年から４年ぐらいの準備期間でできました。したがって、主にアメリカ型の実務系科目をたくさん導入しています。ローヤリング、リーガルリサーチ・アンド・ライティング、クリニック、エクスターンシップ、さまざまな科目がたくさん入っております。しかし、統一した、より有効な教育方法を一貫して行おうといった議論がないまま、とにかくたくさんの科目をつくったというのが実態で

はないかと思います。それはピンチではあるのですが、チャンスでもありまして、それらがまだ固まっていない分だけ見直しができると思います。

今後3年間の時間をかけてそういったカリキュラムを統合し、場合によっては、法曹倫理も含めて、バーチャル・ローファームという場のもとで、科目を越えて教えていけるような、そういうセッティングをつくりたいと思っておりますので、そういったカリキュラムをつくる上での基本的な観点、留意点というものがあれば、短くコメントいただければと思います。

デービス　これは一つの新しく誕生したロースクールであり、すばらしい機会だと思います。まず統合ということで倫理教育に特化した話ではなく、一般論でいいますと、私は、まず、学生に実体法の科目とバーチャル・ロースクールあるいはローファームの関係を正しく理解させることが重要だと思います。バーチャル・ローファームの中で、彼らは実体法の科目で学んだ原理がどう生かされるのかということを知ることになります。我々の場合は、幸運です。なぜならば、非常に確立されたカリキュラムが実体法の分野にあり、ローヤリングのプログラムが始まる前にそういった伝統があったからです。したがって、余りその統合について苦しむことはありませんでしたが、実体法科目を例えば1年次で教える教員が、さまざまな問題あるいは演習づくりにかかわることによって、シークエンス的に学生が実体法を学ぶことができるようになったわけです。

そこで、実体法科目の教員が、実際学生がローヤリングのプログラムで扱っているケースを裏づけることを順次教えていくことができます。そして、学生自身は、その中で学んでいることの確認をしながら関連づけていく機会を与えられるわけです。すなわち、分断はないわけですね。一つのコンパートメントのスキルは、もう片方の知識と連動してないわけではなく、むしろ連動しているわけで、法律の知識の使い方というのは、それがどう展開してきたかということを知ることでもあります。法律の知識というのは、次のケースにそれが適用されたときにどうなるだろうかということを知ることでもあります。したがって、その進化の過程をたどっていくことも必要なわけです。それが、そのバーチャル・ローファームでも得ら

れるところだと思います。したがって、その間の連携がうまくいけばいくほどいいと思います。

　ただ、ローヤリングの方がどんどん先に進んでいって、学生にその実体法の側面を十分教えていなかったというようなことで、混乱が生じたこともありました。そういうことは避けないといけないと思います。

エコノミディス　　イギリスでの状況についてご報告いたします。
　アウトカムズ・アプローチというのがあります。政治的にはそれはとても役に立ちます。なぜなら、ロースクールの自治が尊重されますし、ロースクールがその職業に期待すること、すなわち、一般の市民が法律家に要求することをつなぐことができるからです。イギリスでは、法学の学位においてや、専門課程において、またさらに職業上のさらなる発展を遂げていく中で期待されることというのが、かなり明らかになっており、「初日に必要とされること」という言い方がされます。やはりその資格を持って始めたときに、例えば、ソリスターは次なるアウトカムを示さなければいけないし、イングランドとウェールズの法律、行動規程・規範を理解していなければならない。また、どういった規範のもとに職業上の倫理が成り立っているのか、そして、姿勢、行動、倫理基準としてソリスターは何を求められているのかを理解し、職業倫理に関するルールというものが試され、そのもとで、職業としてのパーソナルマネジメント、依頼人との関係というものを示していかなければならない。重要なのは、倫理的なジレンマというものがあったときに、それを把握し、それに対応する能力を示さなければいけないということです。

　一般的な言い方になってしまっていますが、ロースクールには、その基準を満たす方法の自由は与えられています。別に「こうしなければいけない」という処方せんのようなものは描かれていません。しかし、ソリスターならソリスターに対しての基準を示した上で、ロースクールにはそれをどう満たすかの自由が与えられているということです。これは、すべての利害関係者の利害を考えたもので、学問や、職業、専門職に対しての自由度だけに偏ったものではなく、やはり手続上としてはバランスがとれている

と思います。

　もう一つ、メソッドという点で考えていいますと、機械的にほかの法域からメソッドをそのまま移植するということはお勧めできません。日本においても、国内的な倫理観というものがあると思います。したがって、いろいろな状況のもとで、さまざまな価値観また倫理観というものが、例えば、武士道であるとか、葉隠れであるとか、そういった倫理観もあるでしょう。その中でスキルが伝えられていくということだと思います。どの方法論を輸入しようと、あるいはどのような組み合わせで輸入しようと、まず重要なことは、皆さん自身がみずからの伝統を尊重するということだと思います。皆さんから我々が多くを学ぶことができるのではないかと思っております。

コルビー　簡単に申し上げます。学生の経験をもっとうまくどう統合していくのかということは正しい方向性の質問だと思います。まず重要なことは、ロースクールのファカルティーは、お互いに話をすべきだということです。お互いに話をし続けて、明確に一体学習目標をどこに設定するのか、結果として何を求めるのかを明らかにした上で、カリキュラムのさまざまなセグメントを統合していくことが重要だと思います。そうすることによって、首尾一貫した形で学習目標に向けて、すべてのカリキュラムが進んでいくことが重要だと思うわけです。タイミングを調整するということも重要でしょう。学生が一つの科目で学んだことが別のコースと無関係であった場合、例えば、実務と実体法の科目で違ったアプローチをとって教えているということがわかった時、その段階でそれを調整して、その次の段階に生かしていくということだろうと思います。学生自身も、またはっきりと意識するということが求められますが、まず、ファカルティーの間で十分話をして、調整していくということが重要だと思います。

豊川　非常にすばらしいお話をいただきました。このシンポジウムは、日本における法科大学院教育の、2年目のスタートだと思います。ここでパネリストからいただいた中身を全国に発信致しまして、日本の法科大学

院教育に大きなインパクトを与えたいし、与えることができるであろうと思います。

時間の関係上、十分お話いただけなかった点もあると思いますが、お許し願いたいと思います。

本当に2日間にわたりましてパネリストの先生方、ありがとうございました。Thank you very much！（拍手）

【閉会の辞】

松井　2日間にわたりまして密度の濃いシンポジウムになったと思います。

これで閉会になるわけですが、先ほどご紹介がありましたように、この国際シンポジウムのもととなっています「形成支援プログラム」は3年間、すなわち、あと2年間続く予定です。最初の国際シンポジウムとして、最も重要な問題を取り上げ、議論ができたことは、私としても非常に意義深く思っております。また国際シンポジウム等あると思いますが、今後とも、皆さま方のご協力、ご参加をよろしくお願いしたいと思います。

今日は、本当に長い間ありがとうございました。

通訳の方も、本当にどうもありがとうございました。

（拍手）

論 点

2005 年 3 月 20 日

第一の柱：
◆法曹のモラル・アイデンティティ
   (1) 私たちの国々では、法を学ぶ学生に対してモラル・アイデンティティの育成を行ってきたか
   (2) LS における法教育と倫理教育をどのように考えればよいか
   (3) 21 世紀におけるモラル・アイデンティティ教育への適切なアプローチとはどのようなものか

第二の柱：
◆多角的法教育
   (1) 私たちの国々において、法教育（法学部とロースクールの関係を含む）と、社会学・歴史学・文学（弁論術など）・経済学のような他の学問分野との関係はどうか
   (2) 21 世紀に向けて素晴らしい法曹を育てるために、どの程度の範囲まで、こうした多角的法教育が必要か、もしくは望ましいか

◆法曹の社会的使命についての教育
   (1) その必要性
   (2) LS における重要性と可能性
      ① USA、UK における経験
      ②日本における LS 教育の現状とこれから

第三の柱：
◆法教育における教育理論
   (1) 私たちの国々では法曹の訓練のために、現実の法、法的スキル（ローヤリング）や管理下における実際の訓練経験（見習）へも配慮しながらこれまでどのような教育理論をとってきたか
   (2) 私たちの様々なアプローチの長所と短所は何か
   (3) 技能と倫理の関連（相関的）
   (4) 法（実体法）と倫理－具体的事例から学ぶ
   (5) 科目の統合（倫理、法文書作成、ローヤリング、裁判実務の基礎）
   (6) 当事者法曹としての教育の有効性
   (7) バーチャル・ローファームの有効性

関西学院大学ロースクール（法科大学院）
形成支援プログラム 第1回国際シンポジウム
正義は教えられるか～法律家の社会的責任とロースクール教育～

関西学院大学ロースクール（法科大学院）

形成支援プログラム
第1回国際シンポジウム

正義は教えられるか
～法律家の社会的責任とロースクール教育～

2005年3月19日(土)・20日(日)
《両日とも日英同時通訳が入ります》

「社会生活上の医師」としてのこれからの法曹に『正義』を教えることはできるのでしょうか？米英そして日本の教育と法学教育改革をリードしているパネラーを迎え、社会正義を貫き、真に社会に貢献できる法曹を養成するための法学教育のあり方を議論します。

このシンポジウムでは、次の2点に焦点を当てます。
① 若者の倫理観の成長に関する最新の研究成果
② このような成果を法科大学院のカリキュラムや法曹倫理教育にどのように反映させていくか

SCHEDULE

3月19日(土)
10:00～17:30
受付開始 9:15

午前の部　10:00～12:00
＜基調報告＞

午後の部　13:15～17:30
＜基調報告者を交えたパネルディスカッション＞

3月20日(日)
10:00～13:00

＜論点についての自由討議＞

＜基調報告＞
William Damon 氏（米スタンフォード大学教授）
本林 徹 氏（前日本弁護士連合会会長）

＜パネルディスカッション＞
Anne Colby 氏（米カーネギー教育振興財団シニアスカラー）
Peggy Cooper Davis 氏（米ニューヨーク大学教授）
Kim Economides 氏（英エクセター大学教授）
石部 雅亮 氏（大阪市立大学名誉教授）

VENUE
大阪国際会議場（グランキューブ大阪）12F 特別会議場

ACCESS
■ JR「大阪駅」駅前バスターミナルから、大阪市バス(53系統 船津橋行)または(55系統 鶴町四行)で約15分「堂島大橋」バス停下車すぐ
■ JR大阪環状線「福島駅」
■ JR東西線「新福島駅」(2番出口)
■ 阪神電鉄「福島駅」
■ 大阪市営地下鉄(中央線・千日前線)「阿波座駅」1号出口・9号出口
上記各駅よりそれぞれ徒歩10分

■ シャトルバスが、「リーガロイヤルホテル」(当会議場東隣)と各ターミナル(JR「大阪駅」中央北口、地下鉄・京阪「淀屋橋駅」西詰)の間で運行しており、ご利用いただけます。

※参加は無料です。事前に下記＜連絡先＞まで氏名・所属・連絡先をご明記の上、E-MAILまたはFAXにて2月末日までにお申し込みください。

実施：関西学院大学法科大学院形成支援プログラム推進委員会
主催：関西学院大学大学院司法研究科

＜連絡先＞関西学院大学法科大学院形成支援プログラム推進室
〒662-8501 兵庫県西宮市上ケ原一番町1-155
Tel：0798-54-6090　Fax：0798-54-6184
E-mail：kglawkeisei@kgo.kwansei.ac.jp

Profile

<基調報告>

William Damon 氏

米スタンフォード大学教授（教育学）、米フーヴァー研究所特別研究員、米スタンフォード青少年センター所長。
「GoodWork Project」という活動の中で、若者が職場や家庭、社会生活の中で、どのようにしてその人格を形成し道徳観を養っていくかを探求し、その研究の第一人者として数々の賞を受賞。（「The GoodWork Project : An Overview」は http://goodworkproject.org/GoodWork%20Project%20Overview.pdf）。
青少年の成長における最新の研究成果と、ロースクール教育との関わりについての基調報告を予定。

本林 徹 氏

前日本弁護士連合会会長（2002年〜2004年）、森・濱田松本法律事務所パートナー。
東京大学法学部卒業後、米ハーバード大学ロースクール修士。日本民事訴訟法学会、国際法曹協会会員。日弁連国際交流委員会委員長（1996〜1999年）。朝日新聞「報道と人権委員会」委員。日本弁護士連合会の会長として、法科大学院や日本の司法改革を中心に担ってきた。

<パネリスト>

Anne Colby 氏

米カーネギー教育振興財団シニアスカラー、専門職訓練プログラム共同責任者。
ロースクールの改革問題を専門とし、社会的責任の深化と高等教育との関連を研究。「Educating Citizens : Preparing America's Undergraduates for Living of Moral and Civic Responsibility」（Jossy-Bass刊、2003）共著。

Peggy Cooper Davis 氏

米ニューヨーク大学ロースクール教授（ローヤリング／法曹倫理）、ローヤリング・プログラム責任者。
専門職業人としての法曹養成の方法論と訓練のあり方の研究を専門とし、「Workways - Overview」と題してHPに公開している（「Workways-Overview」は http://www.law.nyu.edu/workways/index.html）。

Kim Economides 氏

英エクセター大学教授（法曹倫理）。
英国における法曹倫理教育改革のリーダー。ロー・ソサエティのトレーニング委員会委員。国際連合やヨーロッパ安全保障協力機構（OSCE）の顧問など、国際的にも活躍。「Ethical Challenges to Legal Education and Conduct」（Oxford, Hart Publishing刊、1998年）、「New Horizons for Professional Regulation」（「Legal Ethics」Vol.4, No.1, 2001年）共著。

石部 雅亮 氏

大阪市立大学名誉教授、大阪国際大学教授、桐蔭学園横浜大学大学院法学研究科客員教授。
京都大学法学部卒業、法学博士（京都大学）。独フライブルク大学名誉法学博士。日独法学会、比較法学会、法制史学会、社会学会、私法学会等会員。専門はドイツ法。日本とドイツにおける法教育に深い関心と造詣を持つ。「サヴィニーの司法試験改革案とその背景」（一）（二・完）（『法学雑誌』第37巻2号、4号、1990／91年）、「第二帝政期ドイツの法学教育」（石村善助古稀記念論文集『法社会学コロキウム』日本評論社、1996年）

法科大学院等専門職大学院形成支援プログラムとは

文部科学省が、法科大学院をはじめとする各種専門職大学院の教育内容、方法の開発等に取り組む優れた教育プロジェクト（取組）を選定し、重点的な財政支援を行うことで更なる活性化を促進し、国際的に通用する高度専門職業人の養成を推進する事業です。平成16年度が初の試みであり、当法科大学院の「模擬法律事務所による独創的教育方法の展開」は、教育高度化推進プログラムに採択されました。

第二部

論考
シンポジウム
「正義は教えられるか」
に寄せて

論考1

正義をどう教えるか
―― 税務争訟法の授業を素材にして

関戸一考（関西学院大学司法研究科教授・弁護士）

1 「正義」を教えるに当たって

はじめに――本稿の目的

　2004年から全国で法科大学院（ロースクール）が開校され、いよいよ理論と実務の架橋を目指してロースクールの授業が始まった。アメリカでのロースクール教育を模範として、全国のロースクールにおいて新しい形態の授業が模索され実施されている。

　関西学院大学大学院司法研究科（以下、関学ロースクールと称する）においても、理論と実務の架橋を目指し、様々な工夫がなされた新たな法学教育の試みが実践されようとしている。

　その中でも、関学ロースクールが特に力を入れて取り組もうとしているのが、「模擬法律事務所による独創的教育方法の展開」と称する実践的な試みである。

　これは、2004年の文部科学省の専門職大学院形成支援プログラムのうちの教育高度化推進プログラムとして採択された内容を具体化しようとするものであり、第1回目の国際シンポジウムでは「正義は教えられるか」と題して、日、米、英の専門家によってロースクール教育のあり方をめぐるパネルディスカッションが行われた。

　この論考は、このシンポジウムで明らかにされたことを踏まえて、私が実務家として日頃から考えてきたことをベースにして「正義をどう教えるか」を、「税務争訟法」の授業で試みた実践例の報告である。

教育カリキュラムの内容と「税務争訟法」の位置付け

まず最初に、関学ロースクールのシラバスの全体像の中で「税務争訟法」がどのような位置付けとなっているか示しておこう。関学ロースクールの教育カリキュラムは大きく次の5つの科目群から構成されている。

第1は「法律基本科目」という分野。これは従前から大学の法学部で行われてきた法律基本科目を中心に、それらの演習科目まで含まれている。

第2は「実務基礎科目」という分野。これは専門職責任、法情報調査・法文書作成、ローヤリング、クリニックなど実務家教官（主として弁護士教官）が中心となって、実務家としての基礎的な内容を教育するものである。

第3は「基礎法学・隣接科目」という分野。この分野は、英米法や法哲学、法社会学といった法解釈とは一線を画した研究者による授業が予定されている。

第4は「展開・先端科目」という分野。これは関学ロースクールの特色を示すもので、大きく「企業法務科目」と「国際関係科目」に分かれており、関学ロースクールの3つの特色、①企業法務に強い法曹の養成、②国際的に活躍できる法曹の養成、③人権感覚豊かな市民法曹の養成のうち、①と②の特色を生かした授業を行うことになっている。

この「企業法務科目」の中に知的財産法、企業実務等に加えて私の担当する「税務争訟法」も含まれている。従って、この分野は主として実務家教官が担当する分野で、企業法務の実情を踏まえた実践的な教育が予定されている。

第5は各教官の「特別演習科目」で、ロースクール生のみならず将来研究者を希望する者に対する特別指導を兼ねるものとなっている。

「税務争訟法」の講義内容

さて、私の担当する「税務争訟法」はカリキュラム上、「展開・先端科目」と位置付けられており、基礎的な科目を終えた2年次に履修することとされている。しかし、税務訴訟が民事訴訟法・行政事件訴訟法の知識を前提としているために、実際には3年次の履修課目として2005年の春学期か

ら授業が開始されることとなった。

ところで、「税務争訟法」として教える内容は、行政法の1分野としての税務訴訟を対象としている。しかし、不服申立段階から裁判までトータルに教えるため、あえて「税務争訟法」と表現している。新司法試験の科目で言うならば「行政法」と「租税法」の中間の領域に属するもので、主として実務家が教える実務系科目の1つとしてロースクールで初めて取り上げられた科目である。

対象となる法律は、民事訴訟法とその特別法である行政事件訴訟法を中心に国税通則法と租税実体法である。但し、「租税法」そのものの授業ではないから所得税法・法人税法などの租税実体法の細かい内容には踏み込まない。

しかし、課税処分取消訴訟を中心に現実の税務訴訟として争われる様々な訴訟類型、例えば青色申告承認の取消の取消訴訟や、課税処分取消訴訟と同時に提起されることが多い国家賠償請求訴訟なども取り上げる。

つまり、実務で争われることが多い「税務訴訟」を丸ごと全体的に取り上げようと言うものである。従って、この授業は現在の税務行政を前提にした実践的な内容が想定され、理論と実務の融合が強く意識される内容となる。

私の問題意識は何か

さて、私がこの授業でロースクール生に是非考えて欲しいと思っていることがあった。それは「立場の違いによる法解釈の違い」ということである。

課税処分取消訴訟においては、原告となるのは納税者であり、被告は処分庁たる課税庁（行政事件訴訟法が改正されたため現在は国となった）である。そのため、通常の民事訴訟とは違い、原告と被告との間に立場の互換性はない。それだけに租税関係法規の解釈において、その違いは税を課する側の論理か、税の支払いを拒否する側の論理か、で鋭く対立し、その争いの攻防が判例理論にも大きく反映している。

本来、法の解釈が実践である以上、その解釈者がいかなる立場に立って法の解釈を行うかによって、結論が大きく異なってくるものである。この

ことが、かつて日本でも声高に論じられたことがある。それが戦後、法学者間で起こった「法解釈論争」であった。[1]

その論争の中で、法解釈が価値判断を含む実践であるということが強く意識され、「法の客観性と主観性」や、法の「わく構造」による制約などが論じられるなかで、政府の憲法9条解釈に見られるような「恣意的な解釈」は、法の解釈の域を超えるものとして強く批判されるに至った。[2]

私は大学に入学して間もなく、この戦後の「法解釈論争」をある種の感動をもって勉強した思い出がある。その後、実務家になってからも「自分がいかなる立場に立って法解釈をするか」という法解釈論争の中で提起された内容が常にバックボーンとなり、現在まで実務家としての自分の生き方を支えてきている。例えば具体的には「現役暴力団員の弁護はしない、公害垂れ流し企業の弁護はしない」と公言する一方で、社会的弱者のための弁護士として、法による救済の手を差し伸べるための活動を実践したことにあらわれている。中でも、阪神大震災により倒壊したマンション再建のために、1年半に亘り毎週土曜日午後7時から12時頃まで、神戸市兵庫区にある全壊判定を受けたマンションのコミュニティホールに通い続け、近くの避難所から集まったマンション住民と共に全面再建を成し遂げた活動などが思い起こされる。この当時、私は倒壊した多くの建物を目の前にして、自分が弁護士として何ができるのかを真剣に考えた末の行動だった。再建のためにあらゆる法理論を駆使してやっと再建にこぎつけたこのケースは住宅都市整備公団利用による唯一の再建成功例となったのである。

私はこのような法解釈がその立場によって大きく対立する領域である「税務争訟法」において、立場の違いが法の解釈のみならず事実の見方の違いにまで反映していることを学生達に理解させたかったのである。

「シンポジウム」で明らかにされたこと

私にはもう1つ学生達に考えて欲しい内容があった。それは2005年3月19日、20日の両日、関学ロースクール主催で開催された国際シンポジウムで取り上げられた「正義は教えられるか」というテーマである。

「法律家の社会的責任とロースクール教育」というサブタイトルの下に行われたこの国際シンポジウムにおいて、社会生活上の医師としてのこれからの法曹に、「正義」を教えることの意味や、社会正義を貫き社会に貢献できる法曹を養成するための法学教育のあり方を日・米・英の専門家が論じたのである。[3]

その中で興味を引いたのが、アメリカスタンフォード大学のウィリアム・デーモン教授の「グッドワーク論」である。教授は専門職教育において成長期の若者にグッドワークを成し遂げさせるために、いかに訓練するかが重要であると強調する。この場合のグッドワークとは、「非常に優れ、そして道徳にかなった仕事をすること」を意味し、そのためにロースクールは適切なプログラムを用意することが必要であるとする。そして、その方法としてリーガルクリニックの経験こそが非常に重要であり、グッドワークを成し遂げてきた先輩弁護士の実践例を示すことが効果的であることが強調されたのである。[4]

このシンポジウムの中で明らかにされたことを私の理解を前提にまとめてみよう。1つは、学生達にグッドワークを成し遂げさせるためには、スキル（技術）とマインド（心）の双方が重要であるが、社会正義を伴ったグッドワークは一定の価値判断を伴うということである。そうすると、最終的に個人の価値判断に委ねるべきことを教育の名の下に押し付ける危険性がある。その場合には、グッドワークの内容を、考える素材として提供するようにしなければならないということである。

もう1つは、学生達に生きた素材によって考えさせるために、リーガルクリニックを活用することが重要であるということである。リーガルクリニックは法律を生きたものとして活用するための現場を提供するものであり、学生達にやりがいとプロフェッショナルとしての倫理を考えさせる場所でもある。これを効果的に体験した学生に、大きな感動を与えたことが報告されていることを指摘することができる。

2つの問題意識を結びつける

さて、シンポジウムで明らかにされたこのことを、私の最初の問題意識

と結びつけてみよう。

「法の解釈が実践である」ということは「その解釈によっていかなる正義を実現しようとしているか」が問題とされることを意味する。その場合の「正義」とは「いかなる立場のものなのか」ということである。これを考えながらスキルとマインドによって裏打ちされたグッドワークの内容を、具体的事例での法解釈を通じて理解させることを意味する。

法の解釈は最終的には、正義実現のための手段である。しかし、その「正義」が一定の価値判断を伴うものである以上、教える者としては初めから自分の価値判断を一方的に押し付けることはできない。しかし、「正義」を考える一助として「自分は税務訴訟のこの事例において正義をこのように考えている」という問題提起をすることはできる。そこで、私は「この場合の法解釈は誰のための法解釈か」と問われた時、税務訴訟の場合には、「納税者を救済するためのものであり、横暴な権力的な税務行政と対決するものである」と答える。そして、そのことを考えてもらうために「税務争訟法」の授業を素材としたのである。

それではこの問題意識を実践した私の税務争訟法の内容をもう少し踏み込んでお話しよう。

2　授業をどのように準備し、行ったのか

教科書の指定と教材の活用方法

私は 2004 年 9 月に私の税務訴訟の実践例をまとめた「税金裁判ものがたり」という本を出版し、これをこの授業の教科書として指定した。[5]

取り扱う分野が「税務訴訟」であり、弁護士でもごく一部の人しか担当したことがない分野だけに「裁判ではどんなことが問題となり、どのように進行していき、何が争点となるのか」を解りやすく物語風にまとめた 300 ページ程度の本である。読者は税金裁判に興味のある納税者の外、税金裁判をやってみようと考えている弁護士や税理士を対象としている。同時にロースクールの学生に利用してもらうため教科書風に体系的に整理し、索引を付けた。

その上で教材として教科書で取り上げた事件を素材に事例を作成し、これに設問を与えて毎回課題として答えさせる形をとった（別添資料3参照）。

関学ロースクールでの私の授業の受講生は7名で、全員3回生（既修者で2年目の者）である。事前に「税務争訟法受講に当たって」というアンケートをとり、受講の動機やこの講義で特に勉強したいことを確認しながら授業を進めることにした。

授業の進め方——講義と演習のバランスについて

私は実質13回の授業時間のうち、最初の3回は講義形式をとることとした。税務争訟の鳥瞰図を示すために実際の手続を税務調査から不服申立を経て裁判までの全体的な流れを解説するためである。その上で残りの10回を、事前に与えた事例の設問に対する解答に解説を加えながら双方向の授業を目指したのである。さらに、設問によっては学生を納税者側と課税庁側に分けてディベイトをさせることとした。

ディベイト方式を採ることの実践的な意図は「立場による法解釈の違い」と、「立場による事実の評価の仕方の違い」を具体的事例の中で学生達に理解させることにある。そのうえで「裁判例が課税庁の言い分に軍配を上げることが多いのは何故なのか」、「その判断を支えている事実ないし理由が何であるか」を考えさせることとした（事前に別紙資料4のようなディベイトに関するルールを配布している）。

3　授業内容について

3回の講義形式の授業について

さて、3回の講義のうちで、第1回目は主として私が最初に指摘した問題関心を理解してもらうため別添で示した「ロースクールで何を学ぶのか」というレジュメに基づいて法解釈論争の内容を説明した（資料1参照）。ここで私が言いたかったことは、①法解釈をすることは、いかなる立場に立つかと密接に関わりあうということ、②それは価値判断を伴うグッド

ワークでなければならないということである。「判決は三段論法で導き出されるのではない。結論が先にあり理由は後からついてくる」と、裁判過程を分析し明らかにしたアメリカのリアリズム法学派の考え方は非常に示唆に富む。裁判官を動かすためには、「論理」だけでなく「心理」の部分に働きかけることが重要だからである。これはグッドワークを成し遂げるためにスキル（論理）とマインド（心理）が重要である、としたシンポジウムのテーマと重なり合うことでもあった。

　残りの２回は税務調査から裁判までの流れである（別添の資料２参照）。これは実際の事件の流れに沿って問題点を解説する授業である。このような形で手続の概要を説明することは、税に関する相談を受けた納税者側代理人としての必要不可欠な内容を理解することでもある。当然のことながら、個々の問題点は個別に深めてゆかねばならない。しかし、全体像を理解してもらうにはこれが一番良い方法だろう。実務家がロースクールの授業を担うようになった以上、実務家ならではの思い切った講義方法が大切で、数百ページもある教科書を使用して抽象的な概念の解説を中心にした授業を進めることはできない。それをすれば、学生達は興味を失い、司法試験予備校に再びとってかわられることになるだろう。

生きた事例に基づく演習方式について

　さて、私は学生達に税金裁判の実際を理解してもらうために、私が担当した事件を素材にして事例を作り、設問を設定してそれを毎回課題として与えることにした。事例そのものは私の担当した事件２つを１つに合体させたものではあるが、実際にあったケースである。これを前提にして順に設問に沿って問題点を指摘して論ずるわけであるから、税務訴訟における重要な論点がほとんど含まれ、全部設例を終えると１通りの問題点を理解できるようにしてある。但し、私がこのようなことができた理由は私の書いた教科書があったことが大きいと思われる。教科書には事例の元になったケースは全て解説がなされており、何が問題であるかは教科書を参照すれば分かるからである。この方法はクリニックではないが、生きた素材を前提にしているため、これにかなり近い演習方式といえよう。

演習の内容について

さて、ここで授業内容の説明を加えることにしよう。

最初の設問は、事例を前提にした、①青色申告承認取消処分、②所得税の更正処分、③消費税の更正処分を争う訴状を起案することである。

実際の事例は①②と③の２つの事件であったが、合体させたため３つの形態の裁判を１つの訴状で起案することとなった。

実はこの課題は決して簡単ではない。特に各々の訴訟において請求の趣旨をどう書くかという点については、実際の判決書きを検索してみないと学生には分からない。その上で改正行政事件訴訟法では、被告が変更されたこと、出訴期間が延びていることから、これを前提に経過規定を参照しながら起案することになる。さらに請求の原因をどう書くかは、請求を基礎付ける事実が何で、どの程度まで書くか、などを考えながら要領よく起案することが大切である。さすがにこれらが完全にできていた起案はなかった。しかし、これによって納税者代理人がどの点に注意して事実を調査し、何を確認しなければならないのかが学生にはよく分かったと思う。

設問２と３は、税務調査の手続をめぐって争われる重要な論点である。この問題は課税庁と納税者との間では真っ向から対立する論点であることから、授業ではそれぞれ課税庁と納税者の２人づつチームに分け、残った３人は途中で助っ人としてどちら側にでも入って良いということでディベイトをさせた。議論が先走らないようにするため議論すべき論点を予め示したが、どうしても議論が先走ってかみ合わなくなったり、ディベイトをしながらも教科書や資料を参照するために下を向いてしまうために議論がストップしてしまった。学生達にとって自説の正当性をその場で考えて、相手方に対し説得的に話すことの困難さが分かったことであろう。結局、ディベイトは２回しただけでその後は通常の演習形式ですることにした。

しかし、ここで問題とした「第三者の立会い拒否」をめぐる論点については、第三者の立会いを、「税務調査の妨害の手段」とみる課税庁の立場と、「違法調査の監視の手段」とみる納税者の立場の違いが、法律解釈の違いと連動し、破綻しかかった課税庁の論理を是認してしまう裁判例の問題点を具体的に理解させることができた。その上で判例を変えるには何を裁判

で訴えていかねばならないかを考えさせたのである。

設問4は「推計課税の必要性」をめぐる問題である。実務上、近時、推計課税の本質をめぐって対立があり、下級審判例も分かれている。このことを解説しながら従前の考え方がねじれ現象を起こしており、それをどうやって克服すべきかを考えさせた。つまり、従前は「推計の必要性」につき、納税者に有利な考え方と思われていた考え方が、却って「推計の合理性」という別の局面では課税庁側に有利な考え方と結びつき、その結果納税者にとって大きな問題を引き起こすことを指摘したのである。学生にとって、このことは衝撃的であったようである。単純に納税者側に有利な考え方というだけではなく、常に自分の頭で実践的に考えていくことが重要だからである。

設問5と6は、「課税庁の解釈は租税法律主義に反するのではないか」ということを正面から問う問題である。法律上は納税者に帳簿類の「保存」が必要とされているだけであるにも拘らず、課税庁から「これは提示を含む概念である」との主張がなされ、結果的に裁判例もそれに引きずられている。そして最近に至り最高裁もこれを是認する判例を出した[6]。

しかし、問題は何故そのような歪んだ解釈を是認してしまうのか、それをどうやって打ち破っていくのかを考えることである。

このような設例の中で、納税者側の代理人として私がいかに苦労しながら論陣を張っているかが学生にもある程度理解できるであろう。私は、このような授業内容を通じて課税庁よりの判断を示しがちな税金裁判の実態を学生達に理解してもらいたかったのである（実際の授業では引き続いて事例その2に基づいて授業を進めたが、ここでは省略する）。

4　正義は教えられたか――結びにかえて

学生達のアンケートが示したもの

これまで私の実践する「税務争訟法」の授業内容の一部を報告してきた。課税庁は常に「課税の公平ないし平等」を前面に出す解釈を展開する。その根底には、民主国家である日本において租税は国の根幹に関わることで

あり、納税者の安易な租税回避を許さないという「大きな正義」がある。他方、納税者側からみた時に具体的事案において、課税の論理を過度に強調されて課税を強行されることに大きな憤りを感ずることも事実である。この場合の「正義」とは個別の納税者の権利と財産の救済である。ここに２つの立場の違う「正義」のぶつかり合いがある。

「法の解釈は、誰にとってのいかなる正義かを考えて実践することである」という課題を、設問の中で自分で考えて答えを出す授業に正解はない。しかし、私が実践しようとしている法解釈の内容を、学生達はその実質的な理由と共にかなり理解することはできたのではないだろうか。

しかし、「正義を教える」ということは、教育者として正直言ってこわい。そうは言っても、私が伝えたかった「正義」を学生達がどう受け止めたかを知るために、授業終了後にアンケートを実施した。

それに対して、嬉しいことに概ね好意的な意見が返ってきている。その中でも、教師冥利つきる回答があったので紹介しておこう。

「税務争訟法を受講して強く心に残ったのは、私達に伝えたいものがあるという先生の気持ちを強く感じたことでした。私も含めて全てのロースクール生が授業に期待することは、実際の弁護士がどのようなことを考えて事件と向き合っているのか、後継者となる私達に何を必要とし、何を伝えたいと思って入るのか知りたいということだと思います」としたうえで、最後に「私はこれからもっともっと税金裁判について勉強して、先生の後継者になりたいと思います」と結んでいる。

このような反応を見る限り、私の最初の「正義」を教える授業は、一応成功したと言えるであろうか。この学生は、私の担当したクリニックＢの税務訴訟法も受講している。このクリニックＢは、私の事務所へ来て、実際の事件記録を見て、そして弁護団会議に参加して納税者代理人の立場で訴状や準備書面を起案するもので、言わば実務修習そのものである。税務争訟法の授業だけではなくクリニックＢを受講したことがより一層私の伝えようとした「正義」の内容を理解することになったのかもしれない。

ロースクールの課題と展望

　私が最初に問題意識として提起した「いかなる立場に立って法の解釈をするのか」ということは、実務家になった場合には常に問われることである。

　ロースクールの教育が理論と実務を架橋する一翼を担うものである以上、どうやって学生に具体的な「正義」を伝えていくかはロースクールの存在意義の問われる大きな課題である。

　全ての科目の授業で、学生達が「いかなる正義を実現するために、どちらの側に立って法解釈をするか」ということを意識しながら、社会生活の中で生起する多くの問題を解決する能力を身に付けることができたら、ロースクールの教育は大成功と言えるであろう。そのために、私達実務家教官はロースクール生の最も身近なグッドワークの体験者として存在し続けなければならない使命を負っている。

　最後に、アンケートはロースクールに対する期待を込めて次のような言葉を我々に示してくれた。御紹介しておこう。

　「私は旧司法試験の受験勉強をしている時、矛盾する気持ちに悩んでいました。私は弁護士になって多くの人の悩みを聞いて、その悩みを解決してあげたいと思っているのに、現実に私がしていることは誰とも会わず、ただひたすら机に向かって論点の勉強をしていただけなのです。その現実とのギャップがとても辛かったのです。でも、ロースクールに来て、バーチャルでも人の悩みを聞き、解決する方法を考えることができて、自分が将来どうなりたいのか、どのような分野に向いているのかが少しずつ分かってきた気がします。それがとても嬉しいです」。だからこそ、「ロースクールが予備校化することを心配する必要はないと思います」と力強く述べている。

　このことは、我々が進めようとしている教育の方向が、決して間違っているものではないことを示してくれた。生きた素材をベースにした「正義」を伝える教育が、ロースクールの存在意義を示すものとして、効果を発揮することを確信している。[7]

【注】

1 「戦後日本の法解釈論争」として現代理論法学入門、田中成明編、法律文化社、136頁以下に当時の論争の内容が簡潔にまとめられている。
2 『法というものの考え方』220頁以下、渡辺洋三著　日本評論社（復刊）。私が大学時代読んだ岩波新書版は絶版となったが、1989年に復刊された。この頃と比較すると、最近の憲法9条の解釈をめぐる考え方の変遷には隔絶の感がある。
3 関西学院大学ロースクールの形成支援プログラムの一環として、2005年3月19日、20日の2日間にわたって大阪国際会議場で実施された国際シンポジウムである。そのシンポジウムにおいて、アメリカからはウィリアム・デーモン（William Damon）スタンフォード大学教授（教育学）が、日本からは前日本弁護士連合会会長の本林徹氏が基調報告を行った。
4 この時のパネリストは、デーモン教授、本林徹氏の外にデービス（Peggy Cooper Davis）ニューヨーク大学ロースクール教授、米カーネギー教育振興財団シニアスカラーのコルビー（Anne Colby）氏、英エクセター大学のエコノミディス（kim Economides）教授、大阪市立大学名誉教授の石部雅亮氏の6名であり、100名以上の参加者を交えて活発なパネルディスカッションが行われた。
5 『税金裁判ものがたり』拙著せせらぎ出版、2004年9月30日発行。
6 2004年12月20日最高裁第2小法廷は「提示することが可能なように態勢を整えて保存する」と解し、事実上「提示を含む」という課税庁の論理を肯定した（判例時報1889号42頁以下）。
7 本稿は、2006年3月に出版された『武藤春光先生喜寿記念論文集』に出稿した私の「ロースクールにおける教育実践例（税務争訟法）」に、その後の経過を踏まえて手を加えたものである。

資料1　　ロースクールで何を学ぶのか

1. 将来の実務家として要求されるものを考える
   (1) 新司法試験で要求されるものは何か——現行試験とどう違うか
       基礎的な法律の知識と法律実務修得の有無を試す試験——理論と実務の架橋
   (2) 法律実務家に要求される基本的な素養とは何か
       ① 事実を分析して法律解釈をする能力
       ② 紛争の妥当な解決を図る能力
       ——人としての優しさ・ヒューマニズムに裏付けられていること
2. 法の解釈とは何かを考える—戦後の法解釈論争で明らかにされたこと
   (1) 法解釈は科学か——科学たり得るためには何が必要か
       「法解釈」と「法解釈学」はどう違うか——ロースクールで教えるのはどちらか
   (2) 法の主観性と法の客観性の関係を考える
       法解釈が人に左右されること（「法の主観性」）は「法の客観性」と矛盾しないのか
3. 裁判過程を考える
   (1) 判決は三段論法（①事実に②法律を適用して③結論を出す）で生み出されるのか
   (2) アメリカのリアリズム法学派はどう言ったのか
       ——（結論は先にある。理由は後からついてくる）——裁判官の心理まで踏み込む
   (3) 裁判官を動かすものは何か——結論を左右するものは何かを分析する
   (4) 裁判官をいかにして説得するか——証拠法則と論理法則の活用で足りるか
   (5) 裁判における論理と心理の関係はどういう関係に立つか
       ① 論理——形式面——鋭い法解釈を展開する—— Skill
       ② 心理——事実の重み + α ——正義は我にあることを示す—— Mind
4. ロースクールで学ぶことは何か（実務家に要求されるもの）
   (1) 法の解釈は「正義」を目指すものといえるのか—— YES
   (2) その場合の「正義」とは誰にとっての「正義」か——価値判断が伴う
   (3) あなたは裁判という「戦場」で、誰に向かって法解釈という「鉄砲」を射つのか
   (4) ロースクールでは「鉄砲」(Skill) と「その使い方」(Mind) を学ぶ→ Good Work

資料2　　税金裁判までの流れと争い方

第1. 手続きの流れの概観
  1. 確定申告（毎年3月15日）——本人・反面調査——→修正申告
  　（但し、法人の場合には決算期から2カ月後）　　　└→更正処分
  2. 異議申立（更正処分より2カ月以内）——異議決定（税務署長）
  3. 審査請求（異議決定より1カ月以内）——裁決（国税不服審判所長）
  4. 訴訟（裁決より6カ月以内）——判決

第2. 税務調査での留意点
  1. 税務調査の基本的性格
    (1) 強制調査——裁判官の発する令状を必要とする——国税局査察部による
      （マルサ）
    (2) 任意調査——納税者の同意を得て行うもの（但し罰則を伴う）
      税務署・国税局資料調査課（料調）による
  2. 質問検査権行使をめぐる争い（所得税法234条）
    (1) 行使の要件は何か——法律に何も書いていない——「必要ある時」の解釈をめぐって争われる
    (2) 争いとなった契機——税務調査の際に刑事事件が発生する
  3. 荒川民商事件（最高裁昭48・7・10決定）
    〔内容〕——①検査の必要は客観的な必要であること
    　　　　　②検査は社会的通念上相当な限度によること
    　　　　　③定めのない細目は、合理的裁量（憲法上一律の要件ではない）
  4. 具体的な対応方法——任意調査であることを忘れないこと
    (1) 事前通知なしの調査——忙しいと言える——心の準備、記録の整理が必要
    (2) 理由開示を求める——納税者が何故今回調査の対象となったのか確認すること
      最高裁——調査の必要は「客観的必要」に限られると判断
        （事後的に裁判所による検証が要求されるということ）
      具体的には前年比、同業者比との関係で本人の過少申告を疑うべき理由が要求される。
    (3) 反面調査——補充性の原則を認めるべき
      a 肯定説（金子宏）　S47.2.9　静岡地裁判決
      b 否定説が判例の見解

5. 第三者の立会いをめぐる問題
  (1) 立会いの目的は何か──2つの目的がある
    (イ) 不当な調査を許さないための証人としての立会い
    (ロ) 不当な押し付け課税を許さない助言者としての立会い
  (2) 税務署員による第三者の立会い拒否に正当な理由があるか
    (イ) 税理士法違反のおそれ──税理士法52条（非税理士の税務代理行為の禁止）
      ──税務代理行為をしなければ問題はない
    (ロ) 守秘義務違反のおそれ──所得税法243条
      誰のために認められた規定か──秘密を持った本人を保護するためのものであり、本人が了解している以上問題となり得ず
    (ハ) 調査に入る前の立会拒否に正当性は無い

第3. 異議審理での留意点
1. 原処分庁に対するもの──原処分の理由付けをさせてしまう可能性がある
2. 異議申立の位置付け──総額主義的な運用に気をつける（担当の部署がわかるだけ）
   有利な点──審査請求・裁判と異なり形式ばったことが不要
   不利な点──異議決定で更正処分を補強させてしまう
3. 結論──特殊事情の主張にとどめ、必要以上の資料を提出することに留意する

第4. 審査請求（国税不服審判所）での留意点
1. 国税不服審判所の位置付け──納税者の権利救済機関・準司法機関
  (1) 納税者の不利益な処分は出来ない──原処分庁は裁決に従う義務がある（国税通則法98条）
  (2) 問題点──対審構造をとっていない──課税庁側が具体的にいかなる主張をしているかわからない
2. 争点主義的運営をさせる
   争点①調査手続きの適法性
      ②課税処分の合理性──類似同業者の原価率、所得率による推計課税が多い
3. 課税処分の不合理性をどのように主張するか
  (1) 本人の特殊性の立証──審判官に実情を理解させる
     争点に見合った主張──原価率、所得率（異議決定書に合わせる）
  (2) 所得主張をするときの注意点
    ① 不必要な帳簿類は提出しない──総額主義に注意する
    ② 反面調査は拒否する──納税者の権利救済機関だから

(3) 質問検査権の行使と書類の提出と留め置きの規定（通則法97条）と閲覧請求の活用（同法96条）
第5. 裁判でいかに争うか
  1. 裁判の得失を考える
      得──税務署に対する牽制となる──以後の税務調査がなくなる
      失──長期化に伴うデメリット・本人の疲弊
  2. 裁判提起する上での5つの留意点
      ①本人に十分な怒りがあるか──裁判を維持するために
      ②取引先が協力的か──反面調査でつぶされないために
      ③帳簿・原始資料が備えてあるか
      ④更正処分の内容が本人の事業実態とかけ離れているか──推計課税の時に生きてくる
      ⑤争点がどこになるか──経費か、売り上げか、仕入れか
  3. 争点を見極めるためにはどうしたらいいか
      ・異議決定と裁決書に注意をする──理由が示されている
        但し、裁決は争いの対象ではない（原処分主義）
  4. 税理士の果たす役割は大きい（弁護士と税理士の協力による）
      税理士の補佐人制度──届出だけでできる（税理士法2条の2）
第6. 税金裁判は何故勝てないか
    制度上の問題点　①判検交流による指定代理人の存在（裁判官の教育機関か？）
　　　　　　　　　②調査官制度（国税局からの出向）の存在（背後で影響力を行使？）
　　　　　　　　　③税金裁判を知らない裁判官（課税庁よりの姿勢が見られる？）

資料3　税務争訟法（事例その1）

<事案の概要>
1. 納税者Xは、大阪市北区内の自宅兼用の事業所で電気工事業を営んでいた。数年前から青色申告をしており、青色の専従者には奥さんだけがいる（消費税の課税業者ではあるが簡易課税を選択していない）。Xは零細な個人事業者だったので税理士さんにお願いすることもなく、Xの加入する事業者団体の所属の事務員A（簿記2級の資格を持っていたので、会員に複式簿記の指導をしていた）に記帳指導と援助を受けて申告書を作成して所轄の北税務署に提出していた。
2. ところが、平成16年10月のある日突然何の連絡もなく北税務署員Bが直近3年分（平成13年、14年、15年）の所得税と消費税の税務調査と称してXの事業所を訪れた。
　　その時は納税者Xの奥さんだけがおり、奥さんは税務署員Bに「主人は今仕事で出かけておりませんので、調査は事前に連絡の上、主人のいる時に来て下さい」と伝えた。税務署員Bは「それならば、明日朝9時にまた来るから3年分の帳簿類を準備しておいて下さい」と言い残して事業所を出て、その足で予め調べてあったXの取引銀行Cへ行き、X及び同居の家族（奥さんと2人の子供で2人とも成人して別な所で働いていた）の通帳の元帳を全てを開示するようにC銀行に求めた。
　　驚いたC銀行の担当者Dは、すぐにXの事業所に電話をかけX及び家族の通帳の元帳を開示してもよいかどうかの了解を求めた。丁度その時、外出から戻ったXはそれを聞いてすぐに銀行に出向き「私は調査に応じないとは言っていないので、私の了解なしに通帳の元帳を開示しないで下さい」と申し向けたため、Dはその旨をBに伝えた。Bはやむを得ず、その日は開示を受けられずそのまま北税務署に戻った。
3. Xは事業所へ戻ると奥さんから明日再度Bが税務調査に来ることを聞き、事業者団体の事務員Aに税務調査の立会いを依頼した。翌日朝、Bは事業所に来たがAがいるのを見て、Aが事業者団体の事務員であることを確認すると「関係のない第三者がいるところでは税理士法違反のおそれや守秘義務違反の恐れがあるので調査はできません。Aさんに帰ってもらって下さい」とXに申し向けた。
　　それを聞いたAは「今日私が立ち会ったのは、Xの帳簿類は一部省略はあるが、複式簿記にかなっているものです。その内容を説明して、それを確認してから帳

簿類の検査を進めてもらいたいと思ったからです」と主張した。Ａがこのようなことを言ったのは、青色申告をするには納税者Ｘに複式簿記にかなった帳簿の作成、備え付けが必要であったからである。

　しかし、税務署員Ｂはあくまで「関係のない第三者のいるところでは調査はできません」と主張し、この日は具体的に調査をせずにＸの事業所を出てＸの取引銀行Ｃへ行った。

　そこで、Ｃ銀行に対し「Ｘがあくまで調査に協力しないので、昨日お願いした通帳の元帳を開示して下さい」と要求してＸ及びその家族の元帳の資料の開示を受けて持ち帰った。

4. Ｂはその資料に基づいてＸの取引先に対する反面調査をした後、再度調査のためにＸに連絡の上、事業所へ出向いた。するとそこにはＡがいたため、Ｂは「Ａに帰ってもらって下さい。このままでは調査に非協力として当方の調査に基づいて処分をすることになります」と警告を発した。

　Ｘはそれを聞いて黙ってＢの眼前の机の上にこれまで準備していた帳簿類を提示し、「Ａさんの説明を聞いてから帳簿内容を確認して下さい」と申し向けた。ＢはＡを無視して、とりあえずその内の１冊を手に取りパラパラとめくりながら「きれいな字ですね」と言った。

　ところがその時、丁度来客があったためＢはすぐに帳面を見るのを中止し、そのまま検査をせずに、改めて「関係のない第三者のいるところでは調査はできませんので当方で処分させてもらいます」と言い残して帰署してしまった。

5. その上でＢは北税務署長の名前で、まずＸに対し「法律で定められた帳簿等の備え付け保存がない」として、平成16年11月1日青色申告承認の取消処分を行った。

　次いで銀行の反面調査（Ｘの通帳）で分かった取引先の調査による仕入金額に基づいて、同業者比率による原価率で売上を推計して所得金額を算出し、所得金が過少であるとして、平成16年11月14日所得税3年分の更正処分を行った。

　更に同日、売上が推計の方法によると13年、14年、15年が各々3800万円、3900万円、4000万円（申告では各年ともこの金額より少ない）であったので、課税仕入税額の控除を否認して各年の売上金額を基準にしてその5％の消費税の更正処分をした（その内容は別表の通りである）。

6. これに対し、Ｘは平成16年12月15日に北税務署に異議申立てをしたが、平成17年1月15日に理由がないとしていずれも棄却された。

　そこで、平成17年2月14日に大阪国税不服審判所に審査請求をしたが、これも平成17年3月25日にいずれも理由がないとして棄却されている。

以上の事実を前提にして次の問いに答えよ。

【設問1】　Xは「帳簿類は全て存在している」ことを理由として、①青色申告承認取消処分、②所得税の更正処分、③消費税の更正処分を争いたい。
　　　　　あなたがXの依頼を受けた弁護士であるとして訴状を起案せよ（被告は誰か、提訴期間はいつまでか、請求の趣旨はどう書くかを特に注意すること）。

【設問2】　税務署員Bの事務員Aに対する立会い拒否の法律上の問題点を明らかにした上、どう考えるべきか反対説を批判し、自説を述べよ。

【設問3】　税務署員Bの税務調査に関して問題となる点を指摘し（立会いの点は除く）、もし調査に違法があった時、その後の更正処分にいかなる影響を及ぼすか自説を述べよ。

【設問4】　税務署員Bの本件調査によってなされた推計による税務署長の所得税の更正処分について、いかなる法律上の問題が発生するかを反対説を批判して自説を述べよ。

【設問5】　税務署員Bの本件調査によってなされた税務署長の青色申告承認の取消処分について、いかなる法律上の問題が発生するか反対説を批判して自説を述べよ。

【設問6】　(1) 税務署員Bの本件調査によってなされた税務署長の消費税の更正処分について、いかなる法律上の問題が発生するか反対説を批判して自説を述べよ。
　　　　　(2) この点に関する見解の異なる大阪地裁（平成10年8月10日判決）、津地裁（平成10年9月10日判決）、東京地裁（平成10年9月30日判決）の各判決を比較の上、どの点に関する相違が結論の違いとなったのか明らかにし、各判決を批判せよ（平成16年12月16日にこの点に関する最高裁判決が出されているが、この判決についても言及すること）。

【別表】申告及び更正処分一覧表

		H13年	H14年	H15年
売上 ①	申告	3500万円	3600万円	3700万円
	処分	3800万円	3900万円	4000万円
仕入 ②	申告	2200万円	2300万円	2400万円
	処分	〃	〃	〃
一般経費 ③	申告	400万円	400万円	400万円
	処分	〃	〃	〃
特別経費 ④	申告	外注費 400万円 給与 200万円	外注費 400万円 給与 200万円	外注費 400万円 給与 200万円
	処分	〃	〃	〃
所得 ⑤	申告	300万円	300万円	300万円
	処分	600万円	600万円	600万円
消費税 ⑥	申告	25万円	25万円	25万円
	処分	190万円	195万円	200万円

(注1) 所得⑤=①-(②+③+④)で計算する。
(注2) 消費税⑥=(売上-課税仕入)×0.05で計算する。但し、課税仕入れの中に給与は含まれない。
(注3) 現実には、これらの所得税と消費税の更正処分がなされた時には、過少申告加算税の賦課決定処分が同時になされるが、この点は省略した。

資料4　　ディベイトによる授業方法について

1. ディベイトを採用する目的は何か
    訴訟を前提にして対立する当事者の立場に立って考える思考方法を効果的に身につけるために行う。
    (1) 解釈を基礎付ける事実を収集する（見つけ出す）能力を磨く
       →　一方当事者から見た事実を収集し分析する
    (2) 当事者の要求する法解釈をする能力を磨く
    (3) その場で考えて相手を説得する能力を磨く――論理的な思考方法
2. ディベイトに関する準備
    (1) 事実の分析――できる限り色々な角度から事実を調査しておく
    (2) 判例の調査――判例の解釈を基礎付けている事実を調査分析しておく
3. ディベイトに関するルール（心構え）
    (1) 単なる言葉遊びにならないこと――反対説の揚げ足取りをしない
    (2) 打撃的な非難をしないこと――相手の人格攻撃的な議論をしない
    (3) 実務に受け入れられる可能性がある議論であること
    (4) 判例の考え方を踏まえたものであること――半歩前進させること
4. ディベイト方式で何を理解するか
    (1) 同じ事実でも立場によって大きく評価が異なるということを理解する
    (2) 実務では事実認定こそが勝負を決するということを理解する
    (3) 法の解釈は一定の事実と密接不可分の関係にあることを理解する

論考2 法科大学院教育における正義の位置と機能

豊川義明（関西学院大学司法研究科教授・弁護士）

1 法科大学院の制度設計の理念と正義

　法科大学院の制度（教育）理念を、改革審意見書は次のように整理している。
　　◎「『法の支配』の直接の担い手であり、『国民の社会生活上の医師』」としての役割を期待される法曹に共通して必要とされる専門的資質・能力の習得と、かけがえのない人生を生きる人々の喜びや悲しみに対して深く共感しうる豊かな人間性の涵養、向上を図る。
　　◎専門的な法知識を確実に習得させるとともに、それを批判的に検討し、また発展させていく創造的な思考力、あるいは事実に即して具体的な法的問題を解決していくため必要な法的分析能力や法的議論の能力等を育成する。
　　◎先端的な法領域について基本的な理解を得させ、また、社会に生起する様々な問題に対して広い関心を持たせ、人間や社会の在り方に関する思索や実際的な見聞、体験を基礎として、法曹としての責任感や倫理観が涵養されるよう努めるとともに、実際に社会への貢献を行うための機会を提供しうるものとする。
　この制度理念を全国の法科大学院が、様々な現実条件のなかで追求していくことが、法科大学院制度が社会において安定的肯定的に継続するための保障であることは、確認される必要がある。
　そして、これらの制度理念を「正義」論から捉えるならば、キーワード

は「法の支配の担い手」、「国民の社会生活上の医師」としての法曹の役割ということになるであろう。

　正義ということが多義的な意味を持つにしても（例えば弁護士法1条は、弁護士の使命として基本的人権の擁護と社会正義の実現を挙げている）、法曹の職務が社会における正義の実現と関係をもつというレベルではなく、正義の実現と深く結びついていることは、かなりの程度、共通の理解があるといえる。ここでの正義は、やはり社会に対して有用な役割を果たす法曹イメージと共通している。そして法曹がこうした役割を果すのは、司法（狭い裁判所に限定していない）という場、領域ということである。そうである以上、法曹にとっての正義は、司法とは何か、司法の役割、作用をどうみるかということに関わってくる。私自身、自らの体験を通して、また弁護士会活動に参加するなかで、常々自分の問題意識として、また課題として正義について考えてきたつもりである。

　そして今回の形成支援プログラムの「国際シンポジウム」の準備と実施のなかで確信することができたのは、法曹の仕事は社会的紛争を正義の実現のなかで解決することにあるということである。

　この場合において法曹は、手続的な正義に止まることなく実体的、実質的正義の実現に関与、参加することである。「手続的正義」は、価値の多様化と相対化の社会意識の強まりのなかで強調され、目標化されているが、「法の支配」は、手続的正義（デュープロセスといってもよい）とともに判断、結果の正当性を求めるのである。その判断内容は、社会意識の変化をうけ変動しているにしても、法曹のめざす正義は手続と結論の双方にある。

　この正義の実現にむけて両側の代理人である弁護士、また刑事では弁護士、検察官が努力を尽し、それぞれ信じる法的規範、憲法規範、そして人間としての生き方、社会のあり方を問い直し、判断者（裁判官）とともに具体的事案において個別法を創造していくのである。

2　訴訟活動（代理）と正義

　こうした私の意見は、価値相対主義とも異なるし、手続的正義の実現に

究極の価値を確認しようとする民事訴訟法理論における「第三の波」の見地とも異なる。このことを私の専門領域である労働法の分野でいえば、例えば労働組合と使用者の集団的合意である労働協約自治の範囲、制約のテーマとして現わる。

ここでは多数者の利益、意思をもって個別労働者のもつ固有の価値（人権を中核とする）と公序（男女差別や団結権など労働法的価値と共通する）を侵害することは出来ないと考えるからである。

また司法の場で争われるすべてのケースにおいて、各側のいずれかに当初から正義が存続し、他の側には不正義があるだけといったゼロサム的な思考も誤りである。両側の手続的な領域においても真実義務のスクリーンがかかることも含め正義の実現へのアプローチは各側の目標たらざるを得ないのである。

このことを弁護士層のなかで1970年代論争になったことがある公害の事件を例にとって検討したい。これらの争訟のなかで加害者側と訴えられた代理人は、社会からみて負の仕事をすることになるのかということであった。こうした裁判は、現代日本社会のなかで裁判という特別な場（国家の作用であり公開の手続きであり手続的正義が法的要請として貫徹しうる）において社会的合意（その内容）を二つの利益と権利のなかで、各側が誠実に論争し合うものであって、加害者側にも求める正義が存在すること、また判決後の当事者の行動（判決の内容レベル限界を超えた場での）にも各側の代理人は大きな影響力をもつのである。

こうした訴訟も含め、私の一つの結論は、法は経済を誘導することはあっても、経済に従属してはならないのであり、法は結局の処、社会の公共的な利益、国民の人権的価値を擁護し、経済を規制、コントロールすることを本質とするということである。

3　ロースクール教育と正義

かくして法曹の活動そのものが正義実現のための実践的営為である以上、今や法曹養成のための中核機関であるロースクールにおいても、法曹

は正義を実現するための社会的存在であることの理解を得させるだけでなく、教育そのもののなかに「正義」が大胆に持ち込まれる必要がある。国際シンポにおいてデービス教授が提示された「グッドワーク」は一つの正義教育のモデルである。私もこのシンポから大きな啓発を受けた。

ウオーターゲート事件以来、アメリカの弁護士達の「倫理」は、社会から批判され、またハイアットガン説、依頼者主権や完全成功報酬制度といった理念やモデルにみられるように、アメリカの法曹像はビジネスモデル化しているといわれるが、私見によればこれはビジネス、すなわち経済原理、報酬に従属する職のあり方の典型なのである。こうしてアメリカのロースクールにおける貧困者へのリーガル・クリニックやプロボノ活動への積極的評価にも拘らずアメリカの法曹には精神的な荒廃が進行したのではないかと思われる。

そして、こうした事態の進行は、法曹人口の増加が自由競争原理のもとで、経済に従属して進むならば、早晩日本においても現実化することになる。法曹の職の存在自体が、社会公共のものであること、そのことは一人でも多くの人が「人間として生きる」ために弱者の生存権の保障や、少数者の人権保障、真の公共圏の形成に法が役立つことの法的実践こそが法曹にとって不可欠であることの教育を法科大学院において展開することが必要となっている。

4　正義教育の具体化の第一歩

私は、法科大学院が単に法曹を送りだすのではなく、どんな法曹を送り出すかについて再度教員全体のなかで討論を興し、そのために必要な手立てをとることがまず大切だと考える。各法科大学院はそれぞれの多様な法曹像をもって設立方針を掲げている。

こうした方針は、それぞれの科目のなかで、どう学生に提示されているのであろうか。法科大学院の一期生、二期生の既修者、そして未修者のなかにも現行司法試験と結びついた予備校教育の影響が色濃く残っているとともに、各人の法曹像は、個人の考え、主観のなかに閉じ込められている。

一つの実践として、関学では専門職授業の開始前に、院生全員に各自の抱く法曹像とその根拠についてペーパーを提出させている。また 05 年度には、このことの発表を授業の最初で行なった。あるクラスでは発表毎に共感の拍手が起ったりしたが、院生のなかにどんな法曹像をもつのかについて、問題提起を行なったといえる。
　そして実は「正義と法曹像」は、民法における、商法における、刑法における、手続法においてといったそれぞれの科目のなかで意識化され具体化されることが必要なのであるまいか。
　そしてこのことがこれまでの学部教育が受験予備校に敗北し、記憶を重視し、型にはまる問いにのみ答えがでるという「正解」志向の受験生と、合格者を生み出してきたことを真に克服できる保障なのではないか、と私は考えている。この点を研究者と実務家教員が相互理解し、努力をともに進めることが法科大学院制度の存続と発展を展望することになると確信している。

5　正義の一内容としての真実義務について

　法の支配の担い手として、法曹が正義を考える時、司法作用が事実の認定をした上で法的評価、認定された事実からの法の創造というものである以上、真実に対する法曹の態度すなわち真実義務を肯定するのかどうかは重要なテーマである。私は刑事弁護における積極的真実義務を主張しようとするものではないが、刑事におけるえん罪事件や国家の権力作用の乱用性から生まれる刑事事件も含め刑事弁護においても、真実は何かが基本にあり、私達は常に真実との緊張関係、もっと端的にいえば真実を尊重するという基本的な立場を法曹の共通の認識にした上で刑事弁護における被疑者、被告人本人の自己負責、自己決定権との対抗、そして刑事弁護という非対等の力関係における国家訴追側の立証責任という近代刑事法の原則のなかで、積極的真実義務が抑制、規制されていると考えるべきである。こうした真実義務論は、誠実義務をもって代理や弁護の本質とする誠実義務一元説といった考え方とは一線を画することになる（この点、佐藤博史

弁護士は弁護人のためにのみ存在する弁護人の義務は真実義務でなく誠実義務であり、これに尽きるとされる（同、「弁護士の真実義務」『刑事訴訟法の争点（控訴）』（1991 年）32 頁）またアメリカにおける論争について松尾浩也（「（補説）刑事弁護の倫理」『刑事訴訟法講演集』有斐閣 2004 年 258 〜 263 頁））。誠実義務一元説は刑事弁護は本人の代行であるという。しかし、私見によれば誠実義務は代理や弁護のあり方であって、代理や弁護といった司法作用の本質ではない。このことは本人訴訟や本人自身による弁護自体を司法作用のなかで観念すれば判りやすい。訴訟代理や刑事弁護においても司法作用の本質的要素は貫徹するものであって、真実義務はこうした性格のものである。法曹が代理し弁護するのは当事者本人の司法作用における固有の権限と責任の範囲での行為、すなわち当事者の要求、権利の法的実現なのである。

　そして、一つの事案における真実義務の当事者と代理人のそれぞれへの現れ方は、時間的な差があるにせよ共通のものであり、実は当事者の真実義務に規定され、投映されたものが弁護士の真実義務なのである。

論考3

正義は教えられるか？
——現代損害賠償法実務の試み

池田直樹（関西学院大学司法研究科教授・弁護士）

1　法曹養成教育において正義が論じられてきたか？

　今から20年前の1985年、私が司法修習生として司法研修所での実務教育を受け始めた際に、不思議な印象を受けた言葉がある。「事件のスジ」と「事件の落ち着き」である。

　事件のスジとは、「勝ちスジ」「負けスジ」というように使われ、当事者の主張や証拠などから法律家が見た事件の見込みのことである。事件の落ち着き（ないし事件のすわり）も、事件の着地点（解決点）を意味し、いずれも事件全体の妥当な解決という観点から見た総合的判断を重視する観点から用いられる[1]。感覚的ではあるが、「事件のスジ」はどちらかというとまだ事件についての情報量が少ない段階において、過去の類似事件との比較などの類型的思考によって、直観的に事件の行く末を判断するニュアンスがある。それに対して、事件の落ち着きとは、一定の情報が集まった段階で、法的判断を軸にしながら、当事者間の利害のバランスないしぎりぎりの合意が取れる地点はどこかを探る上で用いられるように思う。

　私は、ベテラン医師が研修医には見えない陰影をレントゲン写真から読影できるように、先輩法曹には私たち若い修習生には見えない「スジ」や「落ち着き所」が複雑な事案の中に透かして見えるのだろうか、という素朴な憧れをまず抱いたことを覚えている。しかし、同時に、スジにせよ落ち着き所にせよ、現実の事件の結論を導くうえではそれを計る物差しが現在の実務を所与のものとしている場合が多く、若い私はそこに違和感を覚えた

のである。
　ただ、20年後の今、本来のスジ論や事件の落ち着きという表現は、経験の中で培われたバランスのよい正義感覚に裏打ちされた「実務的正義論」であることを当時よりはよく理解できる。勝ちスジという表現は、単に「勝つだろう」事件という意味だけではなく、その主張の正当性からすれば「勝つべき事件」であって、法曹としてその正義の実現に努力すべきだというニュアンスも含まれうるからである。あるいは、落ち着きどころという曖昧な表現の裏には、法的規範だけでなく、紛争全体を見通した解決規範の模索が含まれており、和解という枠組み等の中でその事件に応じた個別具体的な「正義」を実現しようとしている法曹の姿勢がある。
　そのことを前提としつつも、法曹教育という観点から、この用語には疑問がある。
　第一に、スジ論や落ち着き所という用語は、経験的直観と結びつき易く、そこでの判断基準について第三者と認識を共通にしたり、検証することが難しい。バランス感覚は確かに法曹にとって重要な資質であるが、理念なき利益考量は、事件処理が早いという隠れた動機によって、妥協を得やすい弱者への説得を強化するという法曹の行動へ結びつく可能性すらあるのである。どういった判断過程を経たのかを明らかにせずに、スジとか落ち着き所、あるいは総合的判断というマジックワードを使う危険への自覚的検証の分析的道具が別途必要なのである。
　第二に、スジ論や落ち着き所は、市井の民事紛争における当事者間の利益調整といった個別の小さな正義実現の場面ではそれなりに機能するかもしれないが、国家対個人、大資本対個人、開発対環境というような社会システムに関する権利創造型の紛争や公益型の紛争の場面では無力である。こういった問題提起型の紛争は、通説判例に依拠すれば、「負けスジ」であり、かつそれを乗り越える一歩進んだ落ち着き所を探索しようとすれば、何らかの新しい理念ないしより普遍的な価値判断基準を明確に示す必要があるからである。
　では、そのような分析的道具ないし理念として何を持ってくればよいのだろうか。私は、法を扱うロースクールにおいて、具体的な事件の文脈の

中でもっと自覚的に「正義」が論じられ、その内容が批判的に検証されるべきだと考える。法哲学における現代正義論は、その理論的視覚を提供してくれていると思う[2]。法が「正義への企て[3]」であるとするならば、今後、その壮大なプロジェクトへ参加していく学生に対して、正義の探索ないし実現のための知識と技能と倫理を身につける鍛錬の場を提供することが法曹教育の使命ではないのか。

振り返ってみれば、「社会正義の実現と人権擁護」(弁護士法1条)を目的とする弁護士の卵たちを対象とするにもかかわらず、司法研修所の教室内で「この結論は正義に適うか」「この訴訟を通じて正義が実現されているか」「そこでの法的正義の意味は何か」といった根本的問いかけがなされることは多くはなかったように思う[4]。与えられた大量の情報をもとに、法的に主張を整理し、争点を明確化し、それを裏付ける証拠を要領よく拾い出すという実務家としての事件処理の訓練が中心だった。これは専門技術教育にありがちな傾向ではあるが、他方で、正義という言葉の持つイデオロギー性を嫌い、教育の中立性を盾に、理念の衝突を避けようとする文化的雰囲気が教育現場を支配してきた面も否定できないだろう。

気がついてみれば、1年が経過した新しい法科大学院における教育も、新司法試験の重圧のもとで、ややもするとそういった法技術教育に傾斜しがちである。私は、実務家教員として、民事裁判実務Ⅰという科目を担当しているが、そこでは、まさに研修所前期の教育に準じた、貸金や家屋明渡訴訟などの典型訴訟を通じた要件事実の理解や争点整理、事実認定の技法を教えている。あるいは、ローヤリングという新しい科目では、依頼者を人間として捉えて、要件事実論では切り捨てられてしまいがちな紛争の諸要素を総合した紛争解決の技法をシミュレーション教育を通じて実践しようとしているが、面接技法などコミュニケーションスキルに目が行ってしまいがちである。確かに、実務家の基礎技能として、要件事実論も紛争解決技能の教育もきわめて重要だとは考えている。ただ、「社会生活上の医師」として、社会正義の観点から常に批判的に実務を再検討していく姿勢を学生に持ってもらうためには、具体的な事件の文脈の中において、「どのような解決が正義に適っているか」と分析的かつ統合的に考えるような

機会を多く設けることも必要である。しかも、法哲学や「生命倫理と法」といった基礎法学科目ではなく、実務的な科目の中で、それをどう実現するかが実務家教員としての私の課題である。

私は 2005 年春学期の「現代損害賠償法実務」を担当することになっていたので、「正義は教えられるか」という関西学院大学主催の同年 3 月の国際シンポジウムに刺激を受けて、より正義論を意識した教材に入れ替えてシラバスを改訂し、それをトライアンドエラーの精神で実践してみた。以下、私のささやかな試みについて紹介し、批判を仰ぎたいと思う。

2 現代損害賠償法実務におけるテーマ設定

以下は、現代損害賠償法実務のシラバスに付属して学生に配布した科目の説明資料の一部である。
(1) 主として現代的な社会問題をめぐって提起されている損害賠償訴訟を取り上げ、司法や法曹の役割、損害賠償の機能、特に法が実現すべき正義とは何かを考える。
(2) 不法行為、債務不履行等の基本的な要件、効果について、その根本に遡って批判的に検討する。多数の判例を調べ、比較する作業もあるが、力点はその結論ないし論理で「正しいのか」という「考え方」に置きたい。
(3) 論争的なテーマを選んでいるので、調べだすとキリがない面はあるので、多くの判例にあたることよりは、代表的な判例に絞り、考え方の分かれ目について自分の頭で考えるようにしてもらいたい（多くの判例を引用するよりも、自分の論理の組み立てを展開できている起案を評価する）。(以下略)

まず、現代的な問題を選択することとしたのは、法曹が「社会生活上の医師」であるとすれば、私たちが今直面している社会の動向を反映しているような問題に目を向けて、その解決策を模索する姿勢が要求されるからである。

ただ、関西学院大学ロースクールでは、別に実務家による「現代人権論」

において、中国戦後補償訴訟事件など、現代社会において正面から平和や人権が問われる問題を取り扱っている。そこで、国家の政策や制度自体の当否を問う政策形成訴訟はあえて除外し、現代の実務の中で遭遇し、かつ単純に弱者対強者といった明確な図式ではない、原告側の正義と被告側の正義が衝突するような事件を可能な限り選ぶこととした。と同時に、損害賠償論法実務であるから、過失（予見可能性、結果回避可能性）、違法性（競業、不正競争、言論の自由）、損害（命の価値の不平等、素因減責）など、損害賠償法の要件との関係で緻密な議論が要求されるテーマを探すとともに、事実関係としては結論が分かれうるだけの微妙さを持つように工夫することとした（別紙シラバス参照）。

また、授業の進め方としては、17名の受講者を固定された4つのグループに分け、授業中のグループ討論の時間を取るとともに、グループごとの発表や弁論を多用した。

以下、各テーマごとに簡単に授業の狙いと進行を紹介する。

3　愛する人を失ったとき——金銭賠償は原則か？

表記の第1回目のテーマは、現代における損害賠償の機能を考えさせるものである。

JR尼崎脱線事故の悲惨な映像はまだ記憶に新しいが、命を金銭に換算するという行為は、遺族にとっては耐え難い作業である。「豊かな社会」においては、損害賠償は、生活保障という基礎的な意味以上に、私的な正義の回復という意味を持ちうる。野田正彰教授は、日航機事故の遺族のインタビューを通して、「相談に乗ってくれるはずの弁護士が、命をカネに替えることを急いでいる。遺族にとって、大切な夫の命をカネに替えられてしまうことが、どんなに割り切れぬものかわかろうとしていない」という発言を紹介し、事故死における遺族にとって、損失の填補による経済的救済とともに、あるいはそれ以上に精神的再出発の支援がより重要であることを強調している。また、二木雄策教授は、かけがえのない娘の命が一律の基準によって規格化され、個性ある人間としての被害者が没個性的な

抽象的なヒトに転化していく保険会社との示談交渉を、遺族の疎外の過程として描いている[6]。

　損害賠償論の入り口として、私は、まず学生に対して、法律家ではない2人の上記2文献の抜粋を読ませたうえで、仮想の過労死事案において、遺族が過労業務を強いた会社に対して謝罪を求めているときに、法的に謝罪請求をどう扱うかという問題とその場合の代理人としての役割を問うてみた。

　これは、損害賠償における被害救済とは何か、という究極の問いである。被害者の「心」に対して、法律家はどう対応すべきか？　命の原状回復は不可能であり、心の原状回復も同様だとしても、単に、命をできるだけ多額の金銭に置き換えることだけが法律家による「正義の実現」なのだろうか？　名誉毀損や知的財産権の侵害においては、謝罪広告等が認められているのに、通常の不法行為ではなぜ、謝罪請求が認められないのか？

　学生は一様に、憲法で保障された内心の自由から謝罪請求権を否定する一方で、名誉毀損等は社会的な信用低下であるから広告による被害回復が有効なのだと模範解答をした。では、そこで終わりなのか？

　学生の思考の深さや柔軟性もここから別れてくる。謝罪請求権が仮に認められないとしても、原因を究明し、責任の所在を明らかにしていく過程の中で、責任者に対して任意の謝罪を請求していくことを努力していくべきだという意見を述べる学生もあれば、慰謝料の増額といった現実的な対応を考えるものもいる。

　前者は、当事者法曹が実現すべき正義として、事実を解明し、法的責任のみならず社会的責任をも含めた総合的な責任の所在を明らかにするということが重要であるとの自覚から生まれる発想である。仮に、損害賠償金という結果だけを見れば同じ結論であったとしても、事故が発生した直接の原因のみならず、その背景的な要因も含めて法廷内外で真相を解明する努力を行い、遺族の「なぜ」という「死の意味の問いかけ」への模索を援助することは、法曹としての基本的使命ではないのか[7]。

　他方、慰謝料の増額という現実的発想の延長線上に、「懲罰的賠償制度」の可否の議論がある。国家が刑罰権を独占している中で、被害者がその過

程から疎外されているとするならば、自らの手による正義の回復手段として、加害者に対する懲罰賠償制度を立法論として検討する余地はないか？通説判例に頼りがちな学生らに対して、制度趣旨に遡って何が正義かを考えることは、解釈による実務の前進とともに、立法政策論にもつながっていく。しかし、よく考えればそのような私的な個別的制裁の制度は、むき出しの復讐感情の吐露の場になってしまう危険性はないか？　あるいは被害者に実際に失った損害以上の経済的利益を利得させることにならないか？

　以上の議論を井上前掲書8章の「共同体と責任」の論旨にしたがって分類すれば[8]、二木が経験した実務で主流の被害者の個性を没却した損害の集団的処理の手法は、平等優位論的権利論に対応し、他方、懲罰賠償の主張は、被害者という立場性を貫徹して、その心理的被害についても加害者の法的責任（損害賠償）に徹底的に結合させる自由優位論型の個人権理論の範疇にあるといえるだろう。しかし、没個性化につながる平等主義を批判して、個別性を強調する自由主義の立場を徹底したとき、そこには、社会的に想定しうる立場の相互互換性を無視した、被害者と加害者の切断が生じる。果たしてそこから真に被害者の心の回復が出てくるのだろうか？後者は後者でアメリカ社会同様のより激しい喪のビジネス化を進展させ、結局、被害者の一層の疎外につながるのではないだろうか？

　それに対して、真相究明や謝罪要求などの加害者・被害者間のコミュニケーションの促進を推進する手法は、井上・前掲書によれば、相互依存性を前提とする社会における人間の関係性の配慮を基礎とする共同体的正義論に位置づけられることになるだろう。しかし、こういった関係性の配慮を強調すればするだけ、今度は紛争解決手続が加害者には謝罪を、被害者には宥恕を事実上強制していく内心の自由への介入手続に転化してしまうのではないか。そのことを恐れて、内面の真意と表出された表現とを分離しようとするならば[9]、和解の手続は、当事者の内心から切り離された単なる儀式の場となってしまうおそれはないだろうか[10]？

　私自身の不勉強もあって法哲学的や現代正義論の観点からの掘り下げは不十分であったが、日常、法曹として頻繁に遭遇する謝罪請求ということ

を題材に、損害賠償の現代における意味付けや法曹の役割、立法のあり方を深く考える題材を提供することはできたと思う。

4 命の値段と差別
——逸失利益における男女の賃金格差は男女差別か？

　次いで、命を金銭に換算した場合の性差別の問題を取り上げた。命を金銭に換算することに含まれる根本的な問題点を考えたうえで、次は損害計算における「命の値段」の平等論というきわめて根源的な問題を扱うこととしたのである。

　男女の平均賃金に格差があることは、厳然たる社会的事実（内閣府統計によれば、2001年で男子100に対して女子65.3）である[11]。したがって、いまだ賃金を得ていない年少者の事故について、将来の逸失利益の計算をする場合、統計的な男女の平均賃金を被害者の性別に対応して用いれば、男女の命の値段に必然的に格差が生じてしまう。賃金の性別格差が社会的な「事実」である以上、命の男女差はやむを得ないのか、それとも男女平等という「規範」的な観点からその是正がなされるべきなのだろうか。

　この点、現在の実務では、女子年少者の逸失利益について、女子労働者の全年齢平均賃金を算定基礎とする旧来の実務を改めて、性別を問わない全労働者の平均賃金をもとに算定する計算方式などが定着しつつある[12]。

　しかし、ここに至るまでには30年以上にわたるチャレンジとその結果としての判例の変遷がある。そこで、学生には女児の親と加害者側に別れて、それぞれ判例の歴史を調べ、それぞれの立場からの持論を展開してもらった。既に歴史的な積み重ねがある事件についてのこうしたディベートの狙いは、一見固定的に見える判例も、男女平等という社会的な正義に徐々に向かっている社会的情勢を受けて、事実認定という枠組みを巧みに維持しながら変化し続けていることを理解させる点にある。また、判例の発展の影には、多くの敗れ去ったチャレンジがあることに気づかせることも重要である。そして、歴史的視点を持てば、現在の判例も将来、平等の方向に動いていきうることに気づくはずである。

ここでの議論の分かれ目は、損害計算という「事実認定」において、男女平等という「当為」を実質上どこまで導入することが許されるのか、ということである。それをつきつめれば、将来の逸失利益の計算といった不確実な損害の認定（というよりもフィクションに基づく推定）は、そもそも「事実」の認定なのか、という疑問にも突き当たる。
　被告側学生は、立証とは、高度の蓋然性のある数字の立証でなければならないから、将来の損害について不明確さが残る場合には控え目な算定をすべきであり、事実認定に男女平等という当為を持ち込むべきではないと論じた。それに対して、原告側は、社会的事実として女性の職業選択の幅が多様化したことから、当該被害者が将来、（女性の平均賃金ではなく）全労働者平均の賃金を得る蓋然性は十分にあるという主張を行った。損害が事実認定であるという枠組みを取り払ってむき出しの男女平等論から損害額の平等を主張したわけではなかった。もちろん、いずれも歴史的に当事者が実際に主張してきたものである。
　しかし、最後の「その女児が全労働者平均の賃金を得る蓋然性」についての立証は、それ以外の統計的根拠、つまるところ現代日本の格差社会においては、その子の親の経済力や学歴が立証の決め手にならざるを得ないのではないか。本人の責任のない性による格差を是正させようとして、やはり被害者本人には責任のない、生まれが問題となる矛盾をどう考えればよいのだろうか？　私たちは、平等ということの意味について立ち止まらざるを得ない。
　この悩みをより深めるために、3回目の授業では、日本人と婚約中の不法就労の中国人が交通事故死したという仮想事例を手渡して、その命の値段、特に逸失利益と慰謝料についての議論を行った。女子の場合の平等への歴史的トレンドが外国人の場合にも言えるのか、といった応用と同時に、被害者が生活していた日本での事故であるにもかかわらず、遺族の生活基盤である母国の物価水準を考慮して慰謝料を減額すべきとするいくつかの判例についてどう考えるかを問うてみたのである。なお、仮想事例は、関係者の陳述書を用意し、リアルなものとした。単なる「不法滞在の中国人の事故死」という抽象的一般的な「事件」として捉えるのではなく、可能

なかぎり「名もあり恋人もいた血の通った人間」の「人生」を扱うというリアリティを感じながら思考する訓練の場を提供したかったからである。

　まず、逸失利益については、不法滞在の外国人について将来の日本での稼働可能期間を制限する判例の考え方が定着している[13]。とはいえ、日本人と婚約していた設例の場合は、将来の結婚による在留特別許可も考えられる。また、仮に日本での稼働年数を3年程度に制限したとして、その後の本国（本件では中国）での給与水準をどう考えればよいのだろうか。現在の日中の経済格差が今後30年にわたって固定されるとは考えられない。国際的な格差は急速に縮小していくだろうが、その速度は予測できない。そして将来の事実が不確実であればあるだけ、未来の平等へのトレンドをどの程度まで現時点での損害計算に反映させるか、正義への感覚が問われるのである。

　より問題なのは慰謝料の算定である。不法滞在の外国人に対する死亡慰謝料を本国の物価水準に減額することについては[14]、本人に生じた損害（それは事故地である日本で発生している）を相続するとする相続説と矛盾することのほか、慰謝料には人を死亡させたという加害行為に対する非難という意味も含まれているとすれば、被害者が外国人の場合に慰謝料が低くなることは、取りも直さず加害行為への非難の程度が軽くなっていることにならないかという疑問、さらには、日本での労働で得た資金の本国への送金という局面で経済格差を利用していた被害者に対して、死亡によって得た損害金については経済格差を利用した遺族の「取りすぎ」を許さないと裁判所が述べることが果たして公平か、といった根本的な疑問がある。

　なお、2回目において女性側に立って平等を主張した学生には、今度は逆に保険会社側に立った議論を行わせることとした。これは、立場の相互互換性という法的正義を検討するうえで非常に重要な思考訓練を積み重ねさせる趣旨である[15]。

　本件において、最終的にどう考えるかという問いには、逸失利益の制限は一定程度やむを得ないが慰謝料の大幅減額には疑問があるとの声が学生の多数派であった。

5 教師はいじめによる生徒の自殺を予見すべきか？

　第4回から6回は、いじめ自殺の問題を取り扱った。
　授業の進め方としては、有名ないじめ自殺の判例をもとに、いじめ事件における論点を議論したうえで、学校側にいじめ自殺の予見可能性が無かったとして自殺した生徒の親である原告が敗訴し確定した判例について、半分の学生には親側に立った控訴理由書を、他の半分の学生には学校側に立った反論書を起案させ、授業では双方に分かれて弁論を行った。[16]
　当該事件は、判決の認定した事実からすれば、いじめの期間や程度について曖昧な部分が多く、その一方で学校側もかなりの対応をしている案件であり、何が真実かが第三者にはわからない中で、判決の結論の妥当性については大いに議論が分かれるような事案である。しかし、判決が認定した事実によれば、この被害者は過去にいじめの対象となっていた生徒であり、かつ死後にたどたどしい本人の自筆の遺言メモが発見されており、そこからはいじめに苦しむ心情を十分に読み取ることも可能だった。
　この事件の焦点は、いじめが実際に存在したか、もし存在したとしてもその期間や程度はどのくらいのものだったかにあった。いじめという顕在化しがたい問題について、点在している事実をつないで継続的いじめを認定するのか、それとも、確たる証拠がない限り、いじめの期間や程度を限定し、学校側の予見義務を否定するのか、事実認定の手法自体がまず問われる事件である。
　他方、主たる法的争点は、予見可能性であるが、教師に教育専門家としての高度の予見義務や回避義務を求めれば求めるほど、有限の時間と人員の中で、学校側は管理教育を強化するしかなくなるのではないか、という政策的懸念が浮かび上がる。最大多数の最大幸福という功利主義的な正義観からすれば、一人の犠牲をなくすために、より多くの幸福を奪ってしまう結論は是認できないのではないか。
　しかし、他方で、ここでの本質的問題は、全体対個ではなく、かけがえのない被害者の命を守り、自殺を防ぐことが教師集団に果たしてできなかったのか、という一点に絞るべきではないか、という問題設定も可能で

ある。管理教育の強化につながるということは、確かに考慮すべき事項には違いなかろう。しかし、事件の持つ教育政策への事後の負のインパクトに注目して、事件の時点での教師の予見義務や回避義務を軽減することは正当化できないのではないか。また、医療過誤を通じて今日クローズアップされている専門職の責任について、学校現場にまで応用することができるか、つまり教師も教育の専門職として高度の注意義務を負うべきかどうかという問題提起も含まれている。

　この事件は、実際に判例集に掲載されている事件であり、自殺という悲惨な事件であることもあって、学生たちは被害者側、学校側いずれの立場にせよ、徹夜に近い状態で、控訴理由書や反論書を書き上げてきた。教育心理学等の文献も取り上げて、いじめについての原判決の認定を批判し、教師集団の専門職責任を問うた控訴理由書には説得力があった。他方で、専門職は高度の注意義務が課されるため、事実上、結果責任を問われている面があり、被害者の心情は理解できるとしても、被害者の主張に流されては法的判断を誤るという被控訴人の主張にも十分な説得力があった。惜しむらくは、判決に記載されていない事情や証拠など、知りたい情報がなく、事案の妥当性についての詰めた議論ができなかったことである。

　しかし、実際の判例を題材に控訴審を想定してみるというシミュレーション型教育の試みは、学生の真剣な準備と議論からすれば十分に成功したように思う。

6　企業はどこでストップすべきか？

　第7、8回は、製品の安全性と有用性というテーマを取り上げた。現在、アスベスト問題が注目されているように、経済性と安全性とが衝突する古くて新しい問題である。事案としては、ごく少数の特異体質の人にアレルギーや喘息を生じる可能性があるものの、従来よりも公衆衛生上は高い効果を発揮する（それだけ有用性の高い）抗菌剤の新発売に対して、会社法務から顧問弁護士に対して、そのまま販売してよいか、また企業の秘密データを今後も秘匿してよいかを問うているという想定である。宿題として、

法務部からの陳述書をもとに、法的意見書を作成させた。

　この設問は、不法行為の過失を構成する結果回避義務におけるハンドの定式[18]の妥当性を問うもので、有用な製品は社会的な効用を増すという功利主義的正義と、全体的幸福の増大のために犠牲になった個人についての矯正的正義との衝突の場面である[19]。

　ここでは、侵害された法益の性質（生命・身体に関する侵害か、財産的被害か）とともに、当該行為の有用性が誰にとっての有用性なのか（加害者か、社会一般か、被害者か）といった問いが重要となる。矯正的正義の実現は、少数者の権利擁護を使命とする司法の本来的な役割であるはずだが、裁判所がリスクを内包した有用な商品による被害について、功利主義的な正義観に立って結果回避義務を否定したり、地域環境に過大な負荷を与える事業活動についての安易な受忍限度論を取る可能性は常に存在している[20]。

　場面は全く異なるが、改正雇用機会均等法が女性の採用や配置における差別を禁止するまでは、男は総合職、女は一般職というように性に基づくコース別管理を行うことは、その当時の社会的な性別役割分担意識や企業の経済的合理性に照らして、公序良俗に反しなかったとする一連の判例も、「男は仕事、女は家庭」という当時の「多数者の意識」を「女であっても一生働き続けたい」という少数の意識に優先させるとともに、女性の勤続年数が統計的に短いために女性の職場での位置づけを低くするという企業行動を経済的に合理性があると是認しており、裁判所に根強く残る功利主義的正義観の現れといえるのではないか[21]。

　抗菌剤という社会的有用性が顕著とまで言えない製品を素材としたことや、少数とはいえ、喘息という生命に関わる疾病を引き起こしうることから、過半数の学生がそれほど悩まないで販売に反対する法的意見書を作成した。しかし、現実社会においては、クライアントの意向を正当化するためにあらかじめ結論の決まった法的意見書を求められる場合も想定される。そういった場合にも、弁護士としての独立性を保つ理念と倫理を鍛えておく必要がある。競争の激化と技術の高度化に伴うリスク社会の進展の中で、功利主義的正義論の功罪について、具体的な判例を題材としてより

意識的に議論することが重要ではなかろうか。

7　その他のテーマと授業の手法について

　第9回には、加齢現象による骨粗しょう症事例をもとに、現在定着している被害者の素因にもとづく損害の減額を問い直す仮想事案を扱った。素因という本来本人に非がない要因に基づいて損害を減額することが正義に適うのか。素因減額については、近年、公平という観点からより制限をしていくべきではないかという問題提起がなされており[22]、何が公平かについて、2組の被害者側、加害者側に別れて議論を行った。判例では、「加害者、被害者の公平の見地から」とマジックワード一言でくくられてしまうのであるが、当事者の立場に立ってみて真剣に再吟味させてみた。

　第10、11回は、現代における公正な競争とは何かという観点から、競業禁止や守秘義務が問題となる事案を取り上げた[23]。労働契約上、2年間の競業禁止を義務付けられた技術者が、退職1年後に関連する分野で事業を立ち上げ、その際、元同僚が新事業に合流したという事案である。企業の知的財産権保護や正当な競争条件の保全という価値と、労働者の職業選択の自由や生存権との衝突であり、近年、紛争が増大している分野の問題である。判例を調べれば、2年程度の競業禁止についてはそれを是認しているが、具体的な事案の中で、そのことが果たして正義に適うのか、このような制約がかえって適正な競争の制限と知的資源を眠らせることにならないか（2年という月日は個人にとってはいかにも重い）を詰めて考えさせることが目的であった。

　第12、13回は、インターネット社会における名誉毀損の問題であり、ネット社会における言論の自由と、個人の名誉・信用の保護との衝突がテーマである。ネット上の会議室「現代正義論フォーラム」でのイラクでの日本人人質問題を題材とした論争において、参加者間で名誉毀損やプライバシー侵害となりうる書き込みがあったという仮想事案を題材とした。異なる国家観に由来する思想の対立から、それぞれが信奉する正義観が正面から衝突し、激しい言説がエスカレートしていくという事例設定には、主観

的な絶対的正義に潜む危険性を学生に意識させる含意もある。

　授業では、加害者、プロバイダー、シスオペ、被害者の4つのグループに分けて、請求の趣旨、原因について整理し、真実性の抗弁、相当性の抗弁、対抗言論、公正論評の法理など、名誉毀損と言論の自由を巡る基本的争点を明確にしたうえで、教室を法廷に見立てて、争点についてそれぞれの立場からの弁論を行った。

　最後に、定期試験では、テレビ朝日の所沢ダイオキシン報道事件をヒントとして、テレビ局による養殖貝の汚染報道と漁協の名誉・信用の毀損という想定事例についての損害賠償と謝罪広告請求について、要件事実的主張整理と争点に関する各自の妥当と考える結論とその根拠、さらに証拠および多数当事者についての民訴法上の問題という総合的問題（3時間）を出題した。配点の重点は、テレビ報道による名誉毀損の存否の判断基準や違法性阻却について、どこまで問題意識を持って深く論述しているかに置いた。

8　最後に再び「正義は教えられるか」？

　さて、「正義は教えられるか」との問いに対して、「正義は教えなければならない」ことを前提として「正義をいかにして教えるか」という意識で試みたのが、上記の一連の授業であった。

　実務家としての私の乏しい知識と能力と限られた時間の中で工夫したことがあるとすれば、第一に、法的正義が問題となりうる具体的な事実の文脈の中で、より普遍的な正義を考えていくような教材を用意するように努めたこと、第二に、代理人という当事者性のある立場にそって議論を展開しながらも、常に相手方の正義の主張に耳を傾け、それを理解しながら反論し、場合によってはその接点を見いだすことが必要であるという法廷内と同様の状況で、学生主体の議論を進めるようにしたこと（グループディスカッションや法廷弁論の多用）、第三に、当事者としての立場性を一旦離れて、変動する現代社会の大状況の中で、学生一人一人が正義の観点からその問題をどう考えるかという問いかけを可能な限り行うようにしたこ

とである。

　他方、課題を残した点は、具体的な文脈からの正義への探求を、法哲学における現代正義論につなぐ知的活動の不十分さである。これは一重に私の勉強不足、知識不足にある。と同時に、やや題材を欲張りすぎたきらいはある。学生からの改善の要望として、各事案における結論部分の妥当性についての議論にもう少し時間が欲しかったという声があった。取り上げる事案を絞ったうえで、正義論の基礎文献などにもチャレンジしながら、議論を深める方向性も考えてみたい。

　なお、そもそものテーマ設定や事実の想定自体に私の価値観が現れてしまっていることは否めないが、当該事実のもとで、最終的に何が正義に適うかという問いについて、私自身の価値観をどこまで出すべきかについては最後まで迷いがあった。学生の「正解指向」を助長したくはない一方、自己の価値観から離れて自由自在に立場性を操るゲームないしディベートとして、学生が正義の論争に取り組むことは避けたかった。結局、具体的事案の結論については両論に触れることが多かったものの、法曹のエートスとして「正義への指向」を常に持ち続ける姿勢は一貫して強調したつもりである。

　最後に、一学期の授業を通じて私自身、よく学んだことがある。それは、「正義は教えられるか」という問いが、究極的には「果たして私に正義が教えられるのだろうか」という絶えざる自省と努力を迫るものであることである。実務と理論と教育。3つのステージを貫く「正義」という柱の周りをうろつきながらも、螺旋状にその柱を登って行きたいという思いへの燃料をロースクールが与えてくれていることは確かである。そして、先輩法曹から学んだその姿勢を維持し、新しい世代に継承しながら、具体的に良き仕事 = Good Work を築いていくこと[24]、結局はそのことが「正義は教えられるか」に対する私の現在の答えである。

【注】

1 伊藤滋夫・山崎敏彦編著『ケースブック要件事実・事実認定』(有斐閣、2002年) 32頁。
2 正義論を考えるうえで今回参照したものとして、井上達夫『法という企て』(東京大学出版会、2003年)、森末伸行『正義論概説』(中央大学出版部、1999年)、川本隆史『現代倫理学の冒険』(創文社、1995年)、田中成明『法理学講義』(有斐閣、1994年)。
3 井上・前掲、10頁
4 司法研修所編『六訂民事弁護の手引』は、「弁護士は勇気ある正義の戦士でなければならない。」(10頁) 等、弁護活動における正義の実現の重要性を強調しており、決して法技術教育一辺倒でないことには触れておかなければならない。なお、本稿は主として民事法教育を念頭に置いている。
5 野田正彰『喪の途上にて——大事故遺族の悲哀の研究』(岩波書店、1992年) 326頁以下。
6 二木雄策『交通死——命はあがなえるか』(岩波書店、1997年) 71頁以下。
7 野田・前掲は「我が子の死の意味を問う者と、悲しみは金銭にかえることしかないと職業的に思い込んでいるものとの擦れ違いは、今も続いている。損害賠償という民事訴訟を通してしか、我が子の死の意味の追求ができない社会は貧しい。」とする (353頁)。
8 井上・前掲、219頁以下は、棚瀬孝雄「不法行為責任の道徳的基礎」(『ジュリスト987号』(1991年)、68-74頁) をもとに、不法行為法における共同体的正義論の意義と限界を論じており、棚瀬論文ともども、野田や二木らの批判に対する法律家としての回答を考えるうえで極めて有益である。
9 たとえば最判昭和31・7・4民集10・7・785は、「単に事態の真相を告白し陳謝の意を表するにとどまる程度」の場合には間接強制も憲法に反しないとしている。
10 井上・前掲、232頁は、関係性配慮を法的手続に過剰に織り込もうとすることが、関係性配慮を活性化させるよりも、むしろ希薄化ないし腐食させる傾向がある、と指摘している。
11 厚生労働省「男女間の賃金格差問題に関する研究会報告」(平成14年11月29日)
12 たとえば小学校6年生の女児の死亡事故の逸失利益の算定について、男女別の平均賃金を使用する従来の方法を合理的理由のない差別であるとした東京高判平成13・8・20判時1744・91
13 最判平成9・1・28民集51・1・78
14 東京高判平成13・1・25 (判タ1059-298) は、「被害者の死亡による精神的苦痛や損害の程度は日本人と外国人とで本来的に差異がないものとしても、貨幣価値その他の経済的事情の相違を考慮することなく慰藉料額を同一に算定することは、結果として精神的苦痛や損害の程度に差を設けるのと同じことであり、被害の実質的公平な賠償の要請に反することといわざるを得ない。」とする。
15 井上・前掲、24頁は「正義の普遍主義的要請は、自己の独断の他者への強制の要請

ではなく、逆に、自己の独断が「他者の身になったとしても」受容可能か否かの自己批判的吟味の要請である。」とする。
16 岡山地判平成 6・11・29 判時 1529・125。中学 3 年生男子が同級生らから暴行や恐喝を受け、学校内で自殺。判決は学校の義務違反を否定し、請求棄却。確定。
17 吉田邦彦『民法解釈と揺れ動く所有権』有斐閣（2000 年）237 頁は「通常の民事訴訟の場合には、具体的正義に適った私人間の紛争解決がまず目指されるべきものであり、直ちに社会的な政策論を「訴訟」の場に反映させることには無理があると言えよう。」とする。
18 事故回避費用（加害行為の社会的有用性）＜損害発生の蓋然性（確率）×損害（事故の費用）であれば過失がありとされる定式。
19 吉田邦彦・別冊ジュリスト民法判例百選 II　162 頁
20 井上・前掲、274 頁は、事業の公共性が強調され、住民の受忍限度が説かれる場合に、全体利益の最大化を優先する功利主義的発想の問題点が現れていると指摘する。
21 住友電工大阪地判平成 12・7・31 判タ 1080・126、住友化学大阪地判平成 13・3・28 労判 807・10 など。訴訟の鑑定意見書等を含めたまとまった文献として、宮地光子監修『男女賃金差別裁判「公序良俗」に負けなかった女たち』（明石書店、2005 年）
22 松居英二「素因減責における公平——素因に対する加害者の認識について」『判例タイムズ 1109 号』75 頁（2003 年）
23 井上・前掲、9 章 235 頁以下は、公正競争とは何か、という表題で、正義としての公正な競争を法哲学的に分析している。
24 私が命と損害賠償の問題に弁護士として直面したのは、主として 88 年以来関与してきた過労死 110 番運動と数多くの過労死の事件を通じてであり、最近では 2 遺族を代理した宇和島水産高校の実習船に米海軍原子力潜水艦が衝突したえひめ丸事件である。また、前述した住友化学の女性賃金差別事件などの差別事件を通じて、平等の問題に取り組んできた。近年は能勢ダイオキシン問題やアスベストなど環境にかかわる事件に重点を置いている。ロースクールにおいては、今後、クリニック等の臨床教育の場の充実が「正義」の教育上重要だと考える。

関西学院大学大学院司法研究科（法科大学院）シラバス

授業科目名	現代損害賠償法実務	学 期	春学期	授業形態	講義
担当者	池田直樹 教授	単位数	2単位	履修基準年度	3年

科目の目的と概要

実務上、大きな比重を占める損害賠償訴訟における現代的な論点について、実体法（要件論）と手続法（立証論）との交錯を意識しつつ、通り一遍ではなく自分で考える訓練をする。実務では、交通事故の損害賠償一つとっても、定型化や定式のうえに集積した判例の考え方が支配的である。しかし、これから実務につく若い法曹の卵として、比較的なじみやすい実例をもとに、過失、因果関係、損害といった要件とその立証について、批判的、創造的に思考する手がかりを提供したい。同時に、債権法・不法行為法・民事訴訟法の基礎力と応用力を高めたい。なお、下記講義のテーマ・内容については学生の状況を見て若干の修正もありうる。

授業方法

現在進行中の法科大学院形成支援プログラムのバーチャル・ローファーム構想を意識して、事例によっては学生を原告側、被告側に分けて、それぞれの立場から議論を構築させる。法律の要件から入るのではなく、事実から考えることを志向するために、類型別の事案を用意して複合した論点（ただし各事案ごとのメインテーマを設定する）について横断的に論議することとする。

各回の授業内容

	テーマ・ねらい	講義の内容（概略）
1	オリエンテーション テーマ1　愛する人を失ったとき：金銭賠償は原則か？	思いがけない事故で肉親を失った人による損害賠償請求。しかし、多くの人々が損害賠償の過程でもう一度傷ついていく。「喪の途上にて」「交通死」から、現代における命をめぐる損害賠償の真の目的と法律家の役割を考える。損害賠償という命を金銭に換える過程における事実解明や責任の明確化の重要性、そして謝罪の位置づけについて考える。

2～3	テーマ2 命の値段と差別：逸失利益における男女の賃金格差は男女差別か。外国人に対する慰謝料の格差は差別か。	命の値段は、逸失利益と慰謝料によってほぼ決まる。実務における「命の値段」の計算方法と近年の展開について、性差と外国人を取り上げて、ディベートする。
4～6	テーマ3 予見可能性と相当因果関係 教師はいじめによる生徒の自殺を予見すべきか？	少子化時代と学校でのいじめの陰湿化。家庭と学校の教育に対する役割。教育現場の紛争は現代社会を映し出す。数多いいじめ判例から、その論点を整理したうえで、予見可能性や相当因果関係、被害者側の過失ないし寄与度減責について、交通事故や過労自殺事案、公害事件など、これまでの過失論をめぐる判例を縦横に用いた議論の構築を目指す。医師の専門職責任と教師の責任との対比、学校という組織の過失など多様な観点をまじえて、某事件判決に対する仮想の控訴理由書を考える。
7～8	テーマ4 結果回避可能性 企業はどこでストップすべきか？	結果回避可能性については、ハンドの公式の適否が厳しく問われている。社会的に効用がある行為だったとしても、その行為による危険（被害）を必ずしもその便益を受益しない者がなぜ受忍しなければならないのだろうか。医療行為による副作用等の場合と、自動車公害の場合とを取り上げて、結果回避義務の現代的意義について問い直す。
9	テーマ5 高齢化社会と寄与度減額：被害者ありのまま論再考	加齢現象による骨粗鬆症を例に、最高裁判例のもとでの寄与度減責の妥当する範囲について再考する。
10～11	テーマ6 競争社会における競争ルール：不正な競争とは何か？	元役員や従業員が新会社を設立して、従業員を引き抜いたり、顧客を奪うなど、ライバル会社となる場合がある。自由競争社会の中で、どのような場合に不正な競争となるのか？
12～13	テーマ7 情報化社会における名誉の毀損と損害賠償	ネット上の名誉毀損の書き込みについては、誰にどのような責任があるのか？
14	テスト	下記参照

成績評価方法・基準

授業への出席点（遅刻は減点する）と授業での発言で20点、課題の起案（複数回）の合計30点、実例をもとにした事例問題を題材とした論述テストを50点とする。新司法試験を意識した融合問題とする。

準備学習等についての具体的な指示および他の科目との関連

関連判例を手際善く読んでくることとともに、各自が利用している基本書の該当箇所を復習し、常に基本に戻った思考を行うことを薦めたい。

教科書（著者名・書名・発行所・出版年）

内田貴・民法II債権各論・東京大学出版会・97年を基本書とする。

参考文献（著者名・書名・発行所・出版年）

架空の設問、判例および論文については教材を用意する。
平井宜雄・債権各論II（弘文堂）、潮見佳男・不法行為法（信山社）を参考とされたい。

Why Teaching Justice is Just Good Teaching

Sylvia G. Brown（関西学院大学司法研究科教授）

The revolution in the education of legal professionals in Japan is unfolding at a moment when legal education in many other countries is highly contested and in flux. What substantive knowledge is necessary? What communicative skills, whether written or oral, are important? What social and moral attitudes does society demand from its professionals who are in a privileged position to know and handle our secrets and most sensitive information? Germany, the United Kingdom, Australia, the United States, to name just a few examples, are all struggling to revise the processes by which their legal professionals are trained and certified before being turned loose to practice, often with minimal oversight once they are licensed. Of course each country must find a solution which fits its own history and legal culture, but we should beware of facile characterizations. Japan's legal education is said to be very different from that in the United States because of the strong influence of German law in Japan. But such a simplistic formulation overlooks the fact that Christopher Langdell, Dean of Harvard Law School in 1870 and the creator of the teaching methodology of the modern U.S. law school (case method, Socratic dialogue, focus on appellate decisions), was trying to bring German legal training with its emphasis on law as an objective science to American legal education. The Langdell method has been modified in response to the American

Legal Realists' attack on the determinacy of both the law and of facts, the linchpin of the German approach, but it still endures in large part. As we try to find our way through the controversies over how to design effective, modern law schools for Japan, we should avoid oversimplifications.

At Kwansei Gakuin Law School we try to think deeply about the best way to teach young legal professionals so that they can actually fulfill the often repeated, official rhetoric of becoming physicians for society's ills. We think that behind such rhetoric lies a serious and important goal, but one that cannot be achieved except by rigorous rethinking about the design of the law school curriculum and about the faculty's teaching praxis. In particular, we question whether the transfer of substantive knowledge and doctrine to students whether by the quintessentially passive experience of lectures or by somewhat more active written assignments from teachers, such as case summaries or short reports, really are the only or even the best ways to teach. What is lacking in the traditional modes of teaching law is active learning by the student "in role," that is, in the professional role of a legal practitioner that he or she will eventually assume. In active learning, students are required to put to use their substantive knowledge and principles to deal with a concrete problem; they must plan their own solution to the problem, execute it in real time (with the help of either actors or real clients), then analyze the results of their actions and reflect on how they did or did not actually apply the substantive knowledge and principles with which they were grappling and why they acted as they did. The use of this teaching pattern where the student must take responsibility and act in a professional capacity in controlled educational circumstances and then, with faculty guidance, analyze one's own successes and failures is what cleaves the world of university-based legal training into two, distinct parts---active learning techniques being adopted, with varying degrees of acceptance, mostly in Anglo-American legal training.

Some Japanese law schools are experimenting with active learning in some courses: legal writing, oral advocacy, so-called clinics (whether utilizing role-playing by other students or actors, or utilizing actual clients) and professional ethics classes. But these courses are disaggregated, not linked in meaningful ways. Students are left to puzzle out on their own how to integrate these skills and carry them into their emerging professional personae. As we researched legal training in other countries we were struck by the degree to which Japanese law schools have skimmed practices from the U.S. law schools of thirty or more years ago, but not the more recent, sophisticated evolutions of these practices and, what is far more important, the theoretical underpinnings for that evolution.

The theoretical premise behind active learning in American law schools is Aristotle's claim that people become good by practicing at doing good deeds. If we want legal professionals who cure society's ills, we need to provide opportunities for students to practice in role virtuous deeds solving society's problem. A number of U.S. law schools institutionalize such teaching in "legal skills" or "lawyering" courses which range from one to three years in length. The structure of the teaching units is based on research in the last few decades of psychology on the moral and social development of young persons in their twenties, so-called "emerging adults." That research asserts that, contrary to the commonplace assumption that one's moral development is fixed at an early age and that educational experiences in one's twenties can do little to help shape a person's adult behavior, in fact the brain continues to evolve in early adulthood and a person's moral identity can and is powerfully influenced by experiences in one's twenties. What happens in law school is not just the assimilation of substantive knowledge; law schools and their faculties have a profound effect on the moral evolution of their students, even if only by a negative example. The variant on Aristotle's dictum is also true; people who do not practice good deeds do not become good.

This is an uncomfortable claim for Japanese academics: it implies that there is no way to be value neutral with our students---to not deal explicitly with our students' moral development is to send a powerful covert signal to them about our own discomfort with values. Many Japanese academics are concerned, with good reason, not to impose their own values on students. Often discussions about teaching to foster moral development seem, in the minds of many law professors, to elide into a discussion of brain-washing or improper influence, but this need not be the case. The teaching praxis discussed in the papers of this volume focus on how faculty can help students to develop their own, autonomous critical thinking capacities and moral identities; how we can help student to form deeply entrenched habits of self-reflection and self-evaluation that will stay with them throughout long careers as legal professionals with minimal external oversight and control.

We tried to gather together for our international symposium leaders in the movement to develop forms of active learning in legal education in several countries. Prof. William Damon is a world renowned scholar on the moral development of young adults and a leader in the movement called "positive psychology," that is, the inquiry into how healthy persons develop. He is conducting research with other world-level scholars on a multi-year project to determine why in a number of professions some persons do "good work" ("good" in the dual sense of professionally competent and also just and moral) and others do not. Prof. Anne Colby, also a trained psychologist and senior scholar at the Carnegie Foundation for the Advancement of Teaching has just completed a multi-year study of best teaching practices in U.S. and Canadian law schools. Prof. Peggy Cooper Davis, Director of the Lawyering Program at New York University, considered by many one of the best lawyering programs in the United States, is a leading scholar in legal pedagogy. And Prof. Kim Economides, a specialist on legal ethics, is a key player in the restructuring of legal education in the United Kingdom.

The unified message from these colleagues is a humble one: there is no simple formula for best teaching practices, but rather this is an shared inquiry on which we are all embarked together. All of us seek to provide the best training possible for our students, not just for their personal benefit but for the future of our democracies. The inquiry merits our serious consideration; the stakes could not be higher.

編集後記

　本書は、2005年3月19日から2日間にわたって行なわれた関西学院ロースクール主催の第一回国際シンポジウム「正義は教えられるか」での基調報告、パネル報告、質疑応答および寄稿論説をまとめたものである。
　本シンポジウムの意義と目的に関するあいさつ文のあと、第一部として、シンポジウムの基調報告、個別報告およびそれにつづく質疑応答を収めた。基調報告およびパネリスト報告のうち、外国からのゲストによる報告は、のちにお願いして新たにfootnote（注）をつけた論考として寄稿していただき、それを翻訳した。また、日本人によるものは、会場での報告をそのまま起したものである。
　これらの論文については私たち編集委員会（西尾幸夫、永田秀樹及び丸田隆）が何度も読み直し、筋が通るように改めた。シンポジウムでのディスカッション（質疑応答）についても会場での録音テープをそのまま起こしたものを文脈が通るように編集委員会で整理した。これらはいずれも豊富で深い学識に裏付けられた問題提起をなすものであり、特にこれらの論文を本書に収めることを快諾してくれた報告者及び寄稿者に感謝したい。
　(The board of editors would like to thank you all presenters from England, United States and Japan for contributing informative, instructive and suggestive articles to this book. Without their considerate and generous participation, this symposium should not have been productive that way.)

　本書の第2部としては、シンポジウムのテーマ「正義はロースクールで教えられるか」について啓発された関西学院大学ロースクール教員の論説を収めることができた。寄稿者に感謝したい。

　「正義は教えられるか」は、関西学院大学ロースクールで実践しようと

している「模擬法律事務所」(Virtual Law Firm) の前提となる基本的問題提起である。

2005年現在、日本ではロースクールは始まったばかりである。ロースクールのカリキュラムにおいても「法哲学」や「専門職倫理」は科目としては教えられるが、個別実定法を学ぶ中ではとくに意識して考えてこられなかった。誰の正義を、どのように、しかも専門職業人としての職業上の「倫理観」を備えて、どのように実践するかは、確かに、新司法試験対策には余り関係しないことかもしれない。しかし、司法制度改革審議会「意見書」が示すように、日本のロースクールの「教育理念」としては、「法科大学院における法曹養成教育の在り方は、理論的教育と実務的教育を架橋するもの」であり、また、「専門的な法知識を確実に習得させるとともに、それを批判的に検討し、また発展させていく創造的な思考力、あるいは事実に即して具体的な法的問題を解決していくため必要な法的分析能力や法的議論の能力等を育成」することや、「先端的な法領域について基本的な理解を得させ、また、社会に生起する様々な問題に対して広い関心を持たせ、人間や社会の在り方に関する思索や実際的な見聞、体験を基礎として、法曹としての責任感や倫理観が涵養されるよう努める」と、その高い希望と理念を持って出発した。

しかし、昨今は、新司法試験の受験対策を中心とする教育が強調され、意識されるにいたっている。そのような中で、関西学院大学ロースクールは日本におけるロースクールの設立理念を維持し、ロースクール教育そのものを法務実践と結びつける真摯な取り組みを行なっている。このような試みに対しては、ロースクールを100年以上にわたって経験してきている英米の経験や知恵が間違いなく我々の方向性を支持するものとの確信を持っている。本書が日本のあるべきロースクールのカリキュラムの方向性のひとつとして参考にしていただくことができれば幸いである。

なお、本書の出版に当たっては多くの方々の熱心な取り組みと協力を必要とした。関西学院大学ロースクール形成支援プログラム推進室研究補佐の藤井明子さんは、本書の刊行について最初から最後まで実質的な役割を

果していただいた。また本書の出版については、関西学院大学出版会の田中直哉さんに大変お世話になった。さらに本書に掲載された写真は、永田秀樹教授の日ごろの趣味が大いに生かされたものとなっている。この3人にお礼を申し上げたい。さいごに、本書の刊行に協力していただいたシンポジウム参加者、論説寄稿者、さらにこれを支えてくださったすべての方々に、この場をかりてお礼を申し上げたい。

2006年2月8日

編集委員会代表　丸　田　　隆
（司法研究科教授）

シンポジウム開催当日プログラム

関西学院大学ロースクール（法科大学院）
形成支援プログラム 第1回国際シンポジウム

正義は教えられるか
法律家の社会的責任とロースクール教育

2005年3月19日（土）・20日（日）
【会場】大阪国際会議場 12F 特別会議場

3月19日(土) 10:00〜17:30	午前の部：10:00－12:00 〈基調報告〉
	午後の部：13:15－17:30 〈基調報告者を交えたパネルディスカッション〉
3月20日(日) 10:00〜13:00	〈論点についての自由討議〉

基調報告1　　ウィリアム・デーモン氏　　（米スタンフォード大学教授）
基調報告2　　本林　徹氏　　　　　　　　（前日本弁護士連合会会長）
パネリスト発表1　キム・エコノミィデス氏　（英エクセター大学教授）
パネリスト発表2　アン・コルビー氏　（米カーネギー教育振興財団シニアスカラー）
パネリスト発表3　ペギー・クーパー・デービス氏　（米ニューヨーク大学教授）
パネリスト発表4　石部　雅亮氏　　　　　　（大阪市立大学名誉教授）

〈法科大学院等専門職大学院形成支援プログラムとは〉
文部科学省が、法科大学院をはじめとする各種専門職大学院の教育内容、方法の開発等に取り組む優れた教育プロジェクト（取組）を選定し、重点的な財政支援を行うことで更なる活性化を促進し、国際的に通用する高度専門職業人の養成を推進する事業です。平成16年度が初の試みであり、当法科大学院の「模擬法律事務所による独創的教育方法の展開」は、教育高度化推進プログラムに採択されました。

※本書の執筆者および発言者の役職位はすべてシンポジウム開催時のものです。

第1回国際シンポジウム報告書
正義は教えられるか
法律家の社会的責任とロースクール教育

2006年7月10日初版第一刷発行

編　者	関西学院大学ロースクール 法科大学院等専門職大学院形成支援プログラム 第1回国際シンポジウム成果報告編集委員会
発行者	山本栄一
発行所	関西学院大学出版会
所在地	〒662-0891　兵庫県西宮市上ケ原一番町1-155
電　話	0798-53-5233
印　刷	協和印刷株式会社

©2006 Kwansei Gakuin University Law School Support Program for Professional Graduate School Formation
Printed in Japan by Kwansei Gakuin University Press
ISBN 4-907654-86-3
乱丁・落丁本はお取り替えいたします。
本書の全部または一部を無断で複写・複製することを禁じます。
http://www.kwansei.ac.jp/press